THEONIE
DIAKIDIS-MARK

Griechische Inselküche

THEONIE
DIAKIDIS-MARK

Griechische Inselküche

Ἡ κουζίνα
τῶν
ἑλληνικῶν
νησιῶν

PRESTEL VERLAG MÜNCHEN

Die Originalausgabe
erschien unter dem Titel ›Greek Island Cooking‹
bei Little, Brown and Company in Boston.

Die Übersetzung besorgte Marion Dill.

Dr. Georg Veloudis
überprüfte die Schreibweise
der griechischen Begriffe,
Rezeptnamen und deren Transkriptionen.

Die Zeichnungen im Text
wurden der Originalausgabe entnommen.

Die Farbaufnahmen
stammen von Margot Granitsas,
die sie für die deutsche Ausgabe
eigens angefertigt hat.

ISBN 3-7913-0414-3
Passavia Druckerei GmbH Passau

Die griechischen Namen
der im Text abgebildeten Küchengeräte,
die man seit alters auf den Inseln benutzt,
werden auf Seite 363 erklärt.

Für meinen Mann Robert
und meine drei Söhne
Morgan, Ted und Burton

Danksagung

Ich möchte meiner Mutter Maria Diakidis für ihre Rezepte und ihre ständige Beratung danken, ihren Angehörigen für all die wunderbaren Dinge, die ich von ihnen lernte, und meinem Mann Robert, der mir dabei half, sie richtig zu würdigen und der mich ermutigte, sie mit diesem Buch vorzulegen. Dank auch meiner Schwiegermutter Dorothy Mark für ihre langen, nützlichen Besuche und meinen lieben Söhnen, die meine Rezept-Tests probierten und begutachteten. Meiner Freundin Ellen Neuwald möchte ich für ihre moralische Unterstützung danken; David Otte dafür, daß er mich in meinem Vorhaben bestätigte; Mary Rackliffe und Mary Purcell für ihre vielgeschätzte Redaktionsassistenz und Ruth Bastide, die mein Manuskript abtippte und sich mit den vielen griechischen Wörtern abplagen mußte. Außerdem danke ich meinen amerikanischen Freunden beim WGBH-Fernsehen in Boston: Michael Rice, Sylvia Davis, Peggy MacLeod, Pauline Mercer; in South Devon, England: Ann Irving; ihrer aller Begeisterung für die Griechische Inselküche ließ mich das Buch letztlich realisieren.

Einleitung

Ich erinnere mich an meine Besuche auf dem Dorfe bei der Familie meiner Mutter – besonders im Herbst, wenn die Tage noch warm waren und nur ein leichter Wind wehte. Ich ging dann stets die von flüsternden Eukalyptusbäumen gesäumte, ansteigende Straße entlang, die vom Haus aus zu den engen Dorfgäßchen führte; ich kam an jungen Männern vorbei, die, von ihren Ziegen oder einer Kuh gefolgt, entweder zu Fuß oder auf Eseln von den Feldern zurückkehrten, und an jungen Frauen mit perlenverzierten, weißen Kopftüchern, die leere Wasserkrüge auf den Schultern trugen, um sie mit dem frischen Wasser aus der Dorfquelle zu füllen. Ich sehe noch die alten Leute vor mir, die auf niedrigen Schemeln im Hauseingang saßen – eine nachmittägliche Gewohnheit. Sie lächelten und die Vorübergehenden grüßten. Bei Dämmerung sodann die Zusammenkünfte der Kinder im Hause der Geschichtenerzählerin – ein wahrlich alter homerischer Brauch –, wo sie die Abenteuergeschichte weitererzählte, mit der sie vor Tagen begonnen hatte und die die Kinder still und gebannt an ihren Lippen hängen ließ. Waschtag am Fluß – und heitere Frauen, die im schaumigen Wasser die Wäsche mit Holzpaddeln bearbeiteten. Das Beobachten der Vögel, so unzählig viele Arten, die aufgeregt davonflogen, sobald man sich dem dornigen Gestrüpp an den Flußufern näherte. Ich erinnere mich an die Olivenernte im Herbst und an die Weizenernte, an die Traubenlese im Spätsommer, an den Humor und das Lachen dieser Menschen, deren Lebensweise von anderen Dorfbewohnern auf anderen Inseln in den blauen Meeren Griechenlands geteilt wird. Einige dieser Inseln sind groß, grün und fruchtbar; andere wiederum kleiner, öde, verlassen, mit erdfarbenen Bergen

– doch jede eine Welt für sich mit ihrer eigenen Geschichte, gekennzeichnet durch mannigfaltige Eindringlinge und fremde Herrschaftsansprüche in der Vergangenheit.

Woran ich jedoch am meisten zurückdenke, sind die Kochkünste meiner Großmutter und meiner Tanten. Meisterhaft bereiteten sie Eintopfgerichte mit Zutaten, die sie selbst gezogen hatten, frischer, natürlicher Nahrung von guter, bekömmlicher Qualität, die die Inselbewohner schon seit langer Zeit schätzen gelernt hatten. Sie hielten sich an die überlieferte Art der Zubereitung, behandelten die Gemüse vorsichtig, schnitten sie in Scheiben oder wiegten sie fein, vermischten sie mit Olivenöl, tiefroten Tomaten und frischen Kräutern, und ließen sie in Ton- oder Kupfertöpfen über dem offenen Feuer in ihren einfachen Küchen garen. Und meine Tanten sangen beim Zubereiten ihrer bevorzugten Gerichte. Es waren immer Seemannslieder oder Wiegenlieder für die Allerkleinsten, ein Brauch, der sich über Jahrhunderte hinweg gehalten hat und dem man noch heute begegnet.

Gerade die Sehnsucht nach diesen Orten meiner Kindheit, nach den Speisen, den damit verbundenen Bräuchen, die Sehnsucht nach dem einfachen Leben in den Dörfern und den weltoffenen Städten regte mich an, die Rezepte zu diesem Buch zusammenzutragen. Anspornend kamen die wiederholten Nachfragen meiner amerikanischen Freunde hinzu, nachdem ich herausgefunden hatte, daß es unmöglich war, ihnen ein Rezept zu erklären, indem ich sagte: Nehmt ein wenig von diesem und ein bißchen von jenem – so wie das auf den Inseln üblich ist, weil es keine aufgeschriebenen Rezepte in den Familien gibt. Dort nämlich werden die Kochanweisungen durch praktisches Beispiel und mündliches Erklären von den Müttern an die Töchter weitergegeben, denen durch immer neues Beobachten und Zuschauen die Art der Zubereitung von generationenalten Rezepten im Gedächtnis bleibt. Beim Aufschreiben dieser Rezepte empfand ich großes Vergnügen, da jedes Rezept eine Geschichte aus der Vergangenheit hervorrief, ein persönliches Gefühl, ein Bild der Jahreszeiten und davon, was dann auf den Griechischen Inseln geschah – Tätigkeiten, die mir, wie so vielen anderen Griechen, vertraut sind, welche ihr Dorf oder ihre Stadt verlassen haben, um ins Ausland zu gehen, die aber ihre Erinnerungen an ihre Jugend, an eine Welt so unterschiedlich von der, in der wir nun leben, mitgebracht haben. Meine eigene Kochkunst – die stark von meiner Mutter, ihrer Familie und auch unseren sephardisch-jüdischen Freunden und Nachbarn in der Stadt, in der wir wohnten, beeinflußt ist – entwickelte sich, als ich meinen amerikanischen Mann heiratete und vor mehr als zwölf Jahren hierher kam und ihn und seine Freunde mit meinen einheimischen Inselgerichten bekannt machte – Gerichte, die von kräftigen, ländlichen bis zu raffinierteren, verfeinerten Speisen aus der Stadt reichen.

Bei der Aufstellung dieser Sammlung habe ich an das geschäftige Leben vieler Frauen gedacht, die berufstätig sind, ihren Lebensunterhalt verdienen und nicht soviel Zeit in der Küche verbringen können wie Mütter und Großmütter aus vergangenen Tagen. Viele Gerichte lassen sich im voraus zubereiten und können ohne Geschmacksverlust und Beeinträchtigung des Aussehens eingefroren werden, wenn man frische Produkte verwendet. Ich halte sehr viel davon, nur frische Erzeugnisse zu verwenden – das Kochen wird wirtschaftlicher, das Essen gesünder, wenn man sich dessen bedient, was zur jeweiligen Jahreszeit in einer bestimmten Gegend wächst. Wurzelgemüse, grüne Gemüse und

Kohl haben ihre Hochsaison im Winter, frische Bohnen, Tomaten, Auberginen und andere Gemüse im Sommer. Obwohl heute auf den Märkten viele Gemüse außerhalb der ihnen eigenen Saison zu haben sind, so werden sie doch woanders angebaut, importiert, sind dadurch teurer und von schlechterer Qualität als die einheimischen Erzeugnisse. Das ist einer der Gründe, warum ich das Buch nach den vier Jahreszeiten aufgeteilt habe und in jedem Abschnitt eine Auswahl von Rezepten anbiete – alle althergebracht, die meisten zu dieser bestimmten Jahreszeit wohlschmeckender. Den Vorspeisen folgen Suppen, Salate, Fleisch und Fisch, Gemüsegerichte und die vielgeliebten griechischen Backwaren. Außerdem habe ich einen von den Jahreszeiten unabhängigen Abschnitt zugefügt, der Rezepte für Brot, Nudeln, Reis, Eierspeisen und Saucen einschließt, nach denen das Jahr hindurch gekocht wird.

Neben den Gerichten und ihren Zurichtungen, die die Griechen praktisch unverändert von ihren Vorvätern übernommen haben (wie die bekannte dicke Fischsuppe, *kakaviá,* die braune Linsensuppe, am Spieß gebratenes Lamm, Schwein und Geflügel, viele Brote und Brötchen und die mit Honig gewürzten Käsekuchen – alles seit Jahrhunderten bekannt, einiges in Homers ›Ilias‹ und ›Odyssee‹ oder bei Platon erwähnt, vieles in den *Deipnosophistai**, dem ›Gelehrtengastmahl‹ des griechischen Grammatikers Athenaios, um 200 n. Chr., zitiert), machten sich die Inselbewohner Eßgewohnheiten von Fremden zu eigen. Sie nahmen auch selbst Veränderungen vor und bereicherten ihre doch eher einfache Küche durch eine Fülle von Variationen, verwendeten viele Kräuter – Dill, glattblättrige

* griechisch δεῖπνον – die Mahlzeit; etwa: Das Gelehrtengastmahl

Petersilie, Salbei, Lorbeerblatt, Thymian und Minze – im Sommer frisch, im Winter getrocknet; speziell für Wintergerichte gibt es den Kreuzkümmel, Pfeffer, Koriander und Piment. Würzen mit Wein, Essig und Zitrone sind in beiden Typen der Inselküche üblich: *kavurdhistá* – dabei brät man Fleisch und Gemüse vor dem Schmoren an; das Gericht bekommt eine intensivere Farbe, wird allerdings auch schwerer – und *jachnistá* – hierbei werden Zwiebeln sanft gedünstet, danach gibt man die restlichen Zutaten hinzu und dämpft sie; *jachnistá* ist vor allem im Sommer beliebt. Die süßen Gewürze Zimt, Muskat, Nelke und Mastix verwendet man für Kuchen, Kleingebäck und Backwaren, die mit Honig und Zuckersirup überzogen werden. Die Dorfküche unterscheidet sich von der Stadtküche durch die weniger komplizierten Speisen; man bereitet sie auf dem Herd und schiebt nur am Wochenende ein Gericht in den Ofen, wenn er ohnehin zum Brotbacken geheizt wird. In der Stadt läßt man viele Alltagsgerichte in einem Gemeinschaftsofen backen; der Bäcker erhält eine geringe Gebühr und achtet darauf, daß die Gerichte zur gewünschten Zeit fertig sind. Früher kochte man in Stadthaushalten über Holzkohlenfeuer und auf kleinen Petroleumöfen; mittlerweile sind sie durch die modernen Elektro- oder Gasherde ersetzt worden. Die schönen Küchengeräte in abgestuften Größen und verschiedenartigsten Formen sind die Besonderheit der Inselküchen: Kupfergefäße, innen verzinnt, mit Messinggriffen, glasierte Tontöpfe, Wasserkrüge, Holzlöffel und -spachtel. Es sind die gleichen Utensilien, die man in vergangenen Jahrhunderten benutzte, und sie werden von der Mutter der Tochter als Teil der Mitgift vererbt (was der Wichtigkeit, kochen zu lernen, noch eigens Nachdruck verleiht – insbesondere, wenn eine Tochter heiratet und sodann die heikele Lage vermeiden will, daß ihr Ehemann wieder zu seiner Mutter zurückkehren muß, um besseres Essen zu bekommen – ein bekannter und vielgeübter Brauch!).

Ich erinnere mich, als ich ein kleines Mädchen war, wie oft meine Großmutter mir gegenüber die beiden wichtigsten Dinge hervorhob, die eine Frau lernen sollte – Kochen und ein Feuer anzünden. Natürlich hat sich seit der damaligen Zeit das Leben der Frauen – besonders der Frauen in den Städten – beträchtlich geändert; das gilt auch für die Küchen. Gleich geblieben ist jedoch, daß das Kochen immer noch eine der vielen Möglichkeiten ist, mit denen eine Frau sich ausdrücken und Freunden und der Familie Freude bereiten kann. Überall in der Welt – so auch in Griechenland – werden viele wichtige Anlässe noch mit Essen und Trinken gefeiert – man denke nur an Hochzeiten, Geburts- und Namenstage und an die jahrhundertealte Tradition und Sitte, Freunde und Gäste bei sich zu Hause willkommen zu heißen. Das tägliche Kochen übernimmt in Griechenland die Frau, – ob sie nun berufstätig oder im Haus beschäftigt ist. Pro Tag gibt es drei Mahlzeiten, von denen das Frühstück am kleinsten und einfachsten ist – es besteht nur aus einer Tasse Kaffee, Tee oder heißer Milch, gebuttertem Toast und Honig. Die aufwendige Hauptmahlzeit wird mittags serviert – wenn die Geschäfte in den Städten für vier Stunden schließen; dazu reicht man Suppe, Salat, Fleisch oder Fisch, Gemüsebeilagen und frisch gebackenes Brot (ohne Butter) und als Dessert frische Früchte der Jahreszeit. Danach hält man ein langes Schläfchen, und erst am späten Nachmittag kehren Männer und Frauen an ihre Arbeit zurück. Die Abendmahlzeit wird vier bis fünf Stunden nach dem Mittagsmahl aufgetragen; sie ist kleiner und besteht gewöhnlich aus einer dicken Suppe oder einem Eintopfgericht mit knusprigem Brot, zum Nachtisch gibt es Obst. Süßes Gebäck und Puddinge ißt man im allgemeinen zwischen den Mahlzeiten und trinkt eine Tasse Kaffee oder ein Glas Wasser dazu.

Die Tischsitten und Eßgewohnheiten auf den Inseln ähneln im großen und ganzen denen in Europa und Amerika – mit der Ausnahme, daß die Männer zuerst und bei dem Ältesten beginnend, bedient werden. Die Eßgewohnheiten in den Dörfern weichen beträchtlich von denen in der Stadt ab: die Hauptmahlzeit wird am Abend serviert, nachdem die Männer von den Feldern zurückgekehrt sind, sich gesäubert und entspannt haben. Dieses Abendessen wird auf niedrigen, runden Holztischen angerichtet, die auf dem erhöhten Boden der Küche stehen; Bestecke sind aufgelegt, und um die Tische liegen Kissen, auf denen man während des Essens Platz nimmt. Man trägt zwei oder drei Gerichte in hübschgemusterten irdenen Schüsseln auf, von denen jeder nach Lust und Laune wählen kann. Dazu gibt es große Scheiben von einem runden Weizenbrot, Oliven und in Essig eingelegtes Gemüse, kaltes Wasser aus dem Tonkrug für die Kinder und für Mann und Frau Wein aus dem eigenen Vorrat.

Die genauen Maße und Mengen, die ich bei den Rezepten in diesem Buch angegeben habe, sind Standardmaße.* Wenn Sie ein Rezept ausprobiert haben, so schlage ich vor, daß Sie es ganz nach Ihrem Geschmack und Gefühl abändern – vielleicht geben Sie mehr oder weniger Kräuter hinzu und schmecken nach eigenem Gutdünken ab –, so wie es die Köchinnen auf den Inseln tun.

* Für die deutsche Ausgabe wurden die amerikanischen Maßeinheiten in die bei uns gebräuchlichen metrischen Maße umgerechnet.

Die in den Rezepten empfohlenen griechischen Zutaten sind in griechischen Lebensmittelgeschäften, meist auch in Delikateßgeschäften und in den Lebensmittelabteilungen der Kaufhäuser und Supermärkte erhältlich. Als Kochgefäße können Sie Töpfe und Pfannen aus Email, Gußeisen, schwerem Aluminium, rostfreiem Stahl oder natürlich aus mit Zinn belegtem Kupfer nehmen, das ein guter Wärmeleiter ist und in der Küche sehr dekorativ aussieht. Nehmen Sie zum Bakken gewöhnliche Aluminiumformen oder die gläsernen Auflaufformen. In vielen Rezepten wird auf die Benutzung elektrischer Haushaltsgeräte als Alternative hingewiesen, doch ein Minimum an einfachen Geräten und der Gebrauch von Händen und Fingern genügen für die Zubereitung dieser Spezialitäten der Griechischen Inselküche. Besonders für diejenigen, die noch nicht auf den Griechischen Inseln waren und denen das Land, die Menschen und die Speisen fremd sind, beschreibe ich in diesem Buch die Farbigkeit des Landes, des Meeres, der wolkenlosen Himmel über ihnen und zudem die mit dem Essen verbundenen Bräuche. Denen, die Griechenland schon kennen, möchte ich einzig die Sonnenwärme und den Geschmack der Speisen in Erinnerung rufen. Doch mit Ihnen allen teile ich meine Rezepte – und auch das Glück, das ich empfunden habe, als ich dieses Buch für Sie schrieb.

Frühling

Wenn im Frühjahr der junge Weizen aufgeht, die Felder auf den Inseln grün sind und die Hügel ringsumher aussehen wie Samt, leben bei den Inselbewohnern die vielen festlichen Bräuche dieser Jahreszeit auf.

Der Frühling beginnt offiziell auf den meisten Inseln schon am 1. März, weil das Wetter hier wärmer ist als in anderen Teilen Griechenlands. In den Dörfern wurde der Frühlingsanfang gewöhnlich vom *skopós,* dem Feldhüter, verkündet, dessen Aufgabe es war, die Weizenfelder zu schützen und zu bewachen und umherstreunende Tiere daraus zu vertreiben. Am Tag vor dem 1. März ging der *skopós* in die Berge und blies seine *mungrísta* (die Schale der Schneckenmuschel), um das Herannahen des Frühlings anzukündigen; am nächsten Morgen wanderten die Kinder mit ihren Lehrern durch die Felder, sangen Lieder und brachten die ersten Blumen zurück, leuchtendfarbige Anemonen. Ich glaube, der lieblichste Monat auf den Griechischen Inseln ist der Mai, wenn man überall, wohin man blickt, nur Blumen sieht. Die jungen Mädchen feiern den 1. Mai, indem sie frühmorgens auf die Felder hinausgehen, um ›den Zauber zu fangen‹, ein Brauch, in dem Schönheit und uralte Mystik verwoben sind. Als ich jung war, fingen meine Freunde und ich am Vorabend mit den Vorbereitungen für ein Essen im Freien an; früh am nächsten Morgen standen wir schweigend auf – wir sprachen mit niemandem, da sich ›der Zauber‹ sonst verflüchtigt hätte. Wir packten unseren Picknickkorb und gingen hinaus auf die Felder und pflückten Blumen – gelbe Margeriten, Glockenblumen und Mohn – um, der Tradition folgend, Kränze zu flechten; erst danach durften wir wieder sprechen und mit dem

Picknick beginnen. Sodann sangen wir Maienlieder und machten Spiele, und bei der Rückkehr hängten wir die Blumenkränze über die Haustüren – das war der ›Zauber‹, den wir mitbrachten.

Im Frühling finden sich die Griechen öfters zu Ausflügen und Picknicks zusammen als in anderen Jahreszeiten. Die Sonne ist angenehm warm, die Luft frisch und klar, und das Meer liegt so ruhig da, daß man bis tief auf den Grund schauen kann. Ich erinnere mich an die Familienpicknicks, als ich heranwuchs: Wir fuhren mit dem Auto aus einer vergangenen Epoche, die mir damals sehr lang vorkam – es hatte ein Klappverdeck und besondere Klappsitze in der Mitte, auf denen ich mit Vorliebe saß! – zu wunderschönen Plätzen. An der Küste oder an einem Wiesenrand machten wir Halt, breiteten die verschiedenen ›Fingerspeisen‹ auf dem gestreiften *sendóni* aus (einer dicken, von meiner Großmutter handgewebten Decke) und schmausten. Diese ›Fingerspeisen‹, leckere Happen, die man mit der Hand zu sich nahm, waren zum Beispiel *tirotrígona* – frischer Käse und Kräuter, von dünnem Teig in Form eines Dreiecks umwickelt; Fleischbällchen aus Frühjahrslamm und Minze; Oliven, Käse und natürlich *dolmádhes* – die mit Fleisch, Reis und Kräutern gefüllten Weinblätter. Das alles richtete meine Mutter am Vorabend her, nachdem mein Vater bekanntgegeben hatte, daß am nächsten Tag ein Ausflug stattfinden würde – wir Kinder gerieten in solche Aufregung, daß wir die halbe Nacht damit verbrachten, uns auszudenken, was wir am liebsten tun würden. Mein älterer Bruder photographierte sehr gerne, und wir anderen wanderten in die Berge. Jedesmal wenn wir einen türkischen Freund meiner Eltern auf dem Land besuchten, spielten wir mit seinem schillernden Goldfisch im Teich, und wenn wir an der Küste waren, sammelten wir stundenlang bunte

Kiesel am Strand. Als ich etwas älter war, organisierten meine Brüder, ihre Freunde und ich Fahrradausflüge – wir fuhren die gewundene Straße nach Kalithea hinauf, einem schönen Ort, an dem Berge und See dicht zusammenkommen und wo die Kiefernhaine sich fast bis zum Rand des klaren Wassers hinziehen. Unterwegs legten wir eine Pause ein und picknickten – in unseren Fahrradkörben hatten wir Hühnerpastete und *spanakópitta,* Spinatpastete, beide in knuspriger Teighülle gebakken; dazu gab es erfrischende Fruchtsäfte, die wir in fließendem Quellwasser kühlten.

Der Frühling ist zugleich die Jahreszeit, in der die Griechen fasten – als Vorbereitung auf Ostern, dem bedeutendsten Fest in Griechenland. Man backt Unmengen kringelförmigen Kleingebäcks und süßer Gewürzbrote, die einen in Versuchung führen, die lange Fastenzeit abzubrechen. Am Ostersonntag brät man dann Lämmer am Spieß, deren Aroma das ganze Dorf durchzieht. Die Kinder, die ihre neuesten Kleider anhaben, spielen mit den rotgefärbten Eiern *tsúngrisma,* ›Eieraufklopfen‹, und wetteifern, wessen Ei am längsten standhält. Von den Bauernhöfen kommt das erste neue Gemüse, zart und grün, aus dem man, mit dem Frühjahrslamm zusammen, die köstlichsten Gerichte kocht. Fette junge Hühner werden mit delikaten Füllungen zubereitet, und auf den Fischmärkten in den Städten gibt es noch einmal frische Meeresfrüchte im Überfluß. Auch frische Butter und Milch sind zu dieser Zeit des Jahres erhältlich und werden für die weißen Saucen von cremigen Gerichten verwendet – ein willkommener Wechsel mit den üblichen Tomatensaucen der anderen Jahreszeiten.

Vorspeisen

Orektiká sind Vorspeisen – viele davon sind bequem zu servieren als Zwischenmahlzeit oder als appetitanregende Happen, – meist auf Stäbchen gespießt oder mit den Fingern zu essen, ein charakteristisches Merkmal der Griechischen Inselküche. Es gibt eine große Anzahl, angefangen von kleinen, gefälligen Teighüllen mit einer Füllung von Fleisch, Käse oder je nach Jahreszeit unterschiedlichem Gemüse bis hin zu den mit Fleisch, Reis und Dill gefüllten Weinblättern. Hausfrauen reichen die Appetithappen im Frühling zusammen mit anderen Vorspeisen wie gekochtem Gemüse oder frischen Meeresfrüchten; man bekommt sie aber auch in *tavérnes*. An der Küste schmecken Krabben am besten, wenn sie in Wein und mit Kräutern gekocht und in den Schalen aufgetragen werden, die man kurz vor dem Verspeisen entfernt. In ländlichen Gegenden, wo es heutzutage nun kleine Cafés gibt – an den gleichen Plätzen, zu denen unsere Eltern uns bei den Sonntagspicknicks mitnahmen –, serviert man gefüllte Weinblätter und weiße Riesenbohnen, *jígantes*. Auf den Feldern findet man noch Blumen – wilde Gänseblümchen und roten, wuchernden Mohn, aus denen ich früher stundenlang Girlanden für mein Haar wand.

Gefüllte Weinblätter

Dolmádhes
Ντολμάδες

Die Blätter der Weinstöcke sind im Frühling besonders zart, und füllt man sie mit dem durchgedrehten Fleisch von Frühjahrslämmern, so werden daraus die in ganz Griechenland beliebten *dolmádhes*. Man ißt sie gewöhnlich warm, manchmal auch kalt; sie haben genau die richtige Form und Größe, um Gästen vor dem Essen angeboten zu werden. Sie können frische Weinblätter nehmen oder die in Salzlake in Gläsern eingelegten verwenden. Wenn Sie beabsichtigen, frische Blätter zu verwenden, aber keinen eigenen Weinstock im Garten haben, so nehmen Sie die Blätter von wildwachsendem Wein, der an Steinmauern und Zäunen hochrankt. Allerdings müssen Sie sich vergewissern, daß der Wein ungespritzt ist. Am besten pflückt man die Blätter im Mai und im Juni; man hält eine der vielen Weinranken (nur junge Triebe auswählen) an der Spitze in die Höhe, zählt die Blätter ab – eins, zwei, drei – und pflückt das dritte, manchmal auch das vierte Blatt; sie haben die erforderliche Größe und sind nicht zäh. Im Nu ist so die nötige Menge beisammen. Zu Hause knipsen Sie mit den Fingern die Blattstiele ab, schichten jeweils zehn Blätter zusammen und geben diese in kochendes Wasser; mit einem Holzlöffel einige Sekunden hinunterdrücken, bis sie biegsam sind, auf eine Platte heben und abkühlen lassen. Wenn Sie die Blätter nicht sofort weiterverwenden, füllen Sie sie in eine Plastiktüte, benetzen sie mit Wasser und bewahren sie im Kühlschrank auf, wo sie sich einige Tage lang halten.

Wenn Sie in Salzlake eingelegte Blätter verwenden, spülen Sie sie vor dem Füllen unter fließendem Wasser

ab und salzen die Füllung selbst etwas schwächer. Man kann die Weinblätter im voraus füllen und im Kühlschrank aufheben. Als Kochgefäß: ein Topf oder eine Kasserolle mit Deckel.
Ergibt 30–40 dolmádhes

5 1/2 Eßlöffel Olivenöl
1 Zwiebel, feingehackt
1/2 kg mageres Lammhack
100 g Reis
50 g Pinienkerne
2 Eßlöffel Tomatenmark
2 Bund frischer Dill, gehackt,
oder 1 Eßlöffel getrockneter Dill
170 ccm Wasser
40 bis 50 Weinblätter,
vorbereitet wie oben angegeben
Salz und Pfeffer

Das Öl in einer Kasserolle erhitzen und die Zwiebel darin glasig dünsten. Das Lammhack zufügen und solange braten, bis es krümlig wird, dann Reis, Pinienkerne, Tomatenmark, Dill und Wasser hinzugeben. Gut umrühren, würzen und bei Mittelhitze 10 Minuten kochen lassen, bis das Wasser verdampft ist. Abkühlen lassen.

Den Boden eines Topfes oder einer Kasserolle mit einigen blanchierten Weinblättern auslegen, damit die gefüllten Weinblätter nicht anbrennen. Zum Füllen jedes Blatt mit der rauhen Seite nach oben auf die Handfläche legen (die Blattspitze sollte auf dem Mittelfinger liegen), einen Eßlöffel von der Füllung in die Mitte des Blattes geben und das Blatt wie einen Umschlag zusammenfalten: die Stengelseite emporheben und die beiden seitlichen Blattenden darüberfalten (siehe Skizzen). Nun das Blatt von der Stengelseite her fest aufrollen und dabei die seitlichen Enden gut einschlagen, damit sich das Blatt nicht aufrollt. Die glänzende Seite liegt nun nach außen. Die gefüllten Blätter dicht nebeneinander in den Topf setzen, darauf eine zweite Lage schichten und so fortfahren, bis alle Blätter im Topf sind. Sollten ungefüllte Blätter übrigbleiben, damit die oberste Schicht abdecken. Wasser angießen, bis die Unterseite der obersten Lage gerade noch benetzt ist, eine umgedrehte Untertasse oben auf die gefüllten Blätter geben und sacht hinunterdrücken. Den Topf schließen und bei Mittelhitze etwa 30 Minuten dünsten lassen oder solange, bis der Reis gar ist (das prüft man, indem man ein gefülltes Weinblatt öffnet). Die *dolmádhes* vor dem Servieren leicht abkühlen lassen.

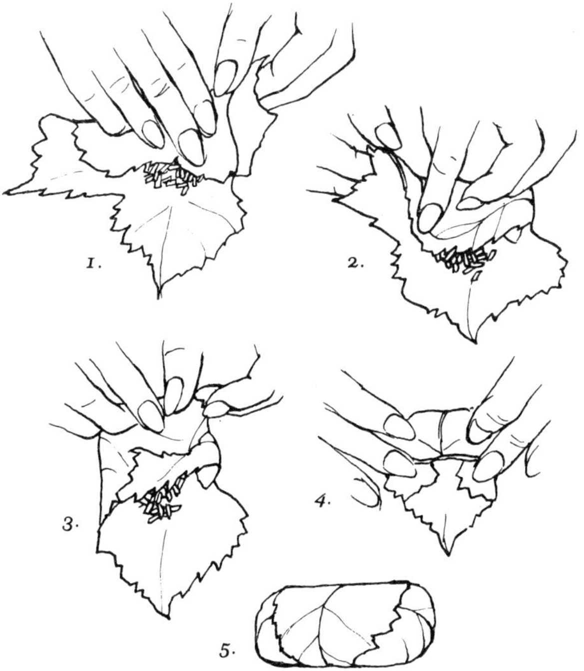

1. 2. 3. 4. 5.

Krabben in der Schale oder Krabben-Salat

Garídhes

Γαρίδες

Auf allen Inseln und entlang der Küste des griechischen Festlandes kocht man kleine Krabben in ihren Schalen mit Wein und Kräutern, wodurch sie einen unnachahmlichen Geschmack bekommen. Sie werden gekühlt und in einer großen Schüssel aufgetragen; jeder schält sich die Krabben selbst. Wenn sie frisch nicht erhältlich sind, so verwenden Sie tiefgefrorene oder gefriergetrocknete. Lassen Sie sie in der abgekühlten Tunke ziehen. Gut kalt servieren.
Für 4-6 Personen

1 kg Krabben in der Schale
2 Knoblauchzehen, zerdrückt
7 Eßlöffel Olivenöl
6 Stengel glattblättrige Petersilie
¼ l trockener Weißwein
1 Teelöffel Salz
Pfeffer nach Geschmack

Die Krabben rasch unter fließendem Wasser abspülen und zum Abtropfen beiseite stellen. Die übrigen Zutaten in einer großen Kasserolle aufsetzen, bei Mittelhitze aufkochen lassen und 1 Minute kochen. Die Kasserolle vom Feuer nehmen, die Krabben dazugeben und vorsichtig mit einem Holzlöffel umrühren, damit sie von der Wein-Kräuter-Mischung überzogen werden. Aufs Feuer zurückstellen, erneut aufkochen lassen, dann die Hitze kleinschalten und die Krabben in der offenen Kasserolle 5 Minuten simmern lassen, bis sie sich rosa färben; dabei gelegentlich umrühren, damit sie gleichmäßig gar werden. Vom Feuer nehmen, im eigenen Saft abkühlen lassen und anschließend in den Kühlschrank stellen. In eine große Schüssel füllen und servieren.

Käsedreiecke

Tirotrígona

Τυροτρίγωνα

Diese kleinen Leckerbissen aus gefülltem Teig stellt man mit Eiern, Kräutern und der herrlichen Kombination von griechischem *féta*-Käse und *mizíthra* her. *Féta* ist ein fester, weißer Käse mit leicht säuerlichem Geschmack aus Schafs- oder Ziegenmilch; *mizíthra* (er ähnelt Sahnequark oder einem sahnigen italienischen Frischkäse) ist ein weicher, frischer, mildaromatischer Topfkäse, der aus der Molke hergestellt wird, die ein Nebenprodukt des *féta*-Käse ist. Die Dreiecke können im voraus zubereitet und eingefroren werden; man braucht sie nur aufzubacken und kann sie als Partyhäppchen servieren. Zur Herstellung des hauchdünnen fíllo-Teiges siehe S. 344.
Ergibt 24-36 Dreiecke

200 g zerkrümelter féta-*Käse*
100 g abgetropfter mizíthra *oder Sahnequark*
2 mittelgroße Eier, leicht verquirlt
1 Bund glattblättrige Petersilie, gehackt
etwas weißer Pfeffer
250 g fíllo-, *oder Strudelteig (S. 344).*
3-4 Eßlöffel Olivenöl

Den Ofen auf 175 Grad vorheizen. *Féta* und *mizíthra* oder Sahnequark in einer kleinen Schüssel verrühren, Eigelb, Petersilie und Pfeffer zugeben und gut vermengen. Die fíllo- oder Strudelteigplatten auf einen Tisch oder ein Backbrett legen und zu Streifen von 8 × 25 oder 8 × 30 cm Größe schneiden. Für jeden Streifen vom fíllo-Teig zwei Lagen, vom Strudelteig eine Lage nehmen; auf das eine Ende des Streifens 1 Eßlöffel Füllung geben und dreieckförmig bis zum Ende hin zusammenfalten (wie umseitige Skizzen zeigen).

Wenn Sie sämtliche Streifen zu Dreiecken zusammengefaltet haben, diese auf ein geöltes Backblech legen und die Oberfläche mit Olivenöl bestreichen. Etwa 20 Minuten backen, bis die Dreiecke aufgegangen und goldbraun sind. Dampfend heiß servieren.

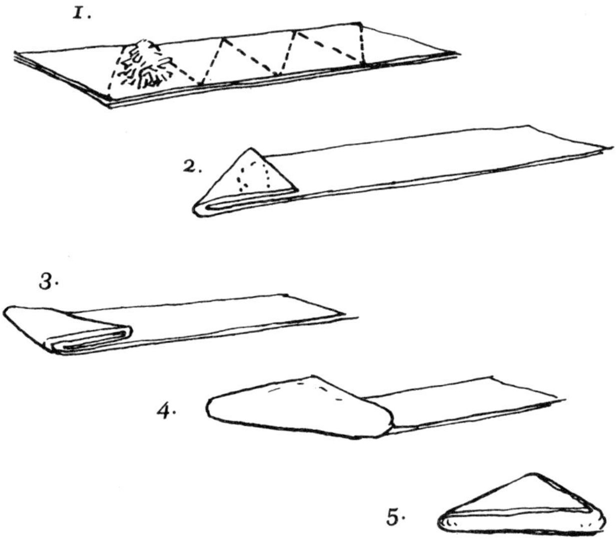

Die pikante Käsemasse eignet sich auch vorzüglich als Füllung kleiner Blätterteig-Taschen, für die sich die tiefgefrorenen Blätterteig-Packungen anbieten.

HINWEIS FÜR EINGEFRORENE KÄSEDREIECKE:
Sie halten sich ungebacken einen Monat in der Tiefkühltruhe. Bei Bedarf die gefrorenen Dreiecke auf ein geöltes Blech legen, die Oberfläche mit Olivenöl bepinseln und im oberen Drittel eines auf 125 Grad vorgeheizten Backofens etwa 25 Minuten backen, bis sie aufgegangen und goldbraun sind.

Weiße Riesenbohnen mit Zitronen-Öl-Sauce

Jígantes plakí ladholémono
Γίγαντες πλακί λαδολέμονο

Zu Beginn des Frühjahrs kocht man diese riesengroßen Bohnen und reicht sie gut gekühlt mit anderen Vorspeisen zu *retsína,* dem herben, leicht harzigen Wein, den die Griechen so sehr lieben. Die griechische Sorte der weißen Riesenbohnen, *jigantes,* platzen – anders als die ihnen verwandten Limabohnen – während des Kochens nicht auf. Falls man sie im Angebot jedoch nicht findet, verwende man getrost, was der heimische Markt an weißen Riesenbohnen bietet.
Für 6 Personen

500 g weiße Riesenbohnen
1 mittelgroße Zwiebel, gehackt
2 Stiele Stangensellerie, gehackt
2 Eßlöffel Tomatenmark
Salz und Pfeffer
7½ Eßlöffel Zitronen-Öl-Sauce (S. 337)
Frische, glattblättrige Petersilie, gehackt

In einem Topf mittlerer Größe die Bohnen in 3 l Wasser aufsetzen, aufkochen lassen, vom Feuer nehmen und 30 Minuten stehen lassen. Die Flüssigkeit abgießen und soviel kaltes Wasser zugeben, bis die Bohnen gut bedeckt sind. Zwiebel, Stangensellerie, Tomatenmark zufügen, nach Geschmack würzen und zugedeckt bei Mittelhitze 30 bis 40 Minuten köcheln lassen, bis die Bohnen weich sind. Das Kochwasser abgießen und die Bohnen in eine große Schüssel füllen, Zitronen-Öl-Sauce vorsichtig unterrühren und mit Petersilie bestreuen. Kühl stellen.

Suppen

Wenn durch den Frühlingsregen die Luft etwas abgekühlt ist, bietet ein auf dem Herd dampfender Suppenkessel im Dorf und in der Stadt einen gleichermaßen willkommenen Anblick. Einige der Inselsuppen lassen sich leicht zubereiten; sie vereinigen in sich die ersten grünen Gemüse und die vom Winter übriggebliebenen Hülsenfrüchte; andere wiederum, beispielsweise die Ostersuppe, erfordern mehr Aufwand und Vorbereitung. Im Gegensatz zu der Ostersuppe in anderen Teilen Griechenlands enthält die der Inseln auch die Hachsen und die Innereien eines mit Milch aufgezogenen Lamms. Es ist ein nahrhaftes Gericht am frühen Morgen des Ostersonntags nach der mitternächtlichen Auferstehungsmesse – die erste Fleischmahlzeit nach der langen Fastenzeit.

Eine Lieblingssuppe aller Griechen ist Reissuppe, legiert mit einer Ei-Zitronensauce, die man an Sonntagen und immer dann serviert, wenn unerwartete Gäste kommen – vorausgesetzt, man mag die Gäste! Meine Tante brachte diese Suppe immer zu Tisch, wenn meine Eltern, meine Brüder und ich auf das Dorf fuhren, um sie und die anderen Verwandten zu besuchen. Oft schaute ich ihr zu, wie sie die Suppe ganz frisch bereitete. Gewöhnlich kamen wir unangemeldet – ein allgemein üblicher Dorfbrauch. Von der Stadt, in der wir wohnten, war es nur eine kurze Autofahrt, und wir hielten uns jedesmal bei meiner Tante Katharina auf, deren großes, schönes Haus aus altem, getünchtem Kalkstein über das Dorf und die gefleckten Felder hinwegschaut, die sich bis ans Meer hin ausdehnen. Hinter dem Haus heben sich herrliche, abgestufte Berge vom blauen Himmel ab, und man sieht unzählige Reihen von Olivenbäumen, die sich über die sanft ansteigen-

den Hügel ziehen. Nach der Begrüßung dachte jeder ans Essen, und einer der Männer in der Familie ging hinaus, fing eines oder zwei der im Hof herumlaufenden Hühner, drehte ihnen den Hals um und brachte sie den Frauen des Hauses, die die Hühner rupften und für die Suppe vorbereiteten. Während man schwatzte und die letzten Neuigkeiten austauschte, war diese Vorarbeit rasch getan. Aus den frischen Hühnern wurde nun die kräftige Brühe gekocht; wenn der Reis und die Suppe soweit fertig waren, schlug man mit der Gabel in einer kleinen Schüssel die Eier für die Ei-Zitronen-Sauce auf – ein Geräusch, das mich schon im voraus wissen ließ, was es zu essen gab. Die gekochten Hühner wurden in Olivenöl goldbraun gebraten und als zweiter Gang nach der Suppe aufgetragen.

Kazáni

Männersache:
der Festtagsbraten nach strenger Fastenzeit.

Über Holzkohlenfeuern
werden die Lämmer an langen Spießen
sachkundig gedreht.

Ostersuppe nach Inselart

Súpa pas'chaliní

Σούπα πασχαλινή

Für diese Suppe werden die Hachsen und das zarte, dünne Gedärm eines mit Milch aufgezogenen Lamms gut gesäubert; man stülpt die Därme um, wäscht sie mehrere Male in frischem Wasser und läßt sie abtropfen. Mit grobem Meersalz, Zwiebelstücken und Zitronenscheiben kräftig abreiben, nochmals unter kaltem Wasser abspülen und die glänzenden Därme nun um die Hachsen wickeln – wie einen Faden um eine Spule – und festknoten. Die Kutteln sorgfältig reinigen, den anhaftenden Talg entfernen, blanchieren (S. 358) und in kleine Stücke schneiden. Die mit dem Darm umwickelten Hachsen und die Gewürze in Wasser aufsetzen, aufkochen und mehrere Stunden über schwachem Feuer simmern lassen. Diese schwere Suppe kann als Hauptmahlzeit aufgetragen werden, dazu gibt es Ihr Lieblingsbrot, davor oder danach vielleicht einen griechischen Salat. In einer griechischen Familie serviert man die *súpa pas'chaliní* zu Beginn des Osterfestes.
Für 4-6 Personen

Gedärm, Hachsen und Kutteln eines mit Milch aufgezogenen Lamms
1 große Zwiebel, in Scheiben geschnitten
1 Lorbeerblatt
Salz und Pfeffer

EI-ZITRONEN-SAUCE
3 Eier, getrennt
Saft einer großen Zitrone

Das Gedärm in vier gleiche Teile trennen, mit einem kleinen, glatten Stock (etwa bleistiftdick) umstülpen und wie oben beschrieben säubern. Jede Hachse mit der gleichen Menge Darm umwickeln und festknoten oder mit einem Faden festbinden, damit sich die Därme während des Kochens nicht lösen. Die gereinigten Kutteln in 2-3 große Stücke schneiden und zusammen mit Hachsen, Zwiebel und Lorbeerblatt in reichlich Wasser aufsetzen; bei Mittelhitze aufkochen lassen und abschäumen. Die Hitze herunterschalten, den Topf zudecken und 2 Stunden oder solange kochen lassen, bis das Fleisch gar ist. Nach Geschmack salzen und pfeffern und gegebenenfalls noch etwas Wasser angießen, damit das Fleisch während des Kochens gut bedeckt bleibt. Den Topf vom Feuer nehmen. Unter Verwendung der hier angeführten Zutaten die Eier-Zitronen-Sauce 1 von S. 332 zubereiten, knapp ¼ l Brühe dazugeben und die Sauce in die Suppe einrühren. Sofort servieren.

Reissuppe, mit Ei-Zitronen-Sauce legiert

Súpa avgolémono

Σούπα αὐγολέμονο

Der besondere Geschmack dieser Suppe rührt von der Säure des frischen Zitronensaftes her, der, zusammen mit den verquirlten Eiern, der Suppe ihren zarten Goldton verleiht. *Súpa avgolémono* wird als erster Gang einer griechischen Mahlzeit serviert.

Für 6 Personen

2 l Hühnerbrühe (S. 339)
125 g Reis
Salz und Pfeffer
3 mittelgroße Eier, getrennt
1 Teelöffel Wasser
Saft von ein oder zwei Zitronen

In einer großen Kasserolle die Hühnerbrühe aufkochen, den Reis zugeben und unter gelegentlichem Rühren erneut aufkochen lassen. Bei Mittelhitze zugedeckt 15 bis 20 Minuten kochen lassen, bis der Reis gar ist. Mit Salz und Pfeffer würzen und vom Feuer nehmen. Die Eiweiß zusammen mit 1 Teelöffel Wasser in eine kleine Schüssel geben und mit einer Gabel oder einem Elektroquirl zu steifem Schnee schlagen. Die Eigelb hinzufügen und noch 5 Minuten weiterschlagen, bis die Masse schaumig und hellgelb ist. Unter ständigem Rühren mit einer Gabel zuerst den Saft einer Zitrone dazugeben, anschließend nach und nach 1/8 l Brühe; das ist notwendig, damit die Eier nicht gerinnen. Die Mischung in die Suppe zurückgeben, vorsichtig umrühren, abschmecken und gegebenenfalls den Saft der zweiten Zitrone zugeben. Sofort servieren.

Spinat-Linsen-Suppe

Spanáki me fakí

Σπανάκι μέ φακή

Die Blätter des ersten Frühjahrsspinats ergeben zusammen mit gekochten Linsen eine dicke Suppe, die die Dorfbewohner sehr gerne nach der Feldarbeit an einem der kühleren Frühlingstage essen.
Für 4 Personen

500 g frische Spinatblätter
180 g braune oder grüne Linsen
3-4 Eßlöffel Olivenöl
5 Schalotten, in dünne Scheiben geschnitten
1 Knoblauchzehe, zerdrückt
1/2 Teelöffel gemahlener Kreuzkümmel
Salz und Pfeffer

Die Spinatblätter halbieren, waschen und zum Abtropfen beiseite stellen. In einer großen Kasserolle die Linsen in etwa 1 l Wasser zugedeckt 30 Minuten kochen lassen, bis sie weich und mehlig sind. Das Olivenöl in einem kleinen Topf erhitzen und die Schalotten darin weichdünsten; samt Öl zu den Linsen geben. Knoblauch, Kreuzkümmel und Spinatblätter zufügen, die Kasserolle zudecken und das Ganze bei Mittelhitze 15 Minuten kochen. Wenn die Spinatblätter zusammenfallen, nach Geschmack salzen und pfeffern und gut umrühren. Den gewünschten Grad der Konsistenz können Sie selbst bestimmen, indem Sie mehr oder weniger Wasser dazugeben. Die Suppe sehr heiß als Teil der Hauptmahlzeit servieren.

Kutalothíki

Salate

Aus jungen Salatblättern und zarten Gemüsen bereitet man im Frühjahr unkomplizierte Salate. Die allgemeine Regel besagt, daß Frühlingssalate aus zerschnittenen rohen Gemüsen und Salatblättern, manchmal mit Schalotten, Radieschen oder Rettichen, Käse und Oliven bereitet, und daß sie mit Olivenöl und Zitronensaft oder Essig angemacht werden. Aber die Griechen kochen auch sehr gern die noch nicht ganz reifen Gemüse und verwenden sie dann für Salate; dies sind zum Beispiel wildwachsende oder angebaute Pflanzen der Distel- bis zu den Bohnenarten. Bei einem meiner vielen Besuche auf dem Dorf gab es einmal ein köstliches Gericht aus den Stielen der wilden Disteln; man hatte die stachligen Blätter entfernt, Haut und Fasern abgezogen, die Stiele gekocht und in einer Knoblauchsauce angemacht. Auf die gleiche Weise kann man Gänseblümchen zubereiten, wenn sie noch sehr zart sind und nicht geblüht haben; das Gericht nennt sich *amarángus*. Ein anderes, sehr altes, beliebtes Gericht, das meine Mutter jedes Frühjahr zubereitete, besteht aus Artischocken und frischen Favabohnen, *anginàres ke kukiá*. Als Kind sang ich über diese beiden Zutaten sogar ein Lied!

Salat nach Bauernart

Choriátiki saláta me marúli,
rapanákia ke tirí
Χωριάτικη σαλάτα με μαρούλι,
ραπανάκια καί τυρί

Wenn Radieschen und Schalotten auf dem Markt sind, werden sie unter den grünen Salat geschnitten; sehr oft mischt man auch weißen *féta*-Käse darunter und steigert damit nicht nur den Geschmack, sondern auch die Farbkontraste.
Für 4 Personen

1 Kopf Römischer Salat
5 Schalotten
10 Radieschen
100 g féta-*Käse, zerkrümelt*
Saft einer Zitrone
5 1/2 Eßlöffel Olivenöl
1 Bund Petersilie, gehackt
Frisch gemahlener Pfeffer und Salz

Den Salat waschen, abtropfen lassen und wie im vorhergehenden Rezept zerschneiden. In eine Salatschüssel füllen. Die Schalotten abziehen, den Wurzelansatz abtrennen und das Grün bis auf 5 cm abschneiden. Weiße und grüne Teile quer in dünne Scheiben schneiden und zum Salat geben. Die Radieschen waschen, die Stielenden abschneiden und in dünne Scheiben schneiden; ebenfalls zum Salat geben. Käse, Zitronensaft und Pfeffer darüberstreuen, Olivenöl und Petersilie zufügen und alles vorsichtig vermengen. *Féta* ist salzig; gehen Sie daher mit Salz sparsam um und salzen Sie den Salat möglichst erst kurz vor dem Servieren.

Salat aus Artischocken und frischen Favabohnen

Anginéres ke kukiá

'Αγκινάρες καί κουκιά

Frische Favabohnen oder Saubohnen werden ganz gelassen, wenn sie noch jung und unreif sind; ansonsten halbiert man sie. Manchmal löst man die reifen Bohnen aus den dicken Hülsen und vermischt sie mit unreifen; manchmal kocht man sie auch für sich und bereitet einen mit Zitronen-Öl gewürzten Salat daraus. Für dieses Gericht kombiniert man die Bohnen mit zarten, kleinen Artischocken.
Für 4 Personen

500 g frische Favabohnen
4-6 kleine Artischocken
Saft von 1½ Zitronen
1½ Teelöffel Salz
Zitronen-Öl-Sauce (S. 337)
Pfeffer und zusätzliches Salz

Die Zitronen-Öl-Sauce vorbereiten und beiseite stellen. Die Enden von den Favabohnenhülsen abschneiden und die Bohnen zusammen mit dem Saft einer halben Zitrone in kaltes Wasser legen (der Zitronensaft verhindert das Braunwerden). Die Artischockenstiele abbrechen und die äußeren, holzigen Blätter entfernen; die übrigen Blätter stutzen und die Artischocken halbieren oder vierteln, wenn sie mittelgroß oder groß sind. Mit einem Messer das sogenannte ›Heu‹ aus den Artischocken entfernen und sie sofort mit dem Saft der zweiten ½ Zitrone einreiben, damit sie sich nicht verfärben. Knapp 3 l Wasser mit dem Saft der letzten ½ Zitrone und 1½ Teelöffel Salz aufkochen lassen. Die Bohnen abgießen und zusammen mit den Artischocken in das kochende Wasser geben; im offenen Topf bei Mittelhitze ungefähr 25 bis 35 Minuten kochen lassen, bis sie gar sind; abgießen. Die Salat-

Die Artischocke ist ein
distelartiger Korbblütler.

sauce über die noch warmen Artischocken und Bohnen geben und mit Pfeffer und Salz würzen. Warm oder kalt servieren.

Endiviensalat oder Löwenzahnsalat

Marulosaláta oder radhíkia

Μαρουλοσαλάτα ἤ ραδίκια

Knackiger Römischer Salat (›Romana‹ oder Sommerendivie) wächst auf den Inseln vom Frühjahr bis zur Mitte des Sommers und ergibt, mit einigen gebratenen Speckstückchen gewürzt, eine eigenständige Salatmahlzeit. Ebenso kann man frische Löwenzahnblätter zubereiten, die man entweder selbst pflückt oder auf dem Markt kauft.
Für 4 Personen

1 großer Kopf Römischer Salat oder
250 g Löwenzahnblätter
Frisch gemahlener Pfeffer und Salz
7 Eßlöffel Zitronen-Öl-Sauce (S. 337)
125 g Frühstücksspeck, gewürfelt und gebraten

Den Strunk abschneiden, die Blätter trennen und unansehnliche Außenblätter entfernen; waschen und gut trocknen. Die Blätter quer in schmale Streifen schneiden; in eine Salatschüssel füllen. Löwenzahnblätter werden, wenn sie sehr klein sind, nicht zerschnitten, ansonsten die Blätter halbieren. Kurz vor dem Servieren salzen und pfeffern, die Salatsauce darüber gießen und den Salat mengen, damit alle Blätter gleichmäßig mit der Sauce überzogen sind. Die Speckstückchen untermischen.

Fisch und Schalentiere

Das laue Frühlingswetter läßt auch die Fischerboote wieder auslaufen, und bei ihrer Rückkehr bringen sie genügend Fische verschiedenster Arten mit, um die Marmorbecken und -platten der Fischmärkte zu füllen. Die Fischer preisen den Vorübergehenden lautstark ihre Fischsorten an. Einige Fische stammen aus den Inselgewässern. Andere, wie die Alse, *kóklanos,* werden in der fernen Türkei gefangen, wenn sie im Frühling zum Laichen die Flüsse hinaufsteigen. Es gibt sie nur einmal im Jahr auf dem Markt. Unter den Hausfrauen entsteht dann große Aufregung: sie eilen zur *agorá,* um ja noch etwas zu bekommen, bevor der Fisch ausverkauft ist und bereiten ihn, der Inseltradition gemäß, mit Kräutern gedünstet und servieren ihn mit selbstgemachter Mayonnaise. Alsenrogen, eine Delikatesse in ganz Europa, wird in heißer Butter geschwenkt und mit Zitronenspalten umkränzt zu Tisch gebracht – das ist jedesmal ein üppiges luxuriöses Mahl.

Unter den Schalentieren ist die *pínna* hochgeschätzt, eine sehr große zweischalige Muschel mit keilförmigem Gehäuse, die man aus den Tiefen des Mittelmeeres von den sandigen Böden heraufholt. Früher rösteten die Fischer zum Abendessen *pínnes* in ihren Schalen über Holzkohlenfeuern am Strand. Bei einer neuartigen Abwandlung des Gerichtes werden verschiedene Meeresfrüchte mit den Schalen im Ofen gebacken – ein köstlicher erster Gang oder eine leichte Mittagsmahlzeit, je nach Größe der verwendeten Schalentiere.

Gedünsteter Fisch in Kräutermayonnaise

Psári vrastó me majonéza

Ψάρι βραστό μέ μαγιονέζα

Der Genuß einer gedünsteten Alse, eines gedünsteten Hechts oder Streifenbarschs wird durch den Wohlgeruch der Kräutermayonnaise erhöht, die so viele Inselfrauen zubereiten, wenn diese Fische auf dem Markt sind. Etwas ist beim Dünsten zu beachten: Der Fisch sollte möglichst nicht zerfallen und noch genauso appetitlich aussehen wie in ungekochtem Zustand. Außerdem muß er mit genügend Flüssigkeit bedeckt sein. Oft verwendet man einen Einsatz, auf dem man den Fisch in den Sud gibt; wenn Sie keinen besitzen, so hüllen Sie den Fisch gut in ein sauberes Seihtuch und heben ihn nach dem Dünsten vorsichtig heraus, damit er nicht auseinanderfällt.
Für 4-6 Personen

ein 1,5-2 kg schwerer Fisch: Alse,
Hecht oder Streifenbarsch
¼ l oder 250 g Kräutermayonnaise (S. 338)

SUD
¼ l trockener Weißwein
1 Knoblauchzehe, zerdrückt
1 Lorbeerblatt
4 Stengel glattblättrige Petersilie
Abgeriebene Schale einer halben Zitrone
gut ½ l Wasser

Die Zutaten für den Sud in einer Kasserolle 5 Minuten zugedeckt kochen lassen und zum Abkühlen beiseite stellen. Lassen Sie sich vom Fischhändler den Fisch schuppen und ausnehmen; Kopf und Schwanz nicht abtrennen. (Wenn Sie diese Arbeit selbst vornehmen möchten, lesen Sie die Ratschläge auf S. 356.) Den Fisch unter fließendem Wasser abspülen und entweder auf einen Einsatz legen oder gut in ein sauberes Seihtuch wickeln; den Einsatz in den Fischkocher hängen oder den Fisch in eine großflächige Kasserolle geben. Die abgekühlte Sudflüssigkeit über den Fisch gießen und langsam zum Kochen bringen; sofort die Hitze herunterschalten und den Fisch simmern lassen, bis er gar ist (mit einer Gabel prüfen; rechnen Sie pro Pfund etwa 10 Minuten Garzeit). Den Fisch aus dem Sud heben, abtropfen lassen und auf eine vorgewärmte Platte geben. Mit Brunnenkresse oder Barbarakraut garnieren und warm oder kalt mit einem Schälchen voll Kräutermayonnaise servieren.

Alsenrogen, in Butter geschwenkt

Avgotáracho

Αὐγοτάραχο

Der charakteristische Geschmack des Alsenrogens bleibt erhalten, wenn man ihn sacht in Butter schwenkt und mit frischer Petersilie bestreut und mit Zitronensaft beträufelt; dazu serviert man gekochte neue Kartoffeln und einen grünen Salat.
Für 4 Personen

4 Alsenrogen
Mehl zum Bestäuben
250 g Butter
Salz und frisch gemahlener Pfeffer
1 Bund glattblättrige Petersilie, gehackt
Saft einer halben Zitrone
Zitronenstückchen zum Garnieren

Die Rogen vorsichtig waschen, um die dünnen Außenhäutchen nicht zu verletzen, und mit reichlich Wasser bedeckt in einer Kasserolle aufsetzen; aufkochen lassen und sofort vom

Feuer nehmen. Die Rogen in der Flüssigkeit abkühlen lassen, abgießen und trockentupfen, in Mehl wenden und das überflüssige Mehl abschütteln. Die Butter in einer schweren Bratpfanne zergehen lassen; wenn sich der Schaum gelegt hat, die Rogen hineingeben und 10 Minuten schwenken; mit Salz und Pfeffer würzen. Die Hitze kleinschalten und die Rogen zugedeckt weitere 10 bis 15 Minuten bräunen lassen; dabei gelegentlich umwenden und achtgeben, daß die Butter nicht schwarz wird. Die Rogen auf eine vorgewärmte Platte legen, die Petersilie zu der in der Pfanne verbliebenen Butter rühren und über die Rogen gießen. Mit Zitronensaft beträufeln und mit Zitronenschnitzen garniert servieren.

Meeresfrüchte in der Schale

Thalassiná se óstrako

Θαλασσινά σέ ὄστρακο

Hier haben wir ein Gericht, das sich sehr schön in den großen Schalen der Kamm- oder Venusmuscheln anrichten läßt, die es in Haushaltsgeschäften zu kaufen gibt. Die Füllung kann im voraus zubereitet und im Kühlschrank aufbewahrt werden – kurz vor dem Servieren gibt man sie zum Überbacken in die Muschelschalen und reicht diese als ersten Gang oder als Hauptgang. Die Füllung wurde üblicherweise aus dem süßlichen Fleisch der *pínna* und anderer auf den Inseln erhältlicher Schalentiere zubereitet. Bei einem ihrer Besuche bei mir in Amerika nahm meine Mutter zu diesem Gericht fleischige Kammuscheln, Schellfischfilets und hartgekochte Ostereier. Dieses Rezept ist ihre eigene Version der *thalassiná se óstrako.*

Ergibt genügend Füllung für acht 10 cm große Muschelschalen

¼ l Weiße Sauce (S. 331)
250 g Schellfischfilet
125 g Kammuscheln
2 Eßlöffel Butter
2 Schalotten mit den grünen Teilen, gewiegt
Salz und weißer Pfeffer
2 Eßlöffel frische Petersilie, gehackt
2 hartgekochte Eier, grobgehackt
30 g feine Semmelbrösel
20 g geriebener kefalotíri *oder Parmesan*
(kefalotíri *ist ein harter, blaßgelber Reibkäse aus Schafs- oder Ziegenmilch, der ein wenig dem Parmesan ähnelt)*

Die Weiße Sauce zubereiten und zugedeckt beiseite stellen. Den Ofen auf 200 Grad vorheizen. Das Schellfischfilet in 1 cm große Würfel schneiden; die Kammuscheln unter kaltem Wasser abspülen, abtropfen lassen und mit Küchenkrepp trockentupfen. Wenn die Muscheln größer als die Fischwürfel sind, halbieren; ansonsten ganz lassen.

Die Butter in einer großen Bratpfanne über Mittelhitze zergehen lassen und die Schalotten 1 Minute darin anbraten; Schellfisch und Kammuscheln zugeben und solange weiterdünsten, bis die Muscheln nicht mehr glasig sind und der Fisch weich ist. Mit Salz und viel weißem Pfeffer würzen, Petersilie unterrühren und vom Feuer nehmen. Nun die gehackten Eier und die Weiße Sauce untermischen. Das Ganze auf die Muschelschalen verteilen, mit Semmelbröseln und Käse bestreuen und die Schalen auf ein Backblech oder auf Alu-Folie setzen, um den abtropfenden Saft aufzufangen. 15 bis 20 Minuten überbacken, bis die Oberfläche schön gebräunt ist. Heiß servieren.

Frisch vom Fang,
– aus dem Angebot auf dem Fischmarkt:

Melanúria, Barbúnia

und der *Bakaliáros*

Gópes und *Garídhes*

Kóli

84
84
54
100
54
84

Geflügel

Wenn gegen Ende des Frühjahrs die Trauben noch grün und sauer waren, würzte meine Großmutter Hühnergerichte mit ihrem herbsauren Saft. Sie ging gerne auf den Feldern spazieren; dabei hatte sie in der einen Hand einen langen dicken Stock, auf den sie sich stützen konnte, wenn sie müde wurde, und mit dem sie sich vor giftigen Schlangen schützte; in der anderen trug sie einen Weidenkorb, den sie mit den frischen Früchten, Gemüsen und wilden Kräutern der Jahreszeit füllte. Manchmal brachte sie in ihrem Korb jene grünen, unreifen Trauben mit, deren Saft sie auspreßte und durchseihte und für das Hühnergericht namens *órnitha aguridháti* verwendete, das wir alle mit Begeisterung aßen. Heute bringe ich es nicht fertig, die wenigen Trauben, die hier um mich herum wachsen, unreif abzuschneiden; da es jedoch das ganze Jahr über reichlich Zitronen gibt, verwende ich diese an Stelle der Trauben und nenne das Gericht *órnitha lemonáti*.

Eine andere Art, ein junges Frühjahrshuhn zuzubereiten, sieht so aus: Das Huhn rundherum mit einer Zitrone abreiben, füllen und in einer mit Kräutern gewürzten Tomatensauce schmoren. Wenn Hühnerreste übrigbleiben, kann man am nächsten Tag mit Pilzen zusammen daraus eine Füllung für *ornithópitta* bereiten, einer Hühnerpastete, die es auf den Inseln häufig während der *apókria*-Zeit, der Vorfrühlings-, der Faschingszeit, gibt. Nehmen Sie für all diese Gerichte junge Brathähnchen, die zartes Fleisch haben.

Hähnchen mit Zitrone und Kräutern

Órnitha lemonáti

Ὄρνιθα λεμονάτη

Der köstliche Geschmack dieses Gerichts rührt von der Zitronenschale und den frischen Frühlingskräutern her – und von der Verwendung von Butter statt Olivenöl. Für 4 Personen

1 junges Brathähnchen
1 Zitrone
Salz und weißer Pfeffer
4 Eßlöffel Butter
5 Schalotten, gehackt
2 Bund glattblättrige Petersilie, gehackt
1 Knoblauchzehe, zerdrückt
1 Teelöffel abgeriebene Zitronenschale

Das Hähnchen in Portionsstücke zerteilen, waschen und mit Küchenkrepp sorgfältig trockentupfen. Die Hühnerteile innen und außen mit der halbierten Zitrone abreiben und den Saft dabei gut ausdrücken; beiseite stellen, damit der Saft einziehen kann. Mit Salz und Pfeffer einreiben. Die Butter in einer Kasserolle aus Email zergehen lassen, die Hühnerteile hineingeben und bei Mittelhitze 15 Minuten von allen Seiten braun braten. Schalotten, Petersilie, Knoblauch und den Saft einer halben Zitrone unterrühren und die abgeriebene Zitronenschale darüberstreuen. ¼ l Wasser angießen, die Kasserolle zudecken und etwa 1 Stunde über kleiner Flamme köcheln lassen, bis das Hähnchen gar ist. Wenn Sie die Sauce andicken möchten, verrühren Sie 1 Eßlöffel Mehl in 4 Eßlöffel Wasser, mischen dies unter die Sauce und lassen sie noch einige Minuten leise kochen.

Gefülltes Huhn in Tomatensauce

Órnitha kokkinistí

Ὄρνιθα κοκκινιστή

Ein Gericht, das jede Hausfrau mit peinlicher Sorgfalt und größter Genauigkeit zubereitet! Das Hähnchen wird mit Pinienkernen und Reis gefüllt und ergibt eine vollständige Mahlzeit.
Für 4-6 Personen

1 großes Brathuhn (Poularde)
½ Zitrone
7 Eßlöffel Olivenöl

FÜLLUNG
4 Eßlöffel Olivenöl
6 Schalotten
Leber, Herz, Magen, gehackt
250 g Rinder- oder Lammhack
100 g Reis
1 Eßlöffel Tomatenmark
2 Eßlöffel Petersilie, gehackt
100 g Pinienkerne
1 Teelöffel Thymian, gemahlen
Salz und Pfeffer

SAUCE
7 Eßlöffel (110 ccm) Hühnerbrühe
2 Eßlöffel Tomatenmark, in 7 Eßlöffel (110 ccm) Wasser angerührt
1 Knoblauchzehe, halbiert
Salz und Pfeffer

Das Huhn innen und außen waschen und mit Küchenkrepp trockentupfen. Die Außenseite mit der halben Zitrone abreiben und beiseite stellen, damit der Saft einziehen kann.

FÜR DIE FÜLLUNG
das Olivenöl in einer Pfanne erhitzen und die Schalotten darin bei Mittelhitze weichdünsten; die Innereien hineingeben und kurz anbraten, bis sie ihre rote Farbe verlieren; dann das Rinder- oder Lammhack zufügen und anbraten. Den Reis untermischen, Tomatenmark, Petersilie, Pinienkerne, Thymian, Salz und Pfeffer zugeben und 1/5 bis 1/4 l Wasser angießen; in der offenen Pfanne 12 bis 15 Minuten unter häufigem Umrühren simmern lassen, bis das Wasser aufgesogen und der Reis halbgar ist. Vom Feuer nehmen und abkühlen lassen; das Brathuhn damit füllen und die Bauchöffnung mit einem starken Faden zunähen; Flügel und Keulen festbinden. Wenn etwas Füllung übrigbleibt, braten, bis der Reis gar ist, und zum Fleisch servieren.

7 Eßlöffel Olivenöl in einer schweren Kasserolle erhitzen und das gefüllte Huhn darin von allen Seiten braun braten; dabei vorsichtig mit Holzlöffeln umwenden und achtgeben, daß es nicht anbrennt. Das überschüssige Öl bis auf 2 Eßlöffel abgießen.

FÜR DIE SAUCE
die angegebenen Zutaten in die Kasserolle zum Brathuhn geben und zugedeckt über kleiner Flamme 45 bis 60 Minuten schmoren lassen; gelegentlich mit der Sauce bepinseln. Das Huhn auf eine vorgewärmte Platte legen und die Sauce durch ein Sieb in eine Saucière füllen. Beim Servieren das Huhn mit der Sauce begießen.

Thymian

Hühner-Pastete

Ornithópitta

'Ορνιθόπιττα

Für die Inselbewohner ist das Essen im Freien etwas Unwiderstehliches – sei es am Meer, in den Bergen oder auf dem eigenen Hof im Schatten des Weinlaubspaliers. Diese Pastete eignet sich hervorragend; man bereitet sie im voraus zu und verspeist sie warm oder kalt. Für 4-6 Personen

PASTETENTEIG

300 g gesiebtes Mehl
½ Teelöffel Salz
170 g Butter, in ½ cm großen Stückchen
Etwa 5 Eßlöffel Eiswasser

FÜLLUNG

Knapp ¼ l weiße Sauce (S. 331)
3 Eßlöffel Butter
5 Schalotten, mit den grünen Teilen
etwa 100 g frische Pilze, in Scheiben
Fleisch eines gekochten Huhnes, gewürfelt
2 Eßlöffel frischer Thymian, gehackt,
oder 1 Teelöffel getrockneter Thymian
1 Bund glattblättrige Petersilie, gehackt
1 Knoblauchzehe, zerdrückt
11 Eßlöffel (170 ccm) Hühnerbrühe (S. 339)
2 Eier, leicht verquirlt
Salz und Pfeffer

FÜR DEN TEIG

Mehl, Salz und Butterstückchen in einer Schüssel mischen und Mehl und Butter mit den Fingern verreiben, bis sich Streusel bilden. Die Hälfte des Eiswassers zugießen und den Teig gut mit den Händen durchkneten. Nach und nach mehr Wasser zugeben und weiterkneten; den Teig zusammendrükken und zu einer Kugel formen. Teig in zwei Hälften teilen, in Pergamentpapier wickeln und ½ Stunde in den Kühlschrank stellen.

Die weiße Sauce zubereiten und beiseite stellen.

FÜLLUNG

Die Schalotten in der Butter weichdünsten, die Pilze zugeben und 1 Minute schmoren lassen; Hühnerfleisch, Thymian, Petersilie, Knoblauch und Brühe dazufügen und weitere 2 Minuten kochen lassen. Vom Feuer nehmen, leicht abkühlen lassen, die weiße Sauce untermischen sowie die Eier, salzen, pfeffern und die Füllung beiseite stellen.

Den Ofen auf 200 Grad vorheizen. Auf einem leicht bemehlten Backbrett oder Tisch den Teig zu zwei runden, 6 mm dicken Teigplatten ausrollen, die im Durchmesser gut 2 cm größer sind als die Back- oder flache Pastetenform von 22 cm Durchmesser. Die Form mit einer Teigplatte auslegen, die Füllung hineingeben und mit der zweiten Teigplatte abdekken. Den Rand gut mit den Fingern andrücken und den überstehenden Teig mit einem Messer abschneiden. Die Oberfläche mit etwas Milch bestreichen und an mehreren Stellen mit einer Gabel einstechen, damit der Dampf entweichen kann. 15 Minuten bei 200 Grad backen lassen, dann die Hitze auf 160 Grad herunterschalten und 25 Minuten bakken, bis die Oberfläche goldbraun ist. Die Pastete vor dem Aufschneiden ein wenig abkühlen lassen. Warm oder kalt servieren.

Lamm

Junge, zwischen Januar und März geborene Berglämmer werden mit Salbei- und Thymianblättern gefüttert und erhalten so ein sanft aromatisches Fleisch. Der Frühling ist die beste Jahreszeit für Lamm auf den Inseln; zur Osterzeit, wenn die meisten Lämmer auf den Markt kommen, treibt man Tausende von mit festlichen blauen und rosa Bändchen geschmückten Tieren von den *mándhres,* den Zeltplätzen der Schäfer, in die Städte, wo sie an die Familien verkauft werden, die kein eigenes Lamm aufgezogen haben. Traditionsgemäß zieht jede Dorffamilie ein Milchlamm auf, das am Ostersamstag für das Fest geschlachtet, vorbereitet, gefüllt und in dem im Freien stehenden, bienenkorbförmigen Ofen gebraten wird. Sobald im Ofen ein Feuer aus Kiefernholz und dem süßlich duftenden *askinós*-Holz glüht und das Lamm hineingeschoben ist, versiegelt man Ofentür und Spalten mit Ton, damit kein Zug entsteht und die Temperatur gleich bleibt – erst dadurch kann das Lamm die Nacht über schmoren, ohne zu verbrennen.

Andere traditionelle Lammgerichte sind die köstlichen Fleischbällchen, *keftédhes,* und gebratene Lammkeule, *arní tu fúrnu.* Die Leute in den Städten essen diese beiden Gerichte besonders gern an Sonntagen, da ihre Zubereitung einfach und unproblematisch ist.

Eine Lammkeule kann früh am Morgen oder sogar schon am Abend vorher zubereitet werden; ein bis zwei Stunden vor dem Auftragen bringt man sie ins Backhaus in der Nachbarschaft und überläßt sie der Obhut des Bäckers, der dafür sorgt, daß sie rechtzeitig zum Essen fertig wird. *Keftédhes* bestehen aus Lammhack, das man mit Kräutern vermischt und brät; man serviert sie mit Salat als Schnellgericht. Das Lieblings-Lammgericht der Dörfler ist ein Eintopf, *arnáki jachnistó.* Mit frischen Gemüsen oder Nudeln zubereitet und in einem Tontopf über offenem Feuer gekocht, ist dieses Gericht Ausgangspunkt für endlose Variationen.

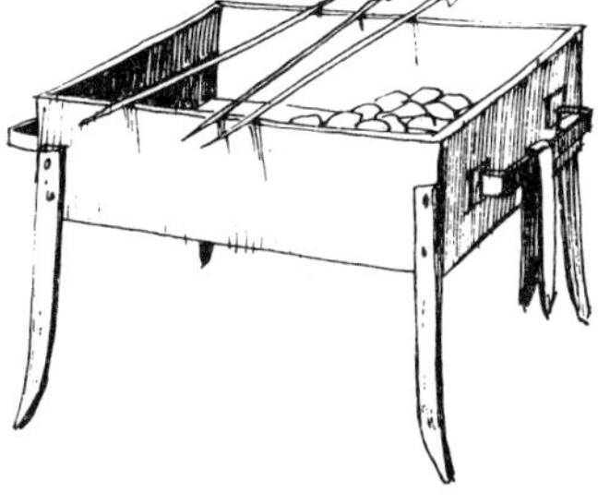

Mangáli

Fleischbällchen, mit Minze gewürzt

Keftédhes

Κεφτέδες

Zu Fleischbällchen geformtes Lammhack ist in ganz Griechenland beliebt; jeder Landesteil bietet seine eigene besondere Version an. Auf den Inseln geben wir frische Minze in die *keftédhes,* wodurch sie einen erfrischenden Geschmack bekommen.
Für 6 Personen

1 große Zwiebel, feingehackt
750 g Lammhack
2 große Tomaten, enthäutet und gewürfelt, oder 1 kleine Dose, abgetropft
1 Bund frische Minze, gehackt
3 Eßlöffel kefalotíri *oder Parmesan, gerieben*
3 Eßlöffel feine Semmelbrösel
3 Eßlöffel Mehl
Salz und Pfeffer
Olivenöl zum Braten
Mehl zum Wenden

Die Zwiebel in 4 Eßlöffel Wasser in einer kleinen Kasserolle bei Mittelhitze dünsten, bis sie weich wird und das Wasser fast verdampft ist; beiseite stellen und abkühlen lassen. In einer großen Schüssel Zwiebel, Fleisch und die übrigen Zutaten, außer Öl und Mehl, vermischen und mit den Fingern oder einem Holzlöffel zu einer glatten Masse verarbeiten. Mit einem Eßlöffel – oder einem Teelöffel, sofern kleinere Bällchen gewünscht werden – Klößchen abstechen, in Mehl wenden, überschüssiges Mehl abschütteln und zwischen den Handflächen zu Bällchen formen. Etwa 4 Eßlöffel Olivenöl in einer Pfanne erhitzen und die Fleischbällchen bei Mittelhitze portionsweise gar braten; gut umwenden, damit sie gleichmäßig fest und braun werden. Ein Fleischbällchen halbieren und nachsehen, ob es innen gar ist; wenn nicht, noch etwas braten lassen – allerdings sollten die Fleischbällchen nicht zu trocken sein.

Lamm mit Nudeln

Arní me pásta juvétsi

᾿Αρνί μέ πάστα γιουβέτσι

Dieses alltägliche Familiengericht wird aus Lammfleischstückchen und Nudeln, *kritharáki,* zubereitet, die etwa die Form von Gerstenkörnern haben und die meine Mutter noch mit der Hand herstellte – in stundenlanger Kleinarbeit! Wir können sie heute auch bei uns in griechischen Geschäften fertig kaufen. Zum *juvétsi* reicht man immer einen grünen Salat.
Für 4-6 Personen

1 kg mageres Lammfleisch
7 Eßlöffel Olivenöl
1 mittelgroße Zwiebel, gehackt
6 große frische Tomaten
1 Bund frischer Salbei, gehackt, oder
1 1/2 Teelöffel getrockneter Salbei
1 Knoblauchzehe, zerdrückt
Salz und Pfeffer
400 g kritharáki

Das Fleisch in 5 cm große viereckige Stücke von 2-3 cm Dicke schneiden und mit Küchenkrepp gut abtupfen. Das Olivenöl bei Mittelhitze in einer feuerfesten Kasserolle oder irdenen Auflaufform, dem griechischen *juvétsi,* erhitzen und die Fleischstücke portionsweise von allen Seiten anbraten. Danach die Fleischstücke wieder in die Kasserolle zurückgeben, die Zwiebel unterrühren und 1 Minute schmoren lassen, dann Tomaten, Salbei, Knoblauch, Salz und Pfeffer hinzufügen. Zugedeckt über kleiner Flamme 25 bis 30 Minuten köcheln lassen. Den Ofen auf 175 Grad vorheizen. *Kritharáki* nach den Anweisungen auf der Packung kochen, abtropfen lassen und unter das Lammfleisch mischen. Die Kasserolle oder Auflaufform für 20 Minuten in den vorgeheizten Ofen schieben, bis die Flüssigkeit aufgesogen ist. Wenn die Nudeln die Flüssigkeit aufsaugen, bevor das Fleisch gar ist, etwas heißes Wasser angießen, umrühren und fertig garen.

Lamm-›Gulasch‹

Arnáki jachnistó

᾿Αρνάκι γιαχνιστό

Der Geschmack von *arnáki jachnistó* ändert sich je nach der Art der mitgekochten Gemüse. Das Grundgericht läßt sich im voraus zubereiten und einfrieren – so hat man bei Bedarf rasch etwas zur Hand, das man zu vielen schmackhaften Mahlzeiten abwandeln kann. Das Gemüse erst 1/2 Stunde vor Ende der Garzeit zugeben.
Für 4-6 Personen

1 kg mageres Lammfleisch
5 1/2 Eßlöffel Olivenöl
1 Zwiebel, gehackt
2 Eßlöffel Tomatenmark, in 11 Eßlöffel (170 ccm) Wasser angerührt
1 Knoblauchzehe, zerdrückt
2 Bund glattblättrige Petersilie, gehackt
Salz und Pfeffer

Das Lammfleisch in 5 cm große viereckige Stücke von 2-3 cm Dicke schneiden und gut mit Küchenkrepp abtupfen. Das Olivenöl bei Mittelhitze in einer schweren Kasserolle erhitzen und die Fleischstücke portionsweise von allen Seiten anbraten. Die angebratenen Fleischstücke in die Kasserolle zurückgeben und die Zwiebel darin in etwa 1 Minute weichdünsten. Aufgelöstes Tomatenmark, Knoblauch, Petersilie, Salz und Pfeffer zufügen, zudecken und sanft köcheln lassen, bis das Fleisch gar ist. Die Sauce sollte recht dick sein; daher mit Mehl – 1 Eßlöffel in 4 Eßlöffel Wasser verrührt – andicken.

Lammkeule, im Ofen gebacken

Arní tu fúrnu

᾿Αρνί τοῦ φούρνου

Junges, zartes Lammfleisch wird sehr rasch gar: die Keule eines Frühjahrslamms, die ungefähr 3 bis 4 Pfund wiegt (siehe S. 359), dürfte daher in etwa 1 Stunde fertig sein. Soll es dazu Kartoffeln geben, so dämpft man diese mit dem Fleisch zusammen, dessen Saft ihnen ein pikantes Aroma verleiht.
Für 5 Personen

eine 1,5-2 kg schwere Lammkeule
2 Knoblauchzehen, in Spalten geschnitten
2 Teelöffel Rosmarinnadeln, zerdrückt
7 Eßlöffel Olivenöl
Salz und Pfeffer
6 mittelgroße Kartoffeln, festkochend
2 Eßlöffel Tomatenmark, in 7 Eßlöffel (110 ccm) Wasser angerührt

Den Ofen auf 200 Grad vorheizen. Die Lammkeule in eine Pfanne legen und mit einem kleinen Messer jegliches Fett entfernen. An beiden Seiten der Keule zwei 5 cm lange Einschnitte bis auf den Knochen machen und Knoblauchschnitze und etwas Rosmarin hineinfüllen. Die Keule mit ein wenig Olivenöl gut einreiben, den restlichen Rosmarin darüberstreuen und festdrücken, dann salzen und pfeffern.

Die Kartoffeln schälen und vierteln, unter kaltem Wasser abspülen und abtropfen lassen. In einer Schüssel in Salz und Pfeffer wenden und um die Lammkeule legen. Das aufgelöste Tomatenmark über die Kartoffeln geben und das restliche Olivenöl darüberträufeln, dadurch werden sie beim Backen knusprig und rosafarben. $^1/_8$ l Wasser angießen und die Keule 15 Minuten bei 200 Grad braten, dann die Hitze auf 175 Grad zurückschalten und weitere 45 Minuten braten; gelegentlich nachsehen, ob der Pfannenboden mit Wasser bedeckt ist.

Gemüse

Próïma zarzavatiká sind die ersten Frühlingsgemüse, die an den Marktständen auftauchen und mit ihren verschiedenen Formen und leuchtenden Grüntönen zum Kauf anregen. Man bereitet sie alle nur mit einem Mindestmaß an Garzeit zu, damit sie ihre aromatische Frische behalten. Erbsen in prallen, glänzenden Schoten gehören zu den allerersten Frühjahrsboten; sie werden entschotet und rasch in einer hellen Sauce gekocht – so verlieren sie nichts von ihrer smaragdgrünen Farbe und ihrem süßen Geschmack; desgleichen Spinat – er wird mit Kräutern gewürzt, mit Käse vermischt und zwischen zwei Teigkrusten gebacken: Das ergibt die griechische *spanakópitta*. Und nicht zu vergessen: Die Artischocke, die, mit frischen Tomaten zusammen, eine köstliche Beilage zu Gerichten aus Frühjahrslamm darstellt. Kartoffeln werden von vielen nicht geschätzt – nicht so von den Dorfbewohnern, die sie ausgraben, wenn sie noch klein sind, fast die Größe von Murmeln haben; man kocht sie in der Schale und serviert sie mit reichlich Butter begossen und mit frischen Minzblättern bestreut.

Bestimmt werden einige dieser Gaben der Natur, auf die einfachste Art zubereitet, auch Ihnen neue Gaumenfreuden erschließen.

Im Artischockenfeld
Der Bauer schneidet und zeigt …

... zuerst entfernt man
die harten Deckblätter

dann das ›Heu‹

und verwendet nur den
zarten, fleischigen
›Boden‹

Artischocken mit Tomaten

Angináres me domátes

ʼΑγκινάρες μέ ντομάτες

Unendlich viele Gerichte werden mit Artischocken zubereitet, einem Gemüse, das die Städter häufiger als die Dorfbewohner verwenden, obwohl Artischocken eigentlich in den Dörfern gezogen werden. Eine typische Zubereitungsart: Artischocken mit den ersten frischen Frühlingstomaten.
Für 4 Personen

6-8 kleine oder 4 große Artischocken
1 Zitrone
5 ½ Eßlöffel Olivenöl
1 mittelgroße Zwiebel, gehackt
4 große Tomaten, enthäutet, in Scheiben oder 1 kleine Dose mit Flüssigkeit
1 Bund frischer Dill, gehackt
Salz und Pfeffer

Die Artischockenstiele abbrechen, die holzigen Außenblätter entfernen und von den zarten Innenblättern die Spitzen abschneiden. Die Artischocken halbieren (oder, wenn Sie größere nehmen, vierteln) und das sogenannte ›Heu‹ herausschaben. Die Zitrone halbieren und die Artischocken damit abreiben, damit sie nicht braun werden. Das Olivenöl in einer schweren Pfanne erhitzen, die Artischocken zugeben und bei Mittelhitze goldbraun braten; herausnehmen und auf Küchenkrepp abtropfen lassen. In einer Kasserolle 2 Eßlöffel Olivenöl aus der Pfanne erhitzen und die Zwiebel darin weichdünsten; Tomaten, Dill, Salz und Pfeffer dazugeben und zugedeckt über kleiner Flamme 7 Minuten köcheln lassen. Die gebratenen Artischocken zufügen und weitere 25 bis 35 Minuten simmern lassen, bis die Artischocken fast gar sind; dabei gelegentlich mit der Tomatensauce bestreichen.

Sollte nach dem Kochen zuviel Flüssigkeit übrig sein, diese einige Minuten stark einkochen lassen.

Frische Erbsen in heller Sauce

Bizélia aspra

Μπιζέλια άσπρα

Dieses Gericht bereitete meine Mutter in jedem Frühjahr. Sie entschotete die Erbsen und ließ sie, manchmal mit einigen zarten Hülsen zusammen, in einer Sauce köcheln, die mit extra aus dem Dorf gelieferter frischer Butter hergestellt wurde. *Bizélia aspra* können als Beilage zu jedem Fleisch- oder Fischgericht serviert werden.
Für 4 Personen

1 ¼ kg frische Erbsen (Schoten mitgewogen)
4 Eßlöffel Butter oder Olivenöl
5 Schalotten, gehackt
2 Eßlöffel Mehl
Gut ¼ l heiße Hühnerbrühe (S. 339)
oder heißes Wasser
1 Eßlöffel Zitronensaft
2 Eßlöffel frischer Dill
Weißer Pfeffer und Salz

Die Erbsen entschoten und beiseite stellen. Butter oder Olivenöl in einer Kasserolle erhitzen und die Schalotten darin bei schwacher Hitze weichdünsten. Mehl hineinrühren und kurz anschwitzen lassen; achtgeben, daß es nicht braun wird. Die Kasserolle vom Feuer nehmen und unter ständigem Rühren die Hühnerbrühe oder das Wasser zugießen. Aufs Feuer zurückstellen und die Flüssigkeit aufkochen lassen – ständig umrühren! – und 2 Minuten kochen. Zitronensaft, Dill, Salz, Pfeffer und Erbsen zufügen und in der offenen Kasserolle 5 Minuten sprudelnd kochen.

Spinatreis

Spanakórizo

Σπανακόρυζο

Sogar Kinder mögen diesen Spinat, der mit duftendem Origano gewürzt ist und dampfend heiß serviert wird. Für 4 Personen

500 g frischer Spinat
4 Eßlöffel Olivenöl
5 Schalotten mit grünen Stengeln, gehackt
100 g Rundkornreis
2 Eßlöffel frischer Origano, gehackt; oder
1 Teelöffel getrockneter Origano
Salz und Pfeffer
Geriebener kefalotíri *oder Parmesan*

Die Spinatblätter entstielen, waschen, abtropfen lassen, halbieren und beiseite stellen. In einer emaillierten Pfanne die Schalotten bei Mittelhitze in Olivenöl weichdünsten, den Reis hineinrühren und wenn er glasig ist, etwa 5/8 l (625 ccm) kaltes Wasser angießen, den Reis aufkochen lassen und über kleiner Flamme etwa 25 Minuten simmern lassen. Mit Origano, Salz und Pfeffer würzen, den Spinat dazugeben und zugedeckt weiterkochen, bis der Spinat zusammenfällt. Reis und Spinat gut verrühren und gegebenenfalls noch etwas Wasser angießen. Zudecken und noch 5 Minuten kochen lassen. Sofort mit geriebenem Käse bestreut servieren.

Spinat-Pastete

Spanakópitta

Σπανακόπιττα

Spanakópitta läßt sich eigentlich sehr schlecht übersetzen, doch ich habe bis jetzt noch keinen Griechen kennengelernt, dem sie nicht geschmeckt hätte, und auch bei vielen meiner nicht-griechischen Freunde findet sie großen Beifall. Man vermischt Spinat, Schalotten, Dill und den griechischen *féta*-Käse und bäckt das Ganze in einer Pastetenform in brotartigem Teig.
Für 4-6 Personen

FÜLLUNG
5 ½ Eßlöffel Olivenöl
1 große Zwiebel, gewürfelt
6-8 Schalotten, geschält und grobgehackt
750 g Spinat, gewaschen,
entstielt und grobgehackt
3 Bund frischer Dill, gehackt,
oder 4 Eßlöffel getrockneter Dill
300 g féta-*Käse, zerkrümelt*
Pfeffer

PASTETENTEIG
½ Würfel Hefe oder ½ Päckchen Trockenhefe
7 Eßlöffel (110 ccm) lauwarmes Wasser
180 g Weizenmehl
60 g gesiebtes Vollkornmehl
1 Teelöffel Salz
5 Eßlöffel Olivenöl

FÜR DIE FÜLLUNG
das Olivenöl in einer großen gußeisernen oder emaillierten Pfanne erhitzen (nehmen Sie bitte keine Aluminiumpfanne, dadurch würde der Spinat einen metallischen Geschmack

annehmen). Zwiebel und Schalotten hineingeben und bei Mittelhitze weichdünsten. Den Spinat auf die Zwiebeln geben und zugedeckt 5 Minuten oder solange kochen lassen, bis er zusammenfällt. Die Mischung mit einem Holzlöffel umrühren und die Pfanne vom Feuer nehmen. Dill, *féta*-Käse und Pfeffer untermengen und abkühlen lassen. Nicht salzen; der salzige *féta*-Käse würzt das Gericht ausreichend.

FÜR DEN TEIG
die Hefe in 7 Eßlöffeln lauwarmem Wasser auflösen und beiseite stellen. In einer großen Schüssel Weizen-, Vollkornmehl und Salz mischen und in die Mitte eine kleine Grube machen, 3 Eßlöffel Olivenöl und die aufgelöste Hefe hineingeben und mit den Händen zu einem Teig vermengen. Den Teig solange kneten, dann schlagen, bis er geschmeidig ist und Blasen wirft; zugedeckt beiseite stellen, bis er zu doppeltem Umfang aufgegangen ist. Den Teig durch einen Faustschlag wieder auf den ursprünglichen Umfang bringen und erneut durchkneten.

Den Ofen auf 200 Grad vorheizen. Den Teig halbieren und jeden Teil auf einem mit Mehl bestreuten Backbrett zu einer ½ cm dicken Teigplatte ausrollen, die im Durchmesser etwa 2 cm größer ist als eine flache Pastetenform von 22 cm Durchmesser. Boden und Seitenwände der Form leicht einölen, eine Teigplatte hineinlegen und die Spinatfüllung (die überschüssige Flüssigkeit, die sich gebildet hat, abgießen) gleichmäßig darauf verteilen. Mit der zweiten Teigplatte abdecken und den Rand gut mit den Fingern andrücken. Überstehenden Teig mit einem Messer abschneiden, die restlichen 2 Eßlöffel Olivenöl auf die obere Teigplatte gießen und mit den Fingern verstreichen. An mehreren Stellen mit einer Gabel einstechen, damit der Dampf entweichen kann. 45 Minuten backen, bis die Oberfläche schön goldbraun ist.

Neue Kartoffeln mit Minze

Patatítses me dhiósmo

Πατατίτσες μέ δυόσμο

Mit den ersten Minzstengeln, die im Frühling in meinem Kräutergarten wachsen, würze ich kleine neue Kartoffeln – ein Gericht, das ich oft auf den Inseln gegessen habe. Recht kleine Kartoffeln ganz und ungeschält lassen, größere halbieren.
Für 4-6 Personen

1 kg kleine neue Kartoffeln in der Schale
1 Eßlöffel Salz
4 Eßlöffel zerlassene gesalzene Butter
Pfeffer und zusätzliches Salz
1 Bund frische Minze, gehackt

Kartoffeln waschen und gut säubern, mit Wasser bedeckt in einer Kasserolle aufsetzen und 1 Eßlöffel Salz dazugeben. Aufkochen lassen, die Hitze herunterschalten und zugedeckt garen lassen, bis sie weich sind (mit einem Messer oder einer Gabel anstechen!). Das Wasser abgießen und die Kartoffeln warmstellen.

Butter in einem Pfännchen zergehen lassen, über die Kartoffeln gießen, mit Pfeffer und zusätzlichem Salz würzen und die Minze darüberstreuen. Die Kartoffeln sacht mit einem Holzlöffel umwenden, um sie mit Butter und Gewürzen zu überziehen; vor dem Servieren einige Minuten ziehen lassen.

Kleingebäck und Kuchen

Am bekanntesten in ganz Griechenland sind die Backwaren und das Zuckerwerk (beides in reicher Auswahl!), *gliká* und *zacharotá,* die sich die Inselbewohner mit Vorliebe gönnen. Jeder Feiertag dient in den Haushalten als Entschuldigung, diese süßen Köstlichkeiten herzustellen, und besonders an Ostern bereiten die Hausfrauen große Mengen. Einige backt man im voraus, wie *kurambiédhes,* Buttergebäck, das im Munde zerschmilzt. Ich erinnere mich an die vielen Stunden, die ich meiner Mutter bei der Zubereitung half – mit einem Stößel zerrieb ich in einem Messingmörser Zukker zu feinem Pulver, tauchte die gebackenen und ausgekühlten *kurambiédhes* in Blütenwasser und wälzte sie in Puderzucker. Ebenfalls beliebt ist *galaktobúriko* – eine Cremefüllung aus Eiern und Gewürzen, zwischen dünnen Lagen von fíllo-Teig gebacken –, das man Freunden und der Familie anbietet und das einen Tag vor dem Servieren zubereitet wird, damit der Sirup genügend einziehen kann. Weniger kompliziert für den Alltag ist ein in seiner Zubereitung einfaches Dessert aus natürlichen, reinen Zutaten: Inselkäse und Honigpastete, *melópitta nisiótiki* – aus weichem Käse und herrlich duftendem Frühlingsblütenhonig –, von ungewöhnlichem Geschmack und ungewöhnlicher Beschaffenheit.

Buttergebäck in Puderzucker

Kurambiédhes

Κουραμπιέδες

Diese hellen, mit Puderzucker dick bestäubten Plätzchen werden nach alter Tradition in Rautenform gebacken. Der Teig darf nicht zu fest und nicht zu weich sein und vor allem nicht zu lange gebacken werden, da die Plätzchen sonst nicht diese krümlige Konsistenz bekommen, für die sie bekannt sind. Beim Backen darauf achten, daß sie hell bleiben und sich nicht sehr verfärben.
Ergibt 20-22 Plätzchen

Knapp ½ Pfund (225 g) Butter
40 g Puderzucker
1 Eigelb
240 g gesiebtes Mehl
1 Teelöffel oúzo *(griechischer Branntwein mit Anisaroma) oder Cognac*
70 g blanchierte gemahlene Mandeln (S. 360)
200 g halb Puderzucker, halb feiner Zucker zum Bestäuben
4 Eßlöffel Orangenblüten- oder Rosenwasser (aus der Apotheke)

Den Ofen auf 125 Grad vorheizen. Die Butter bei Zimmertemperatur weich werden lassen und in einer Schüssel mit einem elektrischen Handrührgerät solange schlagen, bis sie weiß wird. Zucker und Eigelb zugeben und schaumig rühren; *ouzo* oder Cognac und die Mandeln hineingeben und langsam die Hälfte des Mehls zufügen – dabei mit einem Holzlöffel umrühren, bis der Teig anfängt festzuwerden. Das restliche Mehl dazugeben und den Teig mit den Händen glattkneten. Den Teig halbieren und zu zwei 30 cm langen Strängen rollen; diagonal in gut 2 cm breite Scheiben schneiden und diese mit 4 cm Zwischenraum auf ein ungefettetes Backblech legen. 20 bis 25 Minuten oder solange backen, bis sie einen leichten Goldton annehmen. Die Plätzchen vom Blech nehmen und auf einem Rost abkühlen lassen. Den Puderzucker auf einen Teller sieben und das Blütenwasser in ein Schälchen füllen. Rasch jedes Plätzchen mit der Oberfläche zuerst in das Blütenwasser und dann in den Zucker tauchen. Auf einer Platte aufschichten und zwischen jede Lage erneut Puderzucker streuen. *Kurambiédhes* halten sich sehr lange.

Kanní

Kurambiédhes

Strudelgebäck mit Cremefüllung in Sirup

Galaktobúriko

Γαλακτομπούρικο

Dieses süße Gebäck schmeckt gerade durch seine wunderbare Cremefüllung so erfrischend, besonders wenn man es mit Sirup beträufelt, abkühlen läßt und (sofern Sie mögen) mit Rosen- oder Orangenblütenwasser benetzt.

Für 10-12 Personen

FÜLLUNG
900 ccm Milch
300 g Zucker
150 g Reismehl oder Stärkemehl
225 g Butter
8 mittelgroße Eier, getrennt
½ Teelöffel Zimt
1 Eßlöffel abgeriebene Orangenschale

TEIG
225 g geklärte Butter (S. 356)
450 g fíllo- *oder Strudelteig (S. 344)*

SIRUP
170 ccm Wasser
300 g Zucker
Schale einer Orange

FÜR DIE FÜLLUNG
Milch und 200 g Zucker in einer großen Kasserolle vermengen und nach und nach das Reismehl oder Stärkemehl einrühren, bis es sich aufgelöst hat und glatt ist. Die Butter zugeben und die Kasserolle aufs Feuer stellen; bei Mittelhitze unter ständigem Rühren aufkochen lassen. Wenn die Mischung zu einer Creme andickt, in eine Schüssel füllen und vollständig abkühlen lassen; dabei wird sie noch etwas dik-

ker. Eier trennen; eine Prise Salz zu dem Eiweiß geben und dieses zu steifem Schnee schlagen. Das Eigelb mit dem restlichen Zucker schaumig schlagen; Eiweiß und Eigelb vorsichtig unter die Creme ziehen.

Den Ofen auf 175 Grad vorheizen. Boden und Seitenwände einer etwa 22 × 32 × 5 cm großen Form reichlich mit geklärter Butter einpinseln, eine Lage *fíllo*-Teig hineingeben, die Kanten über den Rand hängen lassen; wieder mit Butter bepinseln. Diesen Vorgang wiederholen, bis der *fíllo*-Teig zur Hälfte aufgebraucht ist, und dabei die einzelnen Lagen jedesmal buttern. Die Cremefüllung gleichmäßig in der mit *fíllo*-Teig ausgekleideten Form verteilen und die überhängenden Enden des *fíllo* lose über der Füllung zusammenfalten. Die übrigen *fíllo*-Lagen auf die Größe der Form zurechtschneiden und nacheinander über die Füllung legen; auch dabei wieder jede einzelne Lage mit Butter bepinseln. 35 bis 45 Minuten backen, bis die oberen *fíllo*-Lagen goldbraun sind. Abkühlen lassen (die Oberfläche fällt ziemlich zusammen).

Wenn Sie das *galaktobúriko* mit Strudelteig machen, lassen Sie es bei jeweils zwei bis drei butterbepinselten Lagen als Boden und Decke bewenden.

FÜR DEN SIRUP

die Zutaten in einem Topf aufkochen lassen und den sich bildenden Schaum abschöpfen; die Hitze kleinschalten und noch etwas brodeln lassen. Vom Feuer nehmen und sofort über das *galaktobúriko* gießen; mit einem scharfen spitzen Messer in Vierecke schneiden. Wieder abkühlen und dann im Kühlschrank eiskalt werden lassen. Vor dem Servieren mit Blütenwasser beträufeln.

Honig-Käse-Pastete nach Inselart

Melópitta nisiótiki

Μελόπιττα νησιώτικη

Für diese Pastete nimmt man *mizíthra,* den weichen, ungesalzenen Käse, der einem sahnigen italienischen Frischkäse oder unserem Sahnequark ähnelt. Ich verwende amerikanischen Kleehonig, der fast wie der helle griechische Frühlingsblütenhonig schmeckt. In heißem Zustand ist die Pastete von leichter, luftiger Konsistenz; abgekühlt fällt sie zusammen und hat mehr die Beschaffenheit eines Käsekuchens – ob auf die eine oder andere Art: Sie ist gleichermaßen köstlich.
Für 12-15 Personen

PASTETENTEIG
120 g ungebleichtes Mehl
1 Eßlöffel Zucker
5 Eßlöffel eisgekühlte Butter in Stückchen
Ungefähr 2 Eßlöffel Eiswasser

FÜLLUNG
450 g frischer mizíthra *oder Sahnequark*
100 g Zucker
8 Eßlöffel Honig
3 mittelgroße Eier,
leicht mit einer Gabel verquirlt
1 Teelöffel abgeriebene Zitronenschale

FÜR DEN TEIG
Mehl, Zucker und Butterstückchen in einer Schüssel mischen und rasch mit den Fingern verreiben, bis sich Streuseln bilden. Einen halben Eßlöffel Eiswasser zugießen und den Teig gut mit den Händen durchkneten. Das restliche Eiswasser zugeben, den Teig zusammendrücken und zu einer Kugel formen; etwas flachdrücken, in Pergamentpapier wickeln und ½ Stunde in den Kühlschrank stellen.

Den Ofen auf 175 Grad vorheizen. Auf einem leicht bemehlten Backbrett den Teig zu einer 3 mm dicken Platte ausrollen, die im Durchmesser etwa 2 cm größer ist als eine Back- oder flache Pastetenform von 22 cm Durchmesser. Über das Nudelholz heben und in die Form legen. Den überstehenden Teig umfalten und mit den Fingern zu einem möglichst hochstehenden, gerillten Rand so zusammendrücken, daß er die Füllung hält, wenn sie aufgeht. Eine etwas kleinere Form in die mit Teig gefüllte stellen und mit getrockneten Hülsenfrüchten oder auch kleinen Kieseln füllen, damit der Teig niedergedrückt wird und während des Backens seine Form behält. Wenn Sie keine kleinere Form haben, so decken Sie den Teig mit Alu-Folie oder Pergamentpapier ab und beschweren ihn wie beschrieben. Den Teig 10 bis 15 Minuten backen, bis er einen leichten Goldton hat; abkühlen lassen, bevor man die kleinere Form herausnimmt.

FÜR DIE FÜLLUNG
Käse, Zucker und Honig in einer Schüssel gut vermischen, Eier und Zitronenschale dazugeben, nochmals verrühren und die Mischung in den abgekühlten Teigboden füllen. Bei 175 Grad die Pastete 45 Minuten oder solange backen lassen, bis die Oberfläche goldbraun ist und sich Risse darin zeigen.

Tirikó

Puddings

Wenn das Wetter wärmer wird, promenieren die Inselbewohner in der Stadt die Hauptstraße am Meer auf und ab, die von Straßencafés und vielen kleinen Verkaufskarren gesäumt ist. An einigen Karren sieht man *vitrínes,* Glasschränkchen, die sich von oben öffnen und schließen lassen und in denen auf zerstoßenem Eis winzige, mit Pudding gefüllte Förmchen stehen. Wer Appetit auf eine Erfrischung hat, kauft sich einen Pudding, löffelt ihn an Ort und Stelle aus und gibt das Förmchen zurück. Zu diesen Puddings, die mir mit ihrem Duft und Geschmack noch gut in Erinnerung sind, gehören die fast durchsichtigen, mit Milch und anderen Würzstoffen zubereiteten *balezés* und *rizógalo,* ein Reispudding, bei den Griechen äußerst beliebt als leichter Imbiß. *Rizógalo* wird auch in den Cafés verkauft, eisgekühlt und mit Zimt bestreut.

Steife Mandelmilch

Balezés

Μπαλεζές

Auf der Insel Mytilíni bereiten wohlwollende Freunde und Verwandte einer jungen Mutter diesen *balezés* und bringen ihr den Pudding am vierten Tag nach der Entbindung, wenn sie das neugeborene Kind sehen dürfen. Ich nehme für den *balezés* weniger Stärkemehl als das traditionelle Rezept vorsieht und verwende zusätzlich Gelatine, damit der Pudding in der Konsistenz etwas leichter wird.
Für 3 Personen

1/8 l Wasser
1 Eßlöffel Stärkemehl (Maizena, Gustin)
4 Eßlöffel Zucker
100 ccm süße Sahne
3 Tropfen Mandelöl-Aroma
1/2 Päckchen Gelatinepulver

ZUM VERZIEREN
Blanchierte gemahlene Mandeln (S. 360) und Granatapfelsamen nach Belieben.

Das Stärkemehl mit 1 Eßlöffel Zucker in 1/8 l Wasser glattrühren und etwas anziehen lassen. Die Gelatine mit 1 Tasse Wasser anrühren und 10 Minuten quellen lassen.

Die Sahne mit 3 Eßlöffel Zucker und der Stärkemehlmischung unter stetem Rühren zum Kochen bringen, Hitze abschalten und noch eine weitere Minute ausquellen lassen, das Mandelölaroma zufügen. Unter öfterem Umrühren etwas abkühlen. Die Gelatine im heißen, nicht kochenden Wasserbad völlig lösen und der abgekühlten Mandelmilch unter Rühren beigeben, in Schalen füllen, kalt stellen. Vor dem Anrichten verzieren.

Reispudding

Rizógalo

Ρυζόγαλο

In verschiedenen Variationen wird *rizógalo* zu Hause, in Cafés und von den Straßenhändlern zubereitet. Manchmal ißt man ihn morgens, manchmal zwischen den Mahlzeiten und bisweilen auch nach dem Essen als Nachtisch. Für Reispudding nimmt man Rundkornreis.

Für 4–5 Personen

85 g Rundkornreis
1 l Milch
125 g Zucker
1 Eßlöffel abgeriebene Zitronenschale
Zimt

Den Reis mit 7 Eßlöffel Wasser bedecken und 5 Minuten stehen lassen. Milch und Zucker in einer Kasserolle bei Mittelhitze aufkochen lassen; Reis und Wasser hineingeben und unter ständigem Rühren erneut aufkochen. Die Zitronenschale zufügen, die Hitze kleinschalten und die Mischung sanft köcheln lassen, bis sie dick und kremig ist. Wenn die Flüssigkeit verdampft, bevor der Reis gar ist, noch ein wenig heißes Wasser angießen. Den Pudding in einzelne Förmchen füllen und im Kühlschrank eiskalt werden lassen. Vor dem Servieren mit Zimt bestreuen.

Früchte und Konfitüren

Chrisómilo, ›Goldener Apfel‹ nennen die Griechen die saftige Frucht des Aprikosenbaumes, die in der zweiten Frühjahrshälfte reif wird. Für ihren Jahresvorrat an Aprikosen-Konfitüre pflückte meine Mutter die Früchte stets mit großer Sorgfalt – sie mußten alle dieselbe Größe haben und noch ein wenig unreif sein, um gleichmäßig gar zu werden und ihre Form zu behalten. Geduldig zog sie mit einem kleinen Messer von jeder Frucht die dünne Haut ab, entsteinte und füllte sie mit einer blanchierten Mandel und ließ sie vor dem Kochen in Limonenwasser weichen, damit sie fester wurden. Ich erinnere mich, daß sie die gekochten Aprikosen in einem Glas aufbewahrte, das auf der Außenseite mit kleinen Vergißmeinnichtblüten aus Email verziert war; wenn das Glas zum Abkühlen auf der Fensterbank stand und die Sonne daraufschien, sah es aus, als sei das Glas voller Gold.

Da mein Mann weiß, daß Aprikosen mein Lieblingsobst sind, pflanzte er im Hinterhof unseres Hauses in Neu-England zwei Aprikosenbäume, und zu unserem großen Erstaunen überdauerten sie das Winterwetter. Eines Morgens im Frühjahr stand einer der Bäume in voller Blüte, und im Juli trug er goldene Früchte – viel kleinere als auf den Inseln, aber genauso süß und saftig.

Aprikosen in Sirup als ›Löffel‹-Dessert

Chrisómila glikó, auch: veríkkoko glikó
Χρυσόμηλα γλυκό ἤ βερύκκοκο γλυκό

Diese Art der Konfitüre – meist aus ganzen Früchten, in einer Zuckerlösung eingekocht – reicht man in griechischen Häusern den Gästen zum Willkommen und oftmals erfreut man sich auch selbst daran. Sie wird als *glikó tu kutaliú,* als ›Süßigkeit auf dem Löffel‹, angeboten und erfordert sehr sorgsame Vorbereitung. Doch die Mühe lohnt sich: Auf diese Weise eingelegt, halten sich die Früchte nahezu unbegrenzt. Für das *chrisómila gliko* nehmen Sie feste, noch leicht unreife und makellose Aprikosen. Limonenwasser finden Sie gegebenenfalls in Apotheken, andernfalls bereiten Sie sich eben selbst Zitronenwasser zu.

1 kg frische Aprikosen
(etwa 27 mittelgroße Früchte)
Blanchierte Mandeln (S. 360)
½ l Limonenwasser
800 g Zucker
200 ccm kaltes Wasser
Saft einer Zitrone (4 Eßlöffel)
8 ganze Nelken

Zum Entsteinen der Aprikosen einen kleinen, sauberen Schraubenzieher verwenden. Die Aprikosen fest in der Hand halten, mit der Spitze am Stielende einstechen und den Kern auf der anderen Seite herausdrücken – geben Sie acht, daß Sie sich nicht dabei verletzen oder daß die Frucht zerbricht! Mit einem kleinen Schälmesser die dünne Haut von jeder Aprikose abziehen und die Aprikosen mit je einer blanchierten Mandel füllen. Das Limonenwasser in eine große Schüssel aus Steingut gießen, 1/2 l kaltes Wasser zugeben und die Aprikosen 2 bis 3 Stunden darin einweichen; durch das Limonenwasser werden sie fester. Das Wasser abgießen, die Aprikosen zweimal unter kaltem Wasser abspülen und zum Abtropfen in ein Sieb geben.

Den Zucker und 1/2 l kaltes Wasser in einer großen Kasserolle aus Email oder rostfreiem Stahl aufsetzen, aufkochen lassen und den sich bildenden Schaum mit einem Silber- oder Edelstahllöffel entfernen. Die Hitze kleinschalten und 5 Minuten simmern lassen; die gut abgetropften Aprikosen hineingeben und in der offenen Kasserolle 15 bis 20 Minuten sanft köcheln lassen; dabei gelegentlich abschäumen. Mit einem Schaumlöffel die Aprikosen auf eine Platte heben; Zitronensaft und Nelken in den Sirup geben und sprudelnd aufkochen lassen. Die Früchte in den Sirup zurückgeben und 1 Minute köcheln lassen; die Kasserolle vom Feuer nehmen, mit einem sauberen Tuch abdecken und die Aprikosen über Nacht (6 bis 8 Stunden) in der Siruplösung ziehen lassen. Am nächsten Tag die Aprikosen über kleiner Flamme simmern lassen, bis sie glasiert aussehen und der Sirup dick ist oder auf einem Einmachthermometer 120 Grad anzeigt. Abkühlen lassen, in sterilisierte Gläser füllen und luftdicht verschließen.

Aprikosenpüree mit Sahne

Chrisómila peltés

Χρυσόμηλα πελτές

Für *peltés,* ein eisgekühlt serviertes, gezuckertes Fruchtdessert mit Mandeln, müssen die Aprikosen schön reif sein. Auf den Inseln reicht man dazu *kaïmáki,* stark eingekochte Sahne, die die Konsistenz von glattem Quark hat; ich nehme statt dessen Schlagsahne, was genauso gut schmeckt. Das Fruchtmark für dieses Püree läßt sich ausgezeichnet aus getrockneten Aprikosen herstellen.

Für 4-6 Personen

500 g getrocknete Aprikosen
Zucker nach Geschmack
75 g blanchierte halbierte Mandeln (S. 360)
Schlagsahne

Die Aprikosen in einer Steingutschüssel mit kaltem Wasser 5 cm hoch bedecken und über Nacht einweichen. Am nächsten Tag mit dem Einweichwasser zusammen in eine Kasserolle aus Email oder rostfreiem Stahl umfüllen und unter gelegentlichem Umrühren weichdünsten. Die Aprikosen samt Flüssigkeit mit einem Holzlöffel durch ein Sieb passieren. Das Püree in die Kasserolle zurückgeben, nach Geschmack süßen und die blanchierten Mandeln zufügen. Über kleiner Flamme aufkochen lassen, bis der Zucker schmilzt; dabei ständig umrühren, damit das Püree nicht anbrennt. Das Püree in kleine Dessertschalen füllen und im Kühlschrank eiskalt werden lassen. Vor dem Servieren mit steifgeschlagener Sahne garnieren.

Sommer

Im Sommer sind die Inseln von jenem kräftigen Licht überflutet, das das Meer in endlosen Blau- und Grünschattierungen erglänzen und die kleinen Felder mit reifem Weizen wie Gold aussehen läßt. Die Blätter der uralten, gekrümmten Olivenbäume schimmern silbern in der leichten Brise, und über allem liegt der betörende Duft der in den Schluchten leuchtenden weißen und rosafarbenen Oleanderblüten. Im Sommer fällt kein Regen, und Nebel ist ein unbekannter Begriff. Dies ist die Jahreszeit, in der es auf meiner Insel die köstlichsten Gemüse gibt, – Gemüse, die auf den Märkten an Malerpaletten erinnern – tiefviolette Auberginen, rote Tomaten, grüne Gurken und Zucchini und grüne Bohnen, die die Käufer zerbrechen, um sich an dem klickenden Geräusch von ihrer Frische zu überzeugen.

Sommer – das ist auch die Zeit für Salate und mit Olivenöl und frischen Kräutern gekochte Gemüse; für zartes Kalbfleisch, in dünne Scheiben geschnitten, gefüllt und aufgerollt; für in Sauce gedünstete Fleischbällchen. Vom Fang in der ersten Morgenfrühe verkaufen die Fischer auf dem Markt oder direkt von Tür zu Tür die verschiedensten Arten frischer Fische, die dann für die Mittagsmahlzeit nach der auf den Inseln beliebten Weise zubereitet werden – gebraten oder über Holzkohle gegrillt.

Früchte gibt es im Sommer in Hülle und Fülle – süße Pflaumen, weiß- oder gelbfleischige Pfirsiche, vielerlei Sorten Melonen und Trauben, von denen die kernlosen weißen und purpurfarbenen mit ihrer erfrischenden Süße am meisten geschätzt werden.

Wenn man bei wolkenlosem Sommerhimmel die Bauernhöfe auf den Dörfern besucht, sieht man große Flächen, auf denen Gemüse und Wassermelonen angebaut sind, die mit eiskaltem Wasser von den Windmühlen bewässert werden. Das Wasser läuft durch die von den Bauern in die schwarze, fruchtbare Erde gehackten schmalen Furchen, um die Pflanzen, die selbst unter der heißen Sonne nicht welk aussehen, ausgiebig damit zu versorgen. Gurken schmecken soviel besser, wenn man sie frisch erntet und nur mit etwas Salz bestreut, und Tomatensalat, vom Bauern mit Olivenöl und Kräutern angemacht und mit Weizenbrot zur Mittagspause direkt auf dem Feld im Schatten eines Feigenbaumes gereicht, ist ganz einfach köstlich. Danach streckt man den Arm aus und holt sich frische Feigen von dem vollbehangenen Baum – ein Nachtisch, den man kaum vergessen wird.

Im Hochsommer ist Ernte- und Dreschzeit. Als Kind liebte ich diesen Teil der Jahreszeit ganz besonders und besuchte jedesmal das Dorf und meine Tanten. Sie nahmen mich immer zu ihrem *alóni,* dem Dreschplatz, mit, einer ebenen Fläche mit gesäubertem Boden und einem Pfosten in der Mitte, an dem die Tiere angebunden sind. Unter der Führung der Kinder, die auf ihren Rücken sitzen, gehen die Tiere im Kreis herum und dreschen so mit ihren Hufen langsam Weizen oder Gerste. Als nächstes worfelt man das Getreide – es macht viel Spaß, den Frauen zuzuschauen, wie sie das gedroschene Getreide mit den Händen hoch aufheben und gegen den Wind auf eine segeltuchartige Decke rieseln lassen; der Wind trägt die leichte Spreu weg, und die sauberen Samenkörner fallen auf das Tuch und bilden Hügel.

Nach dem Dreschen findet vom Spätsommer bis zum Herbst die Weinlese statt. Jede Familie liest ihre eigenen Weinberge, füllt die Rebtrauben in die Weidenkörbe und transportiert sie mit einem Esel ins Dorf, wo sie in der Familienkelter zerstampft und zu Wein gekeltert werden. Die Kelter, *linós,* ein Steintrog mit einem Abflußrohr, ist mit Ziegeln oder anderen großen Steinen ausgelegt; sie befindet sich an der Außenseite neben dem Haus und wird peinlichst sauber gehalten. Man wirft die Trauben hinein, und unter lautem Singen und fröhlichem Gelächter springen die Kinder mit gewaschenen Füßen auf den Trauben herum und zerstampfen sie. Der rote, süße Most oder Traubensaft läuft aus dem Abflußrohr in einen Kupferbehälter, den *kasáni.* Mütter bereiten schnellstens *mustalevriá,* einen süßen Pudding, zu dem man etwas von dem frischen Most benötigt, bevor dieser zum Gären in Holzfässer gefüllt wird. Zuvor hatte man sie ausgewaschen und dazu das Wasser mit Salbei, Kiefernadeln oder Bohnenkraut aus den Bergen gewürzt.

Der Sommer ist die Jahreszeit, in der es auf den Inseln fröhlich und lebendig zugeht; es gibt viele Hochzeiten und Feste, an denen alle teilhaben – und es gibt viel Musik, Tanz und gutes Essen.

Kastaniá

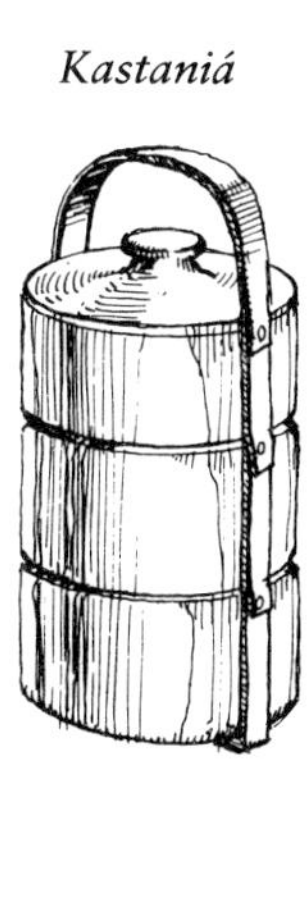

Kladheftíri

Vorspeisen

Um den hufeisenförmigen Hafen der Insel Symi sind farbig getünchte klassizistische Häuser, eines über dem andern, an den felsigen Hang gebaut, zu denen nicht Straßen, sondern Tausende von Stufen hinaufführen. Während Fischer ihre Netze entwirren und sich zum nächsten Auslaufen fertigmachen, löscht das *kaïki*, ein Boot mit hohem Bug und vielen Segeln, das aus der Zeit von Kolumbus' ›Santa Maria‹ zu stammen scheint, seine Ladung Frischkost für die Einwohner dieser Fischerinsel, auf der nichts wächst und gedeiht. In den kleinen überdachten Cafés am Meer sitzen Leute auf Binsengeflechtstühlen im Freien, sehen zu, wie die Wellen an den Strand schwappen, und schlürfen dabei stillvergnügt an ihren Getränken und knabbern *mezédhes.*

Einige dieser *mezédhes* bestehen aus Fleisch- und Fischstückchen, die aufgespießt und über rotglühender Kohle geröstet werden und deren würziger Duft über dem ganzen Hafen liegt. Die erfrischendsten Sommervorspeisen bereitet man jedoch aus rohen oder gekochten Gemüsen zu, die mit Zitronen-Öl-Sauce, *ladholémono* (auch *lemonóladho*), übergossen, kühlgestellt und zusammen mit *pítta,* einem flachen Brot (S. 310), gegessen werden.

Auberginenvorspeise oder Auberginensalat
Melindzanosaláta
Μελιτζανοσαλάτα

Melindzanosaláta, sehr beliebt in den Inseldörfern und -städten, wird aus Auberginen, Tomaten, Zwiebeln und einer Salatsauce zubereitet. Man vergräbt die Aubergine in der glühenden Asche der Feuerstelle oder des Kohlenbeckens, röstet sie und läßt sie vor der Weiterverwendung abkühlen. Sie können die Aubergine natürlich genausogut im Ofen backen; so wird sie schneller und gleichmäßiger gar. Wählen Sie eine feste, pralle, dunkelglänzende Frucht ohne Druckstellen mit grünem, frischem Stiel; nahe am Stiel sitzt das weiße Fruchtfleisch, das für dieses Gericht besonders köstlich ist.
Für 3-4 Personen

1 mittelgroße Aubergine
1 große Tomate, enthäutet und gewürfelt
2 Bund glattblättrige Petersilie, gehackt
1 Eßlöffel Zwiebel, fein geschnitten oder durchgepreßt
5 Eßlöffel Olivenöl
Saft einer halben Zitrone
Salz und Pfeffer

Den Ofen auf 175 Grad vorheizen. Die Aubergine mit einem Messer einstechen, damit sie während des Backens nicht platzt, in eine Form setzen und etwa 1 Stunde im vorgeheizten Rohr backen. Herausnehmen und etwas abkühlen lassen; die dunkle Außenhaut abziehen und das Fruchtfleisch würflig schneiden, in eine Schüssel geben und die überschüssige Flüssigkeit abgießen. Die restlichen Zutaten hinzufügen, gut vermischen und kühlstellen. Vor dem Servieren abschmecken.

Gurke in Joghurtsauce

Angúri me jaúrti

Ἀγγούρι μέ γιαούρτι

Für dieses Gericht sollte man sehr frische, feste Gurken nehmen, die sehr fein gewürfelt werden müssen. Bevor man sie unter die Sauce rührt, wird das Gurkenwasser weggeschüttet. Man kann das Joghurt durch ein Seihtuch pressen, damit es eine dickere Konsistenz bekommt. *Angúri me jaúrti* serviert man entweder als Vorspeise oder als Salat.
Für 3-4 Personen

2 kleine Gurken, geschält
7 Eßlöffel Joghurt
1 Knoblauchzehe, zerdrückt
4 Eßlöffel Olivenöl
Salz und Pfeffer
Glattblättrige Petersilie zum Garnieren

Die Gurken in sehr feine Würfel schneiden und das überflüssige Gurkenwasser abgießen. In einer Schüssel Joghurt, Knoblauch, Olivenöl, Salz und Pfeffer gut verrühren und die Gurken vorsichtig untermischen. Im Kühlschrank eiskalt werden lassen. Vor dem Servieren mit Petersilie garnieren.

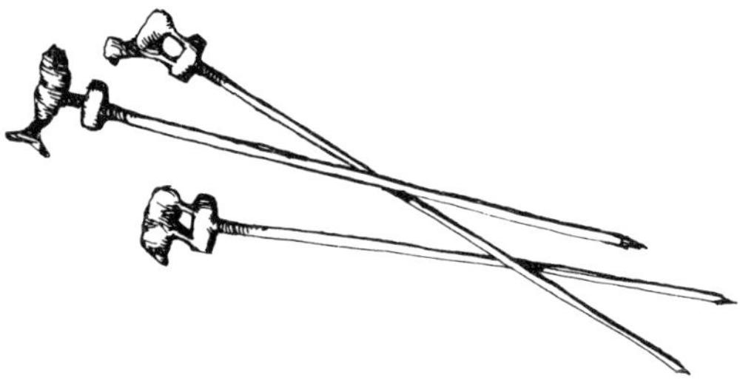

Súvles

Gegrillte Fleischspießchen

Suvlákia

Σουβλάκια

Früher gab es *suvlákia* nur an Festtagen – die Spieße wurden in den Kaffeehäusern der Dörfer oder an kleinen Ständen verkauft, die mit Kohlenbecken ausgestattet waren, in denen schon die rauchendheiße Holzkohle glühte. Man suchte sich selbst nur die mageren oder die fetten Lammfleischstücke aus, die dann vor den eigenen Augen aufgespießt und geröstet, in *pítta* gewickelt und mit gehackter Petersilie oder Zwiebel bestreut wurden. Heute findet man auf dem Festland und auf den Inseln *suvlákia*-Stände praktisch an jeder Straßenecke. Einheimische und Fremde sprechen dem schmackhaften Imbiß zu, und mein Sohn Morgan erklärte die *suvlákia* bei seinen Griechenlandbesuchen zu seinem Lieblingsessen!

Für 4 Personen

1 Eßlöffel frischer Origano, zerdrückt,
oder 1/2 Teelöffel getrockneter Origano
4 Eßlöffel Olivenöl
1 Eßlöffel Zitronensaft
1 Teelöffel frischgepreßter Zwiebelsaft
oder 1 Eßlöffel Zwiebel, feingehackt
500 g Lammfleisch aus der Keule oder Schulter,
in 1 cm große Stücke geschnitten
Salz und Pfeffer

Den frischen Origano entweder in einer Holzschale mit einem Löffel oder in einem Mörser mit einem Stößel zerdrükken und in einer Schüssel mit dem Öl, Zitronen- und Zwiebelsaft zu einer Marinade verrühren. Das Fleisch in die Marinade legen und 1 Stunde bei Zimmertemperatur ziehen lassen; danach die Marinade abgießen. Die Fleischstücke auf etwa 25 cm lange Metallspieße stecken und unter gelegentlichem Wenden 5 bis 10 Minuten über glühender Holzkohle grillen. Die Spieße sind gar, wenn sie außen schön gebräunt, innen aber noch rosa und saftig sind. Mit Salz und Pfeffer würzen und servieren.

Ausgebackene Weißfische

Marídhes tiganités

Μαρίδες τηγανητές

Marídhes sind kleine Fische, die zu den verschiedenen europäischen Arten der Weißfische gehören. Die Inselbewohner mögen diesen Fisch sehr gern; aus den kleinsten *marídhes* stellen sie Fischküchlein her – dafür gibt man sie in einen pfannkuchenartigen Teig und backt diesen löffelweise in heißem Olivenöl goldbraun –, größere Fische nimmt man fächerförmig zusammen, taucht sie in Teig und bäckt sie ebenfalls.
Für 4 Personen

Ausbackteig (S. 346, halbe Menge)
500 g Weißfische, Stinte oder andere kleine Fische
Salz und Pfeffer
Olivenöl zum Braten
Zitronenstückchen zum Garnieren

Den Teig zubereiten und 1/2 Stunde bei Zimmertemperatur quellen lassen. Die Fische ausnehmen und waschen, Köpfe und Schwänze daranlassen, und mit Salz und Pfeffer würzen.

Soviel Olivenöl in eine Bratpfanne gießen, daß der Boden mindestens 6 mm bedeckt ist, und bei Mittelhitze rauchendheiß werden lassen. 3 Fische an den Schwänzen in Form eines Fächers fest zusammenhalten, in den Teig tauchen, vorsichtig in das Öl geben und von beiden Seiten goldbraun backen (siehe Skizzen). Mit einem Pfannenheber herausnehmen und mit Zitronenstückchen garniert heiß servieren.

1.

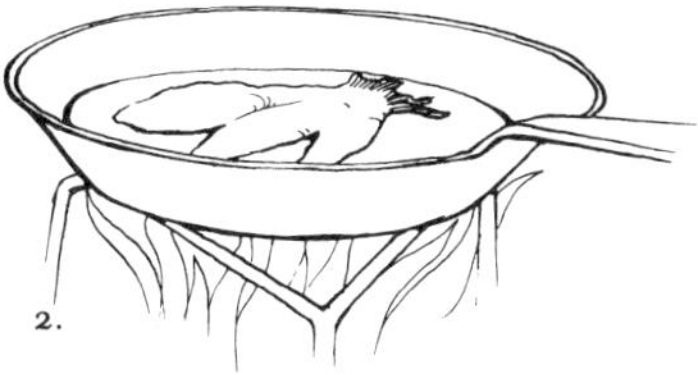

2.

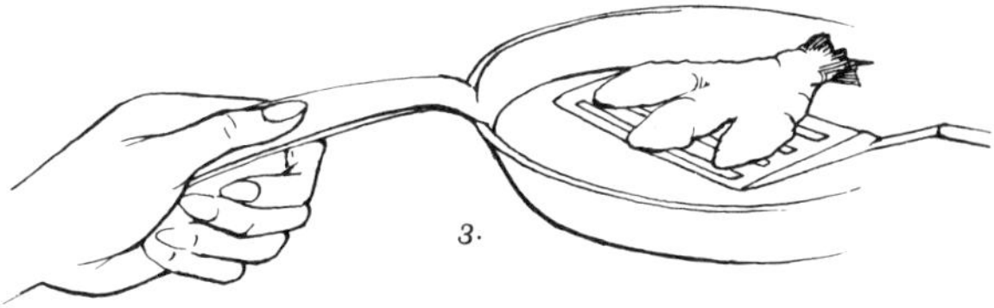

3.

Salate

Den ganzen Sommer über gibt es auf den Inseln einfache, frische Salate, zu denen man die zu Beginn der Jahreszeit erhältlichen verschiedenen Grüngemüse verwendet. *Choriátiki,* ein bäuerlicher Salat (auch als ›Griechischer Salat‹ bekannt), ißt man paradoxerweise hauptsächlich in der Stadt. Er sieht farblich sehr schön aus: über grüne und andere Gemüse streut man schwarze Oliven und weißen *féta*-Käse. In der ersten Sommerhälfte wird er zur Mittagsmahlzeit gereicht. Wenn das Wetter heißer wird, lösen Tomaten, grüne Paprika und Gurken die Grüngemüse ab. Tomatensalat, ein Lieblingssalat der Bauern, hat während des Hochsommers seinen festen Platz beim mittäglichen Imbiß auf dem Feld oder beim Abendessen zu Hause.

ΡΟΔΑΚΙΝΑ
ΠΑΤΡΩΝ
86
ΒΕΡΥΚΟΚΑ
84
ΤΟ ΕΝΑ
ΚΡΗΤΗΣ
ΓΛΥΚΑ
6

Gurken »süß, aus Kreta«
»Aprikosen von Korinth«
»Pfirsiche von Patras«

Sommerlicher Salat nach Bauernart

Choriátiki saláta

Χωριάτικη σαλάτα

Diesen Salat bereitet man mit zwei in Farbe und Beschaffenheit unterschiedlichen Salatpflanzen zu: Römischer Salat (Sommerendivie), quer in Streifen geschnitten, und Eisbergsalat (Krachsalat), in kleine Stücke gerissen. Sie werden in einer großen Salatschüssel gemengt und gewürzt. In farblich kontrastierenden Lagen ordnet man die übrigen Gemüse und Zutaten sorgfältig auf dem Grün an und gießt zuletzt gleichmäßig die Salatsauce darüber. Die Schüssel wird mitten auf den Tisch gestellt, und jeder pickt sich mit seiner Gabel heraus, was er gerne essen möchte.
Für 6 Personen

7 Eßlöffel Essig-Öl-Salatsauce (S. 336)
1 Kopf Römischer Salat
1 Kopf Eisbergsalat
Salz und Pfeffer
2 große Tomaten, in Achtel geschnitten
2 Gurken, streifenartig geschält, halbiert und in halbmondförmige Scheiben geschnitten
1 grüne Paprika, in dünne Ringe geschnitten
1 Zwiebel, in dünne Ringe geschnitten
1 Bund glattblättrige Petersilie, grobgehackt
150 g féta-*Käse, grob zerkrümelt*
15-20 schwarze griechische Oliven

Die Salat-Sauce zubereiten und mindestens 1 Stunde bei Zimmertemperatur stehen lassen. Die gewaschenen Salatblätter gut trocknen; jeweils 3 bis 4 Blätter Römischen Salat zusammennehmen und quer in 1 cm breite Streifen schneiden. Den Eisbergsalat in grobe Stücke zerreißen, mit den Salatstreifen in einer Schüssel vermengen und mit Salz und Pfeffer würzen.

Darauf lagenweise in folgender Reihenfolge die übrigen Gemüse geben: zuerst Tomaten, dann Gurken, Paprika, Zwiebeln, Petersilie, *féta*-Käse und Oliven; die einzelnen Schichten mit etwas Salz bestreuen. Die Sauce über den Salat träufeln und sofort servieren.

Tomatensalat

Domatosaláta

Ντοματοσαλάτα

Im Hochsommer ist Tomatenzeit – es gibt nur wenig grüne Salatpflanzen, und die Tomate wird zur Königin der Salatgemüse. Man schneidet sie in Achtel und vermengt sie mit Zwiebeln, viel glattblättriger Petersilie und, falls erhältlich, dünnen Gurkenscheiben und Paprikaringen, dann salzt man den Salat, damit die Tomaten ihren Saft abgeben, und mischt das Ganze mit Olivenöl. Zu diesem pikanten Salat paßt Weizenbrot sehr gut.
Für 4 Personen

4 große, reife, feste Tomaten
1 große grüne Paprika, in dünne Ringe geschnitten
1 Gurke, streifenartig geschält, halbiert und in halbmondförmige Scheiben geschnitten
1 Zwiebel, in dünne Ringe geschnitten
2 Bund frische glattblättrige Petersilie, gehackt
Salz und Pfeffer
5 Eßlöffel Olivenöl

Die Tomaten waschen, in Achtel schneiden und mit Paprika, Gurken und Zwiebeln in eine große Salatschüssel geben. Mit Petersilie, Salz und Pfeffer bestreuen, das Olivenöl darübergießen und gut umrühren, damit alle Zutaten von dem Öl überzogen werden.

Salat aus gekochten Zucchini

Kolokithákia vrastá saláta

Κολοκυθάκια βραστά σαλάτα

Frischer Dill verleiht diesem Salat, der mit einer Zitronen-Öl-Sauce beträufelt und warm oder kalt serviert wird, einen delikaten Geschmack. Kleine, feste Zucchini eignen sich am besten.

Für 4 Personen

1 kg Zucchini
1 Eßlöffel Salz
1 Bund frischer Dill, gehackt
Pfeffer und zusätzliches Salz
5½ Eßlöffel Zitronen-Öl-Sauce (S. 337)

Die Zucchini gut waschen, aber nicht schälen, die Stielenden abschneiden, die Früchte quer in der Mitte halbieren und falls sie größer sein sollten, vierteln. 1 Liter Wasser mit 1 Eßlöffel Salz sprudelnd aufkochen lassen, die Zucchini hineingeben und bei Mittelhitze im offenen Topf weichkochen. Abgießen, in eine Schüssel füllen und mit Dill, Salz und Pfeffer würzen. Die Salatsauce darübergießen, vorsichtig mengen und warm oder gekühlt servieren.

Tripitó

Frischer grüner Bohnensalat

Fasolákia fréska saláta

Φασολάκια φρέσκα σαλάτα

Dieser Salat erhält seine leuchtend grüne Farbe dadurch, daß man die kleinen, zarten Bohnen im offenen Topf rasch kochen läßt; sein Geschmack wird noch gesteigert, wenn man die Bohnen mindestens 2 Stunden im voraus kocht und kühlstellt. Eine ausgezeichnete Beilage zu gebratenem oder über Holzkohle gegrilltem Fleisch!
Für 4 Personen

500 g frische grüne Bohnen
2 Eßlöffel Salz
4 Eßlöffel Zitronen-Öl-Sauce (S. 337)
1 große Knoblauchzehe, feingewiegt
Pfeffer und zusätzliches Salz
1 Eßlöffel Petersilie, gehackt

Die Bohnen abfädeln und die Enden abknipsen. In 2 Liter Wasser mit 2 Eßlöffel Salz im offenen Topf bei starker Hitze knapp garkochen. Lassen Sie die Bohnen nicht zu weich werden, da sie sonst ihr frisches Grün verlieren. Abgießen und noch warm mit der Zitronen-Öl-Sauce beträufeln, den feingewiegten Knoblauch darüberstreuen, mit Salz und Pfeffer würzen und im Kühlschrank eiskalt werden lassen. Vor dem Servieren mit Petersilie bestreuen.

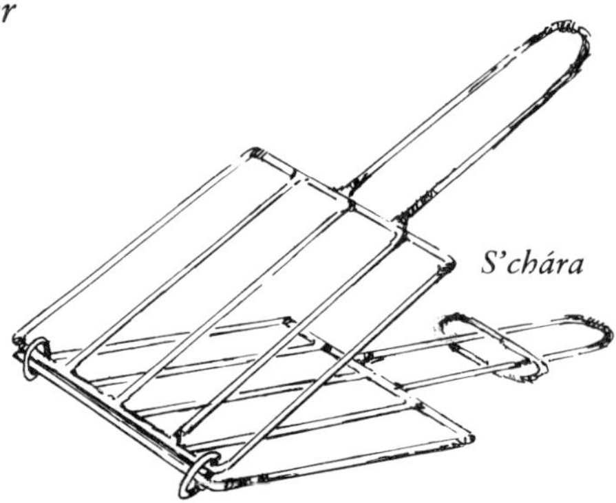

Fisch und Schalentiere

Wie ein sich abwickelndes Spitzenband sehen die schaumgekrönten Wellen aus, die im Sommer an die sandigen oder steinigen Strände der Inseln klatschen, wo die Fischer im flachen Wasser stehen und ihre Netze einholen. Das Netz, die *tráta,* einzuholen erfordert viel Kraft, aber wenn der mit bunten Fischen gefüllte Netzteil endlich an Land gezogen ist, bricht man in lauten Jubel über den guten Fang aus. Meist sind die schönen Seebarben *(barbúnia)* darunter, auch Brassen *(lithrínia),* Barsche *(sinagrídhes)* und natürlich die kleinen Weißfische *(marídhes),* die die Inselbewohner gerne über Holzkohle grillen oder braten und mit einem Salat zusammen essen.

Netze auszulegen, um die Krabben *(garídhes)* zu fangen, ist eine schwierigere Arbeit; Krabben gehören schon seit Jahrhunderten zu den beliebtesten griechischen Schalentieren, für die es auch zahlreiche Zubereitungsmöglichkeiten gibt. Süßfleischige Krabben verschiedener Größen findet man das ganze Jahr hindurch in den Tiefengewässern um die Insel Astipaléa; die Fischer aller umliegenden Inseln fangen hauptsächlich die größeren Krabben, um sie in einer Kasserolle mit frischen Tomaten und *féta*-Käse zuzubereiten.

Fisch, über Holzkohle gegrillt

Psári tis s'cháras

Ψάρι τῆς σχάρας

Das Aroma gegrillten Fischs durchzieht im Sommer die kleinen Cafés. Die Fische liegen zwischen zwei Grillrosten aus Drahtgeflecht, den *s'chares,* und werden an deren Griffen über die glühenden Kohlen gehalten, immer wieder gewendet und mit der Öl-Zitronen-Sauce beträufelt. Sobald die Kohle glüht, hält man die s'chára 5 bis 7 cm darüber; wird die Hitze geringer, so senkt man auch den Grillrost etwas tiefer. Achtgeben, daß die Haut nicht verbrennt! Der Fisch ist gar, wenn das Fleisch nicht mehr durchsichtig scheint. Ohne weiteres können Sie den Grill in Ihrem Ofen oder ein Extra-Grillgerät benutzen; die Grillzeit bleibt in etwa die gleiche, doch achten Sie auch bei dieser Methode darauf, daß der Fisch nicht verbrennt. Vor und während des Grillens bepinseln.
Für 4-6 Personen

2 Fische, je ¾-1 kg schwer
(Brasse, Blaufisch, Barsch)
Zitronen-Öl-Sauce (S. 337)
Salz und Pfeffer
¼ Teelöffel getrockneter Origano

Die Fische schuppen, ausnehmen und die Kiemen entfernen (S. 356), abspülen und trockentupfen. Die Bauchhöhlen gut mit Salz und Pfeffer einreiben. Mit einem Pinsel die Fische außen mit etwas Zitronen-Öl-Sauce bestreichen und den Grill ebenfalls einölen. Den Doppel-Rost über die Glut halten; dabei immer wieder drehen und mit der Sauce bepinseln. Die Fische je nach Dicke etwa 30 Minuten grillen lassen. Auf eine Platte geben, mit der restlichen Zitronen-Öl-Sauce beträufeln und mit Origano garnieren.

Krabben mit féta-Käse

Garídhes me féta

Γαρίδες μέ φέτα

Ein populäres Gericht auf den Inseln, das zwar langer Vorbereitung bedarf, aber köstlich schmeckt, sind Krabben, gekocht auf einer Unterlage aus frischen Tomaten und Kräutern und mit griechischem *féta*-Käse bestreut. Es kann im voraus hergerichtet und bis zum Kochen im Kühlschrank aufbewahrt werden. Freuen Sie sich, wenn Sie in einer Gegend leben, in der Sie frische Krabben bekommen – einfach schälen und den Darm entfernen, schon sind die Krabben küchenfertig. Sind frische Krabben nicht erhältlich, so bieten sich die gesäuberten, gefriergetrockneten oder die tiefgefrorenen Krabben als guter Ersatz an. Letztere allerdings im Kühlschrank, nicht bei Zimmertemperatur auftauen lassen, da sie sonst zu weich werden. Mit in Brühe gargekochtem Reis servieren (S. 317).
Für 4-6 Personen

4 Eßlöffel Olivenöl
750 g Krabben ohne Schale oder
1 kg frische Krabben mit Schale
Saft einer halben Zitrone
2 Tomaten, enthäutet in dünnen Scheiben
100 g féta-*Käse, in dünnen Scheiben*

SAUCE
4 Eßlöffel Olivenöl
1 mittelgroße Zwiebel, gehackt
4 Tomaten, enthäutet und gewürfelt
5 1/2 Eßlöffel trockener Weißwein
1 Knoblauchzehe, feingewiegt
2 Bund glattblättrige Petersilie, gehackt
Salz und Pfeffer

FÜR DIE SAUCE
das Olivenöl in einer Bratpfanne erhitzen und die Zwiebel bei Mittelhitze darin glasig dünsten, Tomaten und die übrigen Saucenzutaten dazugeben und in der offenen Pfanne unter gelegentlichem Umrühren 25 Minuten köcheln lassen, bis die Sauce andickt. Wenn Sie eine ziemlich dicke Sauce haben möchten, geben Sie 1 Eßlöffel Mehl, in 3 Eßlöffel Wasser angerührt, darunter.

Den Ofen auf 225 Grad vorheizen. Das Olivenöl in einer großen Pfanne rauchendheiß werden lassen und die frischen geschälten Krabben portionsweise je 1 Minute darin andünsten; wenn sie rosa Farbe annehmen, mit einem Schaumlöffel herausnehmen. Wenn alle Krabben gedünstet sind, den Zitronensaft darüberträufeln und vorsichtig umwenden. Konservierte Krabben brauchen nicht gedünstet, nur mit Zitronensaft abgeschmeckt zu werden.

Den Boden einer Auflaufform oder Kasserolle gleichmäßig mit der Sauce bedecken, die Krabben hineingeben, darauf die Tomatenscheiben schichten und die Tomatenscheiben mit dem *féta*-Käse belegen. 15 Minuten oder solange im Ofen überbacken, bis der *féta* zu schmelzen beginnt.

Gebratener Fisch

Psári tiganitó

Ψάρι τηγανητό

In Olivenöl gebratener und mit Zitrone garnierter Fisch, ob als Filet, ob als kleiner ganzer Fisch, ist in ganz Griechenland beliebt, besonders allerdings auf den Inseln. Die Seebarbe, ein schmackhafter Fisch, wird meistens auf diese Art zubereitet; als Ersatz für Seebarbe können Sie jeden anderen kleinen Fisch verwenden. Sehr gut sind auch Seebarschfilets. Das Öl zum Braten sollte heiß sein, bevor man den Fisch in die Pfanne gibt; dadurch wird verhindert, daß er anhängt; außerdem sollte genügend Öl in der Pfanne sein, damit

der Fisch zur Hälfte bedeckt ist. Der Fisch ist gar, wenn sich sein Fleisch beim Einstechen mit einer Gabel weich anfühlt. Dieses Gericht wird Ihnen auch sehr gut in einer Friteuse gelingen.
Für 4-6 Personen

1 kg frisches Fischfilet oder
kleine ganze Fische, etwa
Seebarben oder Stinte
Salz und Pfeffer
Mehl zum Wenden
Olivenöl zum Braten
Saft einer halben Zitrone
½ Zitrone zum Garnieren,
in Achtel geschnitten

Wenn Sie kleine ganze Fische verwenden, so schuppen Sie sie, nehmen sie aus und entfernen die Kiemen; Köpfe und Schwänze nicht abtrennen. Größere Fische oder Fischfilets gründlich abspülen und trockentupfen; mit Salz und Pfeffer würzen und in Mehl wenden. Genügend Olivenöl in eine Pfanne geben (auf keinen Fall weniger als 1 cm hoch, so daß der Fisch während des Bratens zur Hälfte bedeckt ist. Bei Mittelhitze heiß werden lassen. Den Fisch in das Öl geben und von beiden Seiten insgesamt 7 bis 10 Minuten goldbraun braten. Den Fisch auf eine vorgewärmte Platte heben, mit etwas Zitronensaft beträufeln und mit den Zitronenstückchen garniert servieren.

Geflügel

Wenn in einem kleinen Dorf eine Sommerhochzeit stattfindet, so beginnt sie gewöhnlich am Sonntag und dauert eine ganze Woche lang, und natürlich feiern alle Einwohner mit. Junge singende Männer gesellen sich zu den Mädchen, die in ihre schönsten Gewänder gekleidet sind, und tanzen zusammen im Kreis den schnellen *sústa* und andere Volkstänze. Neben vielen anderen Speisen gibt es ein Hähnchen-Gelage; Hähnchen, auf die verschiedensten Arten zubereitet: mit Pilaw, in Joghurtsauce gekocht oder mit würzigem Origano gedämpft. Das Hähnchenfest wird von den jungen ledigen Männern des Dorfes organisiert, die von Tür zu Tür gehen, um die von Freunden und Verwandten des Ehemanns gespendeten Hähnchen einzusammeln. Die Hähnchen bringen sie zu den unverheirateten jungen Mädchen, die mit Hilfe der älteren Frauen eine Festtafel vorbereiten, zu der Braut und Bräutigam als Ehrengäste geladen werden.

Auf den Inseln ist ein appetitlich zubereitetes Hähnchengericht die geeignetste Bewirtung für unerwartete Gäste.

Hähnchen gegrillt, mit Joghurtsauce

Órnitha tis s'cháras me jaúrti

Ὄρνιθα τῆς σχάρας μέ γιαούρτι

Ihre Hähnchen werden köstlich, wenn sie einige Stunden in Zitronen-Öl-Marinade ziehen und dann über glühender Holzkohle gegrillt werden. Noch köstlicher: Gießen Sie kurz vor dem Servieren Joghurtsauce darüber. Nehmen Sie junge, 1 bis 1,5 kg schwere Brathühnchen. Mit Salat servieren.
Für 4-6 Personen

2 Brathähnchen, halbiert oder geviertelt
1/4 l kalte Geflügelmarinade (S. 342)
1/4 l Joghurtsauce (S. 92)

Im Kühlschrank die Hühnerteile etwa 2 Stunden in der Marinade ziehen lassen, abgießen und die Marinade aufbewahren. Die Joghurtsauce zubereiten (unter Verwendung von 11 Eßlöffel Joghurt) und beiseite stellen.

Die Hühnerteile auf den vorgeheizten Grill über die glühende Holzkohle legen und darauf achten, daß der Grill nicht zu nahe über dem Feuer ist, damit die Hühnerhaut nicht verbrennt. Die Stücke immer wieder umwenden und dabei häufig mit der Marinade bepinseln, bis die Haut goldbraun ist. Die Hühnerteile auf eine Platte geben, die Joghurtsauce darübergießen und servieren.

Hühner-Pilaw

Órnitha pilàfi

Ὄρνιθα πιλάφι

Für dieses Gericht nimmt man im allgemeinen ein großes, fettes Huhn, das langsam in einer Sauce auf dem Herd gekocht wird. Danach zerteilt man es in Portions-

stücke und bereitet in der Sauce ein Tomatenpilaw zu. Zusammen mit gedämpften frischen grünen Bohnen eine vollständige Mahlzeit für eine größere Anzahl von Gästen.
Für 6 Personen

Ein 2-2,5 kg schweres Huhn
3 Eßlöffel Olivenöl
1 große Zwiebel, gehackt
6 große Tomaten, enthäutet und gewürfelt
2 Eßlöffel Tomatenmark
1 Bund frischer Salbei, gehackt, oder
1/2 Teelöffel getrockneter Salbei
Salz und Pfeffer
400 g Reis

Das Huhn innen und außen waschen und trockentupfen. Das Olivenöl in einer schweren Kasserolle bei Mittelhitze heiß werden lassen und das Huhn rundherum goldbraun anbraten. Die Zwiebel zugeben und glasig dünsten; Tomaten, Tomatenmark, Salbei, Salz und Pfeffer hinzufügen und weitere 3 Minuten kochen. 1/2 l Wasser angießen und die Kasserolle zudecken; wenn das Wasser sprudelt, die Hitze kleinschalten und das Huhn 45 bis 60 Minuten simmern lassen, bis es nahezu weich ist. Es darf nicht auseinanderfallen, wenn man es mit der Gabel ansticht. Das Huhn aus dem Topf heben und auf eine große Platte zum Abkühlen legen. Keulen und Schenkel abtrennen und das restliche Fleisch in großen Stücken von den Knochen lösen. Die Flüssigkeit in der Kasserolle mit Wasser auf 1 Liter ergänzen, aufkochen und mit Salz und Pfeffer würzen. Die Hühnerteile in die Sauce zurückgeben, den Reis zufügen und solange umrühren, bis er kocht; die Kasserolle zudecken, die Hitze herunterschalten und den Reis etwa 25 bis 30 Minuten quellen lassen, bis er gar und die Flüssigkeit aufgesogen ist. Den Reis auf eine Platte geben und die Hühnerteile in der Mitte anrichten.

Hühnerbrüstchen mit Kräutern

Órnitha me orígano

῎Ορνιθα μέ ὀρίγανο

Obwohl man dieses Gericht auf den Inseln in einem Tontopf mit Origano als Würzstoff langsam über einem Holzfeuer schmort, kann man es ebensogut auf dem Herd in einer schweren Kasserolle zubereiten und den Origano durch frischen Estragon ersetzen. Verwenden Sie ganze Hühnerbrüstchen und schneiden Sie am Rücken des Brustbeins entlang; lockern Sie dabei das Fleisch und ziehen Sie es von den Rippenknochen, bis es sich in einem Stück vom Knochen löst. Haut am Fleisch lassen. Mit Butternudeln und Salat servieren.
Für 6 Personen

Brustfleisch von 3 Hühnern
1/2 Zitrone
2 Eßlöffel Olivenöl
4 Eßlöffel Weißwein
5 Eßlöffel heiße Hühnerbrühe (S. 339)
1 Bund glattblättrige Petersilie, gehackt
2 Eßlöffel frischer Origano, gehackt,
oder frischer Estragon, gehackt
1 Knoblauchzehe, zerdrückt
Salz und Pfeffer

Das Fleisch mit einer halben Zitrone einreiben und dabei den Saft ausdrücken; das Fleisch beiseite stellen, damit der Saft einziehen kann. Das Öl in einer tiefen Bratpfanne bei Mittelhitze heiß werden lassen, die Hühnerbrüstchen mit der Hautseite nach unten hineinlegen und goldbraun braten; wenden und auf der anderen Seite ebenfalls einige Minuten braten. Wein und heiße Hühnerbrühe über die Brüstchen gießen, Kräuter und Knoblauch zugeben, mit Salz und Pfeffer würzen; die Hitze kleinschalten und das Hühnerfleisch etwa 20

Minuten in der offenen Pfanne köcheln lassen, bis es zart und die Sauce dick ist. Wenn eine dickere Sauce gewünscht wird, 1 Eßlöffel Mehl, mit 3 Eßlöffel Wasser verrührt, daruntergeben.

Hühnerleber in Essigsauce

Sikotákia tis órnithas xidháta

Σηκωτάκια τῆς ὄρνιθας ξιδάτα

In einer Sauce aus Essig und Thymian schmeckt Hühnerleber säuerlich-pikant und würzig. Nehmen Sie nur feste, frische Leber und servieren Sie dazu Reis.
Für 2-3 Personen

500 g Hühnerleber
Mehl zum Wenden
3 Eßlöffel Olivenöl
1 Zwiebel, gehackt
2 Eßlöffel Rotweinessig
7 Eßlöffel heiße Hühnerbrühe (S. 339)
1 Eßlöffel Mehl, in 4 Eßlöffel Wasser aufgelöst
1 Eßlöffel frischer Thymian, gehackt
Salz und Pfeffer
1 Eßlöffel glattblättrige Petersilie, gehackt

Die Hühnerleber halbieren und weiche, verfärbte Teile entfernen; unter fließendem kalten Wasser abspülen, trockentupfen und in Mehl wenden. Das Olivenöl bei Mittelhitze in einer Bratpfanne erhitzen und die Leberstückchen darin andünsten, bis sie von allen Seiten gebräunt sind; auf eine Platte geben und warmhalten.

In der gleichen Pfanne die Zwiebel glasig dünsten; Essig, Brühe, aufgelöstes Mehl, Thymian, Salz und Pfeffer unterrühren und unter ständigem Umrühren kochen lassen, bis die Sauce dick ist. Die Sauce über die Hühnerleber gießen, mit Petersilie bestreuen und servieren.

Kalb und Lamm

Tagsüber, wenn es heiß ist, dringt das harzige Kiefernaroma aus den immergrünen Tälern in das Dorf, das am Fuß des höchsten Berges einer Insel liegt – ein für sein delikates Lamm- und Kalbfleisch sehr bekanntes Dorf. Es stammt von den Tieren, die im Frühling an den saftigen grünen Berghängen weiden. Bei unseren Sommerbesuchen fahren wir dorthin, eine steile Bergstraße hinauf – fernab jeder Zivilisation, wo das Zirpen der Grillen und das Läuten der Ziegenglöckchen die einzigen Geräusche sind. In der *tavérna* des Dorfes stärken wir uns unter dem Weinlaubspalier mit köstlichem, über einem offenen Holzkohlenfeuer gegrillten Fleisch, und bei unserer Abfahrt nehmen wir frisches Kalb- und Lammfleisch mit, aus dem wir zu Hause feinere Sommeressen zubereiten. Aus dem Kalbfleisch schneiden wir Rouladen, die mit Schinken und Kräutern gefüllt werden, oder wir treiben es durch den Fleischwolf und machen daraus gekochte Fleischbällchen. Für Schmorgerichte drehen wir das Lammfleisch ebenfalls durch den Wolf, und aus der Keule schneiden wir Steaks, die in der Pfanne gebraten werden.

Gekochte Fleischbällchen mit Ei-Zitronen-Sauce

Juvarlákia

Γιουβαρλάκια

Dieses Gericht verdankt seinen würzigen Geschmack der guten Qualität des Kalbfleisches und der Ei-Zitronen-Sauce, die über das gekochte Fleisch gegeben wird. Auch aus Schweinefleisch bereitet, schmecken die *juvarlákia* sehr gut. Man serviert sie mit der dicken Sauce als Hauptgericht. Mit grünem Salat zu Tisch bringen. Verdoppelt man die hier angegebene Flüssigkeitsmenge der Sauce, so kann man eine gute Suppe reichen.
Für 5 Personen

1 Zwiebel, gehackt
5 Eßlöffel gesalzene Butter
750 g Kalb- oder Schweinefleisch, durch den Wolf gedreht
100 g Reis
1 Ei
3 Eßlöffel Petersilie, gehackt
Mehl zum Wenden
ein knapper 1/2 l Hühnerbrühe (S. 339)
Ei-Zitronen-Sauce II (S. 332)
Salz und Pfeffer

Die Zwiebel mit 7 Eßlöffel Wasser in einen kleinen Topf geben und solange köcheln lassen, bis sie weich und das Wasser aufgesogen ist; 3 Eßlöffel Butter unterrühren und zergehen lassen; die Mischung zum Abkühlen beiseite stellen. Sodann die Zwiebeln, Fleisch, Reis, Ei und Petersilie in einer großen Schüssel mit den Händen zu einer glatten Masse verarbeiten. Mit einem Eßlöffel kleine Mengen abstechen und zwischen den Handflächen zu Bällchen formen; diese in Mehl wenden und auf einer Platte beiseite stellen.

Die Hühnerbrühe mit der restlichen Butter in eine Kasserolle geben und bei Mittelhitze aufkochen; die Fleischbällchen nacheinander hineingleiten lassen, erneut aufkochen lassen, die Hitze kleinschalten und etwa 30 Minuten simmern lassen, bis die Bällchen fest und gar sind und die Brühe eingedickt ist; die Kasserolle dabei gelegentlich schütteln oder mit einem Holzlöffel umrühren. Vom Feuer nehmen; die Ei-Zitronen-Sauce zubereiten und über die Fleischbällchen in der Kasserolle gießen. Salz und Pfeffer zufügen; nochmals erhitzen, aber nicht mehr kochen lassen, und servieren.

Kalbfleischrouladen, gefüllt

Parajemistá dhamalísia rulá

Παραγεμιστά δαμαλίσια, ρουλά

Die übliche Füllung für dieses Gericht besteht aus gehacktem Schweinefleisch und Kräutern; ich hingegen verwende gekochten Schinken, in kleine Würfel geschnitten, der dem Kalbfleisch eine herrliche Würze verleiht. Lassen Sie sich vom Metzger Rouladen aus der Keule schneiden oder kaufen Sie entbeinte Kalbskoteletts. Mit selbstgemachten Nudeln (S. 314) servieren.
Für 6 Personen

ROULADEN
4 Eßlöffel Olivenöl
1 Zwiebel, gehackt
225 g gekochter Schinken, feingewürfelt
1 Knoblauchzehe, zerdrückt
1 Bund glattblättrige Petersilie, gehackt
1 Eßlöffel frischer Thymian, gehackt
Pfeffer
1 kg Kalbskoteletts oder Kalbsschnitzel
½ Zitrone
Mehl zum Wenden

SAUCE
7 Eßlöffel trockener Weißwein
7 Eßlöffel Hühnerbrühe (S. 339)
11 Eßlöffel Tomatensauce (S. 329)
1 Knoblauchzehe

FÜR DIE FÜLLUNG
2 Eßlöffel Olivenöl bei Mittelhitze in einer Bratpfanne erhitzen und die Zwiebel darin glasig dünsten; die Pfanne vom Feuer nehmen und den Schinken, Knoblauch, Petersilie, Thymian und Pfeffer zugeben (nicht salzen, wenn der Schinken sehr salzig ist) und beiseite stellen.

Die Kalbskoteletts oder -schnitzel flachklopfen und beiseite stellen. 1 Eßlöffel Füllung auf das schmale Ende eines jeden Fleischstücks geben und zusammenrollen; mit einem Faden umwickeln. Die Zitrone über den Kalbfleischrouladen auspressen und den Saft einziehen lassen; die Rouladen in Mehl wälzen und das überschüssige Mehl abschütteln. Restliches Olivenöl bei Mittelhitze in einer großen Pfanne erhitzen, die Rouladen portionsweise rundherum anbraten und in eine Kasserolle geben.

Die Zutaten für die Sauce in die Bratpfanne geben und aufkochen lassen; dabei den Bratensatz gut lösen und mit der Sauce verrühren. Die Sauce über die Kalbfleischrouladen gießen, die Kasserolle zudecken und das Ganze bei kleinster Flamme simmern lassen, bis das Fleisch zart ist.

Zucchini mit Lamm

Kolokithákia me arní

Κολοκυθάκια μέ ἀρνί

Im Sommer leuchten in den Dorfgärten die vielen gelben Blüten der Kürbisfrüchte, die die Dörfler mit Fleisch und Reis füllen und in Brühe gardünsten. Die kleinen Kürbisse kommen als eines der ersten Sommergemüse auf den Markt und ergeben mit Lammfleisch-

stücken zusammen gekocht einen wohlschmeckenden Hauptgang bei einem Familienessen.
Für 6 Personen

11 Eßlöffel Olivenöl
1 kg Lammfleisch, in walnußgroße Stücke geschnitten
1 Zwiebel, gewürfelt
6 mittelgroße Tomaten, enthäutet und gewürfelt
2 Bund frischer Dill, gehackt, oder 2 Eßlöffel getrockneter Dill
Salz und Pfeffer
1,5 kg kleine Zucchini, geschält, von den Stielenden befreit und der Länge nach halbiert

In einer großen Kasserolle 4 Eßlöffel Olivenöl bei Mittelhitze heiß werden lassen und die Fleischstücke darin von allen Seiten anbraten, die Zwiebel zufügen und einige Minuten glasig dünsten; Tomaten, Dill, Salz und Pfeffer hineingeben, zudecken und das Fleisch bei Mittelhitze etwa 30 Minuten schmoren, bis es gar ist, aber nicht zerfällt. Den Ofen auf 175 Grad vorheizen. In einer großen Pfanne das restliche Olivenöl bei Mittelhitze rauchendheiß werden lassen, die Zucchini hineingeben und auf beiden Seiten rasch goldgelb anbraten. Die Zucchini herausnehmen und auf Küchenkrepp abtropfen lassen; eine etwa 22 × 30 × 5 cm große Form mit den Zucchini füllen (dicht nebeneinander setzen, Schnittfläche nach oben), das Fleischgemisch gleichmäßig darüber verteilen und etwa 20 Minuten backen, bis die Zucchini weich sind. Sofort servieren.

Lamm-Steaks

Brizóles arniú

Μπριζόλες ἀρνιοῦ

Lammsteaks sind ausgesprochen zart, wenn sie mariniert und in der Pfanne gebraten oder über Holzkohle gegrillt werden, und ergeben ein leichtes, gutes Essen an einem heißen Sommertag. Wenn Sie Lammsteaks nicht schon abgepackt kaufen können, bitten Sie Ihren Metzger, sie in der gewünschten Dicke quer von der Lammkeule herunterzuschneiden. Mit Salat nach Bauernart (S. 39) servieren.
Für 6 Personen

1 1/2 Eßlöffel frischer Rosmarin, zerdrückt, oder 1 Teelöffel getrockneter Rosmarin
knapp 1/4 l Olivenöl
1 Knoblauchzehe, zerdrückt
7 Eßlöffel trockener Rotwein
1 Lammkeule, 2,5-3 kg schwer, in Steaks zerteilt
Salz und Pfeffer

Den Rosmarin in einer Holzschale oder einem Mörser zerdrücken und mit dem Olivenöl, Knoblauch und Wein zu einer Marinade verrühren. Die Lammsteaks in eine große Pfanne geben und die Marinade darübergießen; mindestens 2 Stunden bei Zimmertemperatur ziehen lassen. Aus der Marinade heben, diese durchsieben und für den nächsten Gebrauch im Kühlschrank aufbewahren.

Eine schwere eiserne Pfanne über starker Flamme heiß werden lassen; jeweils ein oder zwei Steaks darin von beiden Seiten anbraten, die Hitze herunterschalten und die Steaks nach Belieben noch etwas länger braten. Vor dem Servieren salzen und pfeffern.

Auberginen-Fleisch-Auflauf

Musakás

Μουσακάς

Eine griechische Zubereitungsart für Auberginen ist *musakás:* Man füllt Auberginen lagenweise in eine Form, gibt zwischen die einzelnen Schichten Fleischsauce und deckt das Ganze mit einer knusprigen Kruste ab. Dieses Rezept von der Großtante meiner Mutter bedarf keiner langen Vorbereitungen; es ist von leichter Konsistenz und geschmacklich besser als andere *musakás*-Rezepte, da hier die Auberginen nicht zuerst gebraten, sondern frisch gebacken werden. Tante Franka pflegte ihr *musakás* in einer mit Weißblech ausgekleideten Kupferpfanne zu kochen, die in heiße Holzkohle eingegraben wurde; sie liebte *musakás* über alles und wollte ihn auch an den Tagen herstellen, an denen der Ofen im Freien ungeheizt blieb; daher dachte sie sich eine Methode aus, *musakás* in Holzkohle zu backen. Im Küchenherd können Sie dieses Gericht in einer rechteckigen Form (etwa 22 × 30 × 5 cm Größe – nicht aus Aluminium!) ohne Deckel backen, damit die Oberfläche knusprig wird. Die Fleischsauce läßt sich ein bis zwei Tage im voraus zubereiten und im Kühlschrank aufbewahren, aber sobald die Auberginen zerteilt und mit den übrigen Zutaten vermischt sind, müssen sie sofort weiterverarbeitet werden. Den fertigen *musakás* kann man mit gutem Erfolg einfrieren; bei Bedarf unaufgetaut in einem schwach geheizten Ofen (etwa 100 Grad) erwärmen.

Feste, makellose Früchte mittlerer Größe wählen und die Haut in zebraartigen Streifen abschälen (siehe Skizzen); durch die dunklen Streifen bekommt das Gericht gerade das richtige Maß an charakteristischem Auberginengeschmack. Aufgrund eines alten Aberglaubens, daß die Aubergine eine giftige Frucht sei – man hielt sie einst für ein Nachtschattengewächs –, neigen viele Leute immer noch dazu, die Auberginen stundenlang in Salzwasser einzuweichen und sie danach auszudrücken, um den giftigen, bitteren Saft auszupressen. Wenn die Auberginen frisch sind, ist das

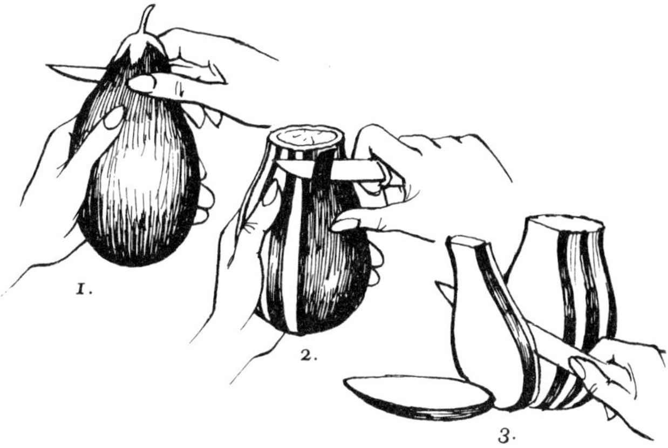

völlig unnötig – es verdirbt nur ihr feines Aroma. Auberginen werden bitter, wenn man sie zerquetscht – und gerade beim Ausdrücken nach dem Einweichen passiert das leicht. Spülen Sie die Auberginenscheiben daher vor der Zubereitung einfach in einem Sieb unter fließendem Wasser ab. Mit Salat, gegebenenfalls auch noch mit Reis servieren.
Für 8-10 Personen

3 mittelgroße Auberginen
60 g Semmelbrösel
70 g geriebener kefalotíri *oder Parmesan*
4 mittelgroße Eier

Auberginen in kugeliger Form

FLEISCHFARCE
7 Eßlöffel Olivenöl
1 mittelgroße Zwiebel, gehackt
1 kg mageres Lamm- oder Rinderhack
knapp ½ l Tomatensauce (S. 329)
oder 6 große Tomaten, enthäutet
2 Bund glattblättrige Petersilie, gehackt
2 Knoblauchzehen, halbiert
Salz und Pfeffer

FÜR DIE FLEISCHFARCE das Olivenöl bei Mittelhitze in einer Pfanne erhitzen und die Zwiebel darin glasig dünsten; das Fleisch hineingeben und solange anbraten, bis es seine rote Farbe verliert. Tomatensauce oder Tomaten, Petersilie, Knoblauch, Salz und Pfeffer zufügen und 15 Minuten – bei frischen Tomaten etwas länger – kochen lassen, bis die Sauce sehr dick ist.

FÜR DEN AUFLAUF den Ofen auf 175 Grad vorheizen. Die Auberginen streifenartig abschälen, der Länge nach in knapp 1 cm dicke Scheiben schneiden, unter fließendem Wasser abspülen und trockentupfen. Die Auflaufform einölen und den Boden mit der Hälfte der Auberginenscheiben völlig bedecken. Die Hälfte der Fleischsauce gleichmäßig über den Auberginen verteilen und diesen Vorgang mit den übrigen Auberginenscheiben und der restlichen Sauce wiederholen. Die Oberfläche mit der halben Semmelbröselmenge und der Hälfte des geriebenen Käses bestreuen, die Eier leicht mit einer Gabel verschlagen und gleichmäßig darübergießen. Wieder mit Semmelbröseln und Käse bestreuen und die Kasserolle für 1 Stunde in den Ofen schieben, bis die Oberfläche goldbraun ist und die Auberginen weich sind (mit einer Gabel durch die Kruste stechen). Die Flüssigkeit ist dann fast vollkommen aufgesogen. Die Garzeit hängt von dem Wassergehalt der Auberginen ab; wenn die Oberfläche bräunt, bevor die Auberginen weich sind, die Kasserolle mit einem Stück Alu-Folie locker abdecken und fertiggaren. In rechteckige Portionsstücke schneiden und servieren.

Gemüse

Die Inselbewohner haben eine wahre Leidenschaft für die Sommergemüse, deren Vielfalt ihr kulinarisches Interesse fesselt. Die farbenprächtigen Gemüse, ihres ausgezeichneten Geschmacks wegen hochgeschätzt, werden auf den fruchtbaren Gebieten zwischen dem Meer und den Bergen angebaut, und der Gang der Hausfrauen zum Markt, um die Gemüse frisch zu erstehen, wenn sie von den Bauernhöfen der Dörfer kommen, ist ein tägliches Ritual. Zucchini, Kürbisfrüchte, werden mit ihrer dünnen grünen Schale zusammen mit Dill und reifen Tomaten gekocht. Aus der tiefpurpurnen Aubergine, in vielen Formen und Größen auf dem Markt, bereitet der Inselbewohner das traditionelle *imám baïldí;* eine türkische Benennung: ›dahinsinkender Imám‹. Sie hält eine eindrucksvolle Begebenheit fest, denn – wie man erzählt – fiel einst ein gieriger mohammedanischer Würdenträger in Ohnmacht, nachdem er sich an diesem köstlichen Gericht ganz einfach übergessen hatte. Gebratene Gemüsescheiben, auf einer großen Platte angerichtet und mit einer dünnen Knoblauchsauce übergossen, gehören ebenfalls zu den schönen Hauptgerichten des Sommers.

Geschmorte Zucchini

Kolokitháki a jachnistá

Κολοκυθάκια γιαχνιστά

Die länglichen, gurkenähnlichen Zucchini, ein Mitglied der Kürbisfamilie, haben eßbare Samenkerne; rohe Zucchini sind geschmacklos, gekocht sind sie so zart wie Markkürbis.
Für 4-6 Personen

1 kg kleine grüne Zucchini
4 Eßlöffel Olivenöl
5 Schalotten, gehackt
4 reife Tomaten, enthäutet und gewürfelt
2 Bund Dill, gehackt
Salz und Pfeffer

Die Zucchini waschen und abtrocknen, die Stielenden entfernen und der Länge nach halbieren; wenn die Zucchini größer sind, vierteln.

Das Olivenöl bei Mittelhitze in einem Topf erhitzen, die Schalotten darin weichdünsten, Tomaten, Dill, Salz und Pfeffer zugeben und zugedeckt 10 Minuten köcheln lassen. Die Zucchini zufügen und sacht mit einem Holzlöffel umrühren; 20 Minuten über kleiner Flamme dämpfen, bis sie weich sind und die Sauce dick ist. Während des Dämpfens nicht umrühren, nur den Topf gelegentlich schütteln. Überschüssiges Gemüsewasser rasch einkochen lassen. Heiß oder kalt servieren.

Gebratene Gemüsescheiben mit Knoblauchsauce

Tiganitá chortariká me skordhaliá

Τηγανητά χορταρικά
μέ σκορδαλιά

Die frischen Gemüse vorbereiten und in einem guten Olivenöl braten – einfach so, in Mehl gewendet oder in Teig getaucht.
Für 4 Personen

2 große Kartoffeln, geschält und in
½ cm dicke Scheiben geschnitten
2 mittelgroße Zucchini, in
½ cm dicke Scheiben geschnitten
2 grüne Paprika, entkernt und geviertelt
2 feste Tomaten,
in 1 cm dicke Scheiben geschnitten
1 mittelgroße Aubergine, der Länge nach
in 1 cm dicke Scheiben geschnitten
¼ l Olivenöl zum Braten
Mehl zum Wenden oder Ausbackteig (S. 346)
Salz und Pfeffer
Knoblauchsauce (S. 334)

Wenn Sie die Gemüsescheiben in Teig tauchen wollen, so bereiten Sie ihn nach dem Rezept auf S. 346 zu; ebenfalls die Knoblauchsauce vorbereiten und beides beiseite stellen. Die Gemüse außer den Kartoffeln salzen und 5 Minuten ziehen lassen. In einer Pfanne ⅛ l Olivenöl bei Mittelhitze rauchendheiß werden lassen. Die Kartoffelscheiben gut trockentupfen und portionsweise im heißen Öl auf beiden Seiten goldbraun braten, herausnehmen und auf Küchenkrepp abtropfen lassen. Mit den übrigen Gemüsen ebenso verfahren: Die Zucchini je nach Geschmack in Mehl wenden oder in Teig tauchen und braten, desgleichen Paprika, Tomaten und Auberginen.

Die Gemüsescheiben auf Küchenkrepp abtropfen lassen und während des Bratens nach Bedarf Olivenöl nachgießen. Die Auberginenscheiben werden zuletzt gebraten, da sie mehr Öl aufsaugen als die anderen Gemüse. Die gebratenen Gemüse auf einer Platte anrichten, die Knoblauchsauce umrühren und darübergießen oder getrennt in einem Schälchen servieren.

Geschmorte frische grüne Bohnen

Fasolákia fréska jachnistá

Φασολάκια φρέσκα γιαχνιστά

Auf dem Dorf und in der Stadt bereitet man die grünen Gartenbohnen auf die gleiche Art zu – mit Tomaten und Zwiebeln gedämpft; so erscheinen sie nahezu jeden zweiten Tag auf dem Tisch! Manchmal gibt man Lammfleisch dazu; in diesem Fall werden die Bohnen mit einer Schüssel voll Pilaw (S. 317) als Hauptgericht serviert.
Für 4 Personen

750 g frische grüne Bohnen
1 mittelgroße Zwiebel, gewürfelt
7 Eßlöffel Olivenöl
3 frische Tomaten, enthäutet und gewürfelt
5 Eßlöffel Petersilie, grobgehackt
Salz und Pfeffer
¼ Teelöffel Kreuzkümmel (nach Belieben)

Von den Bohnen die Enden abknipsen; die Bohnen quer halbieren, unter fließendem kalten Wasser abspülen und abtropfen lassen. Die Zwiebel in eine Kasserolle geben, die Bohnen darüberschichten, mit Olivenöl beträufeln und das Ganze bei Mittelhitze 1 Minute brutzeln lassen. Tomaten,

Petersilie, Salz und Pfeffer zufügen und zugedeckt bei Mittelhitze dämpfen, bis die Bohnen weich sind. Wenn die Flüssigkeit verdunstet, etwas Wasser angießen – nicht zuviel, da die Sauce recht dick sein sollte. Kurz vor dem Servieren den Kreuzkümmel unterrühren.

Gefüllte Sommergemüse

Jemistá

Γεμιστά

Die vielen Farben der verwendeten Gemüse – Tomaten, Paprika, Zucchini und Kartoffeln – lassen dieses Gericht sehr fröhlich und appetitlich aussehen. Die Gemüse werden mit Fleisch, Reis, Pinienkernen und Kräutern gefüllt und können Stunden im voraus zubereitet werden; bis zum Kochen bewahrt man sie im Kühlschrank auf, und während des Kochens selbst braucht man ihnen kaum Beachtung zu schenken. In den größeren Orten auf den Inseln bringt man *jemistá* zum Ofen in der Nachbarschaft, wo es in der runden, innen verzinkten Kupferform, dem *tapsí,* gebacken wird. Sie können die Gemüse aber ebensogut in einer etwa 22 x 30 x 5 cm großen Form im Herd backen – sie verlieren dabei weder ihren würzigen Geschmack noch ihre Farbe.
Für 4-6 Personen

3 große grüne Paprika
3 große Zucchini
3 mittelgroße Kartoffeln
3 große feste Tomaten
3/8 l Hühnerbrühe (S. 339)

FÜLLUNG
5 Eßlöffel Olivenöl
1 Zwiebel, gehackt
750 g Lammhack
2 Bund Petersilie, gehackt
200 g Reis
Fruchtfleisch der zum Füllen ausgehöhlten Tomaten
100 g Pinienkerne
1 Eßlöffel Tomatenmark
1/8 l kaltes Wasser
Salz und Pfeffer

Zuerst die einzelnen Gemüse vorbereiten. Von den Paprikaschoten die Deckel abschneiden, die Samenkörner entfernen und die Paprika 5 Minuten in kochendem Wasser blanchieren; herausnehmen und abtropfen lassen. Die Stielenden der Zucchini entfernen und die Früchte quer halbieren. Mit einem kleinen Messer das Fruchtfleisch herauskratzen und dabei achtgeben, daß man die Haut nicht verletzt oder am Stielende durchsticht; 1 Minute in kochendem Wasser blanchieren und abtropfen lassen. Die Kartoffeln schälen; jede Kartoffel in der Mitte so weit aushöhlen, daß 2 Eßlöffel Füllung hineinpassen, 5 Minuten in kochendem Wasser blanchieren und abtropfen lassen; zusammen mit den anderen Gemüsen abkühlen lassen. Von den Tomaten die Deckel so abschneiden, daß sie noch am Fruchtfleisch hängen, mit einem Löffel aushöhlen und das Fruchtfleisch für die Füllung beiseite stellen.

ZUR FÜLLUNG
das Olivenöl in einer Pfanne bei Mittelhitze heiß werden lassen und die Zwiebel darin weichdünsten; das Lammhack zugeben und braten, bis es krümlig wird; die restlichen Zutaten zufügen, die Mischung mit einem Holzlöffel umrühren und in der offenen Pfanne 10 bis 15 Minuten bei Mittelhitze kochen lassen, bis das Wasser aufgesogen, der Reis halbgar und das Gemisch recht dick ist. Vom Feuer nehmen und abkühlen lassen.

Den Ofen auf 200 Grad vorheizen. Die Gemüse füllen und gruppenweise in einer flachen Auflaufform anordnen (gefüllte Seite nach oben; die Zucchini nebeneinander legen). Die Hühnerbrühe angießen, die Gemüse leicht mit einem Stück Alu-Folie abdecken, damit sie nicht verbrennen, und 20 Minuten backen; die Folie abnehmen und weitere 15 Minuten backen lassen. Die Gemüse etwas abkühlen lassen, auf eine Platte heben, die in der Form übriggebliebene Brühe darübergießen und servieren.

Geschmorte Auberginen

Imám baïldí

ʼΙμάμ-μπαϊλντί

Während das *musakás*-Rezept die gewöhnlichen eiförmigen Auberginen erfordert, wählt man für dieses Gericht die länglichen oder ganz kleinen Auberginen.
Für 3-4 Personen

4 Bund glattblättrige Petersilie, gehackt
3 Knoblauchzehen, feingewiegt
6-8 kleine Auberginen
1 mittelgroße Zwiebel, gehackt
4-5 Tomaten, enthäutet und gewürfelt
5 1/2 Eßlöffel Olivenöl
Salz und Pfeffer

Petersilie, Knoblauch und etwas Salz und Pfeffer in einer Schüssel vermischen und beiseite stellen. Die Auberginen waschen, die grünen Stiele entfernen und mit einem kleinen Messer der Länge nach um jede Aubergine herum einen schmalen Streifen Schale abschneiden. In das freigelegte Fruchtfleisch auf beiden Seiten jeder Aubergine einen 1 cm langen Schlitz einschneiden und in diese Schlitze die Petersilien-Knoblauch-Mischung füllen. Das Olivenöl bei Mittelhit-

Auberginen in länglicher Form

ze in einer Pfanne erhitzen und die gefüllten Auberginen von allen Seiten einige Minuten anbraten, bis das Fleisch an den geschälten Streifen einen leichten Goldton annimmt. Die Auberginen mit einem Pfannenheber vorsichtig herausnehmen und nebeneinander in eine Kasserolle legen. Die gehackte Zwiebel in der Pfanne weichdünsten, die Tomaten zugeben und 5 Minuten bei Mittelhitze köcheln lassen. Die Tomaten-Zwiebel-Mischung salzen und pfeffern, über die Auberginen gießen und die Kasserolle zugedeckt bei schwacher Hitze 30 Minuten simmern lassen, bis die Auberginen weich sind und die Sauce dick ist; die Kasserolle gelegentlich schütteln, damit die Auberginen nicht anhängen. Heiß oder kalt servieren.

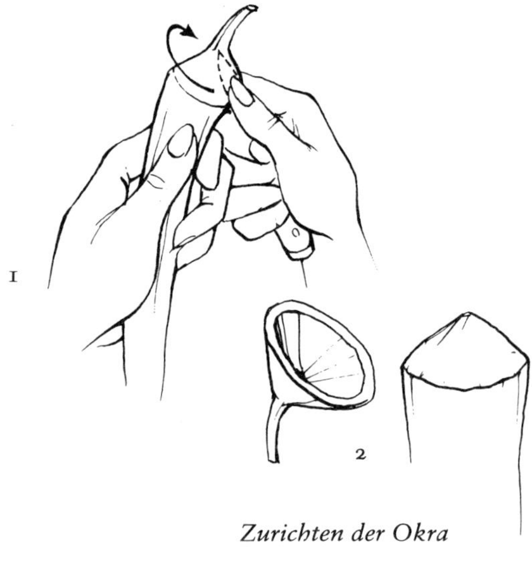

Zurichten der Okra

Okras

Bámies

Μπάμιες

Die Art, wie meine Mutter Okras vorbereitet und kocht, ist schlichtweg faszinierend – meiner Meinung nach die beste Zubereitungsart überhaupt. Sie behandelt jede Schote mit Sorgfalt, wäscht sie unter kaltem Wasser ab und breitet sie auf einem dicken Tuch aus, um sie dann in der Sonne trocknen zu lassen. Mit einem Schälmesser schneidet sie vorsichtig von jeder Okra die Spitze nur so weit ab, daß sie die Frucht nicht verletzt, die sonst ausläuft und beim Kochen klebrig wird (siehe Skizzen).
Für 4 Personen

5 ½ Eßlöffel Olivenöl
1 kg frische Okras, geputzt
Saft einer Zitrone
1 mittelgroße Zwiebel, gehackt
1 große Knoblauchzehe
4 große Tomaten,
enthäutet und gewürfelt
2 Bund Petersilie, gehackt
Salz und Pfeffer

Das Olivenöl bei Mittelhitze in einer Bratpfanne erhitzen und die Okras portionsweise darin goldgelb braten; mit einem Schaumlöffel herausnehmen und nebeneinander (wie Sardinen!) in eine Kasserolle schichten. Mit Zitronensaft beträufeln und Zwiebel, Knoblauch, Tomaten und Petersilie gleichmäßig darüber verteilen. Salzen und pfeffern und bei kleiner Flamme zugedeckt köcheln lassen; die Kasserolle dabei gelegentlich schütteln, aber nicht darin umrühren. Heiß oder kalt servieren.

Kleingebäck und Kuchen

Das trockene Wetter auf den Inseln schützt sogar noch die letzten vom Winter übrig gebliebenen Orangen und Zitronen während des Reifens vor dem Verderb, so daß sie dann bis zum Hochsommer ausgereift sind und mit den neuen grünen Früchten zwischen den glänzenden Blättern an den Zweigen der Zitrusbäume hängen. Die dicke, süßduftende Schale dieser Orangen wird abgerieben und zum Parfümieren von *ravaní,* einem Walnußkuchen, verwendet, den die Dorfbewohner so oft bei Hochzeiten auftischen und bei dessen Zubereitung es in der Küche wie in einem Orangenhain riecht. Etwas undefinierbarer sind die Gerüche der Konfekt- und Nußmischungen in den Backstuben der Konditoreien in den Städten – nur der Teig für kadaḯfi, ein Gebäck mit Nußfüllung, besitzt ein charakteristisches Aroma. Mit geschickten Händen mischt der Bäcker den dünnen Teig zu genau der richtigen Konsistenz und gießt ihn in eine vielfingerige Vorrichtung aus Weißblech, bei der sich an jeder ›Fingerspitze‹ ein kleines Loch befindet. Durch die Löcher fließt der Teig als dünner Faden in eine große, flache Kupferpfanne, die über einem Holzkohlenfeuer erhitzt wird. Sobald der Teig mit der heißen Pfanne in Berührung kommt, zieht der Bäcker die Pfanne vom Feuer, damit der Teig nicht verbrennt. Nun können die Teigfäden, weiß, feucht und biegsam, zu den hervorragenden *kadaḯfi* geformt werden.

Amigdhalotá, aus blanchierten, gemahlenen Mandeln hergestellte Plätzchen, backt man zu Hause und in den Konditoreien. Sie ähneln Mandelmakronen und schmecken so köstlich, daß sie im Nu verschwinden, wenn Kinder in der Nähe sind.

Türkisches Gebäck mit Nußfüllung

Kadaïfi

Κανταΐφι

Ein naher Verwandter des *baklavá* ist *kadaïfi,* ein äußerst beliebtes Gebäck aus dünnen Teigfäden. Diese werden zu kleinen länglichen Rollen geformt, mit Gewürzen und Nüssen gefüllt, gebacken und noch heiß mit einem leichten Sirup befeuchtet. Will man sie selbst herstellen, benötigt man allerdings den vorgefertigten *kadaïfi*-Teig, den man manchmal in griechischen Lebensmittel-Läden finden kann. Die tiefgefrorene 450-g-Packung muß dann am Tag der Zubereitung bei Zimmertemperatur aufgetaut werden.
Ergibt 22 Rollen

FÜLLUNG
150 g Walnüsse, grobgemahlen
50 g Zucker
1 Eßlöffel Zimt
1 Ei, leicht verquirlt

TEIG
450 g kadaïfi-*Teig, vorgefertigt*
250 g Butter, geklärt (S. 356)

SIRUP
600 g Zucker
½ l Wasser
1 Eßlöffel Zitronensaft
1 Eßlöffel Orangenblüten- oder Rosenwasser

FÜR DIE FÜLLUNG
Walnüsse, Zucker und Zimt in einer Schüssel vermengen, das Ei gut unterrühren und die Mischung beiseite stellen.

Den Ofen auf 160 Grad vorheizen. Den *kadaïfi*-Teig auf eine flache Unterlage geben und mit den Fingern vorsichtig auseinanderzupfen, um die dünnen Streifchen voneinander zu trennen (siehe Skizzen). Je eine Handvoll Teig gleichmäßig auf der Unterlage ausbreiten. 1 Eßlöffel Walnußfüllung in die Mitte geben, die Teigfäden fest um die Füllung drücken und zu einer länglichen Rolle formen. Die Rollen dicht nebeneinander in eine etwa 22x30x5 cm große Form setzen, die Butter darüberlöffeln und in 30 bis 45 Minuten goldgelb backen.

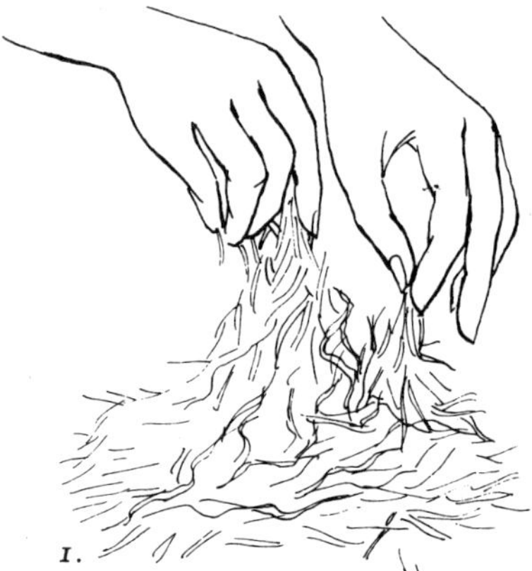

1.

2.

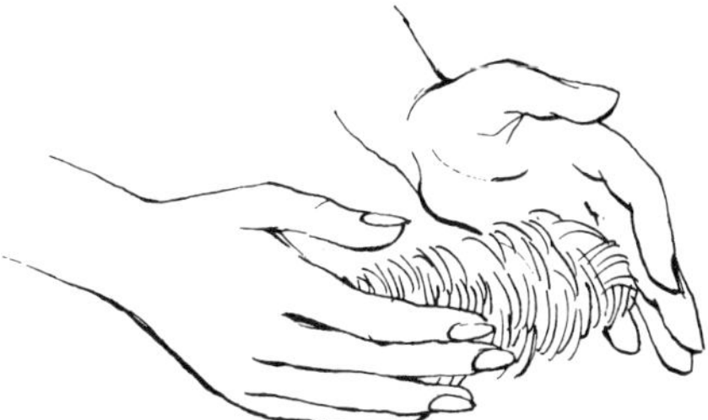

3.

4.

DEN SIRUP
zubereiten, während die *kadaïfi*-Rollen backen. Zucker, Wasser und Zitronensaft in einer Kasserolle aufsetzen und bei Mittelhitze aufkochen; abschäumen, die Hitze kleinschalten und 7 bis 10 Minuten unbedeckt simmern lassen. Vom Feuer nehmen, das Orangenblüten- oder Rosenwasser hineinrühren und den Sirup zum Abkühlen beiseite stellen.

Die *kadaïfi* aus dem Ofen nehmen und noch heiß mit dem kalten Sirup begießen. Die Form sofort mit einem dicken, sauberen Handtuch abdecken, damit das Gebäck durch den Dampf weich wird. Die *kadaïfi* vor dem Servieren einen Tag bei Zimmertemperatur stehen lassen.

Mandelgebäck

Amigdhalotá

'Αμυγδαλωτά

Amigdhalotá sind sehr einfach zuzubereiten und halten sich lange, wenn man sie an einem trockenen Platz aufbewahrt. Man reicht sie zu Tee, Eiscreme und Sorbets oder – so mögen meine Söhne es am liebsten – zu einem Glas kalter Milch.
Ergibt etwa 48 Plätzchen

500 g blanchierte, feingemahlene Mandeln (S. 360)
150 g Zucker
4 Eiweiß
1 Messerspitze Salz
1/2 Teelöffel Zitronensaft
3 Tropfen Mandelextrakt

Den Ofen auf 150 Grad vorheizen. Gemahlene Mandeln und Zucker vermischen und beiseite stellen.

In einer großen Schüssel das Eiweiß mit dem Salz halbfest schlagen; Weinstein oder Zitronensaft zugeben und weiter zu steifem Schnee schlagen. Die Mandel-Zucker-Mischung nach und nach mit einem Spachtel unterziehen und zuletzt den Mandelextrakt hinzufügen. Ein Backblech mit gebuttertem, leicht bemehltem Pergamentpapier auslegen und den Plätzchenteig teelöffelweise mit 5 cm Zwischenraum darauftropfen lassen. 10 bis 15 Minuten backen, bis die Plätzchen ein helles Rosa annehmen; aus dem Ofen nehmen und leicht abkühlen lassen, bevor man sie mit einem Spachtel vom Papier löst und auf eine Platte gibt.

Walnußkuchen

Ravaní

Ραβανί

Dieser Kuchen, mit einer Orangen-Rum-Sauce getränkt, ist der Lieblingskuchen der Hausfrau. Um eine hellere Farbe zu bekommen, kann man die Walnüsse durch blanchierte, gemahlene Mandeln ersetzen.
Für 8-10 Personen

ORANGEN-RUM-SAUCE
etwas mehr als 1/4 l Wasser
400 g Zucker
5 1/2 Eßlöffel Rum
2 Orangenscheiben, 1/2 cm dick, samt Schale quer in Streifchen geschnitten

KUCHEN
200 g Walnüsse, gemahlen oder im Mörser zerstoßen
10 große Zwiebacke oder paximádhia *(S. 360), fein zerrieben*
8 große Eier, getrennt
140 g Zucker
2 Eßlöffel abgeriebene Orangenschale
4 Eßlöffel zerlassene Butter

FÜR DIE SAUCE
die Zutaten in einer Kasserolle aufkochen und den sich bildenden dunklen Schaum abheben; die Hitze kleinschalten und unbedeckt 10 bis 15 Minuten köcheln lassen. Vom Feuer nehmen und zum Abkühlen beiseite stellen.

FÜR DEN KUCHEN
den Ofen auf 175 Grad vorheizen. Zerriebene Walnüsse und Zwiebacke oder *paximádhia* in einer Schüssel vermischen und beiseite stellen. Das Eiweiß mit einer Prise Salz in eine Kupferschüssel geben und mit einem Handrühr- oder Elek-

trogerät zu steifem Schnee schlagen. Wenn Sie keine Kupferschüssel verwenden, geben Sie während des Schlagens ½ Teelöffel Weinstein zu dem Eiweiß. Unter ständigem Rühren langsam den Zucker zu dem Eigelb geben und solange schlagen, bis die Mischung hellgelb und cremig wird; mit einem großen Spachtel den Eischnee rasch unter das Eigelb heben, sodann in kleinen Portionen die Walnuß-Zwieback-Mischung unterziehen, bis ein leichter, glatter Teig entsteht; die abgeriebene Orangenschale und zuletzt die zerlassene, abgekühlte Butter hinzufügen. Den Teig in eine etwa 22 x 30 x 5 cm große, gut gefettete Form gießen und 45 Minuten backen, bis die Oberfläche goldbraun ist und der Kuchen sich von den Seitenwänden der Form gelöst hat. Während der Kuchen noch heiß ist, die abgekühlte Sauce durchsieben und gleichmäßig über den Kuchen gießen; in rautenförmige Stücke schneiden, abkühlen lassen und auf einer Platte anrichten.

Puddings

Puddings sind die Süßspeisen, die die Küchen vieler Länder von Ost nach West miteinander verbinden – immer wieder anders in Kombination, Beschaffenheit und Farbe, mal einfacher, mal komplizierter in der Zubereitung. Auf den Inseln ist *kréma karamélla* ein Lieblingspudding der Familien; man kennt ihn unter verschiedenen Namen und serviert ihn auf unterschiedliche Weise, aber letzten Endes ist es überall in Europa und Kleinasien doch der gleiche Pudding.

Ein anderer einfacher Pudding der Griechischen Küche ist der geschmeidige, purpurfarbene *mustalevriá*, den die Dorfbewohner auf den Inseln zur Zeit der Weinlese mit dem frisch gepreßten Traubensaft zubereiten. Diesen Pudding machte meine Mutter für alle Kinder, die beim Zerstampfen der Trauben dabei waren, um sie bei Laune zu halten – es heißt nämlich, daß der Wein durch unzufriedene, schlecht gelaunte Kinder sauer wird!

Karamelpudding

Kréma karamélla

Κρέμα καραμέλλα

Für 6 Personen

1 l Milch
125 g Zucker
6 Eier + 2 Eigelb
½ Teelöffel Salz

Von der Milch ¾ l erhitzen und beiseite gestellt warmhalten. Eier und Eigelb in einer Schüssel gut verschlagen und den restlichen ¼ l Milch hineinrühren. In einer Kasserolle den Zucker bei Mittelhitze schmelzen lassen; dabei ständig mit einem Metallöffel umrühren, bis der Zucker zu goldbraunem Sirup wird und zu rauchen beginnt. Vom Feuer nehmen und die warme Milch, die Eiermilch-Mischung und das Salz einrühren. Die Kasserolle aufs Feuer zurückstellen und über kleiner Flamme unter ständigem Rühren solange köcheln lassen, bis der Pudding dick wird. In Portionsschälchen füllen, abkühlen lassen und zum Erkalten in den Kühlschrank stellen.

Traubensaftpudding

Mustalevriá

Μουσταλευριά

Wenn im Spätsommer die Trauben reif sind, pflücke ich sie von den Steinmauern und Zäunen um unser Haus herum und bereite aus ihrem Saft diesen hübsch glänzenden Pudding. Sind frische Trauben nicht erhältlich, so verwenden Sie ungesüßten Traubensaft in Flaschen.

Für 6 Personen

4 Eßlöffel Maisstärke
4 oder mehr Eßlöffel Zucker
680 ccm (knapp ¾ l) ungesüßter Traubensaft

Die Maisstärke in etwas Traubensaft auflösen und beiseite stellen. Zucker und restlichen Traubensaft in einer Kasserolle aufsetzen und langsam aufkochen lassen, bis der Zucker geschmolzen ist; die aufgelöste Maisstärke zugeben und unter ständigem Rühren erneut aufkochen; Hitze kleinschalten und etwa 2 Minuten köcheln lassen, bis der Pudding andickt. In Portionsschälchen füllen und kaltstellen.

Früchte und Konfitüren

Pfirsichzeit, Traubenzeit – reich gefüllt stehen dann die Obstkörbe auf den Tischen, damit sich jeder beim Kommen und Gehen mit diesen süßen Erfrischungen bedienen kann. Pfirsiche, die die Griechen *rodhákina,* ›Rosen aus China‹, nennen, werden manchmal in Schnitze geschnitten, mit Zitronensaft und Zucker vermengt und mit untergemischten dünnen Eisspänen serviert. Weiße, kernlose Trauben, mit Puderzucker bestäubt – so sehen sie wie mit Rauhreif überzogen aus –, reicht man am Ende eines exquisiten Mahls. Sehr gern werden sie auch zu einer der Konfitüren verarbeitet, die auf einem Teelöffel zusammen mit einem Glas frischen Wassers angeboten werden (S. 208) und die für jeden griechischen Haushalt im Sommer unerläßlich sind: Die einzeln abgezupften Beeren vermischt man in einem großen Einmachtopf mit Zucker und läßt sie ungestört eine Zeitlang gären. Wenn sie fertig sind, füllt man sie zum späteren Gebrauch in Gläser um – aber erst, nachdem jedes Familienmitglied davon auf dick mit Butter bestrichenem Brot gekostet und seine Anerkennung ausgesprochen hat.

Frisches Pfirsichkompott

Rodhákina kompósta

Ροδάκινα κομπόστα

Wählen Sie reife, aber feste Pfirsiche mittlerer Größe, die sich vom Kern lösen lassen.
Für 4-6 Personen

1 kg frische Pfirsiche
Saft einer Zitrone (3 Eßlöffel)
150 g Kristallzucker
Fein zerstoßenes Eis

Die Pfirsiche zuerst kurz in kochendes, dann in kaltes Wasser tauchen und die Haut abziehen. Der Länge nach halbieren, die Kerne entfernen und in 1 cm dicke Schnitze schneiden; in eine Schüssel geben.

Zitronensaft und Zucker darübergeben und sacht umwenden. Die Schüssel mit Klarsichtfolie abdecken und mindestens für 1 Stunde in den Kühlschrank stellen. In eine Dessertschale oder in mehrere Schälchen umfüllen und auf jede Portion 1 Eßlöffel fein zerstoßenes Eis geben.

Trauben ›im Rauhreif‹

Stafília zacharoména

Σταφύλια ζαχαρωμένα

Ich mag die weißen, kernlosen Trauben, die man wohl überall auf den Märkten findet, besonders gern. Ihre Beeren, größer, weniger süß und etwas grüner als die griechischen Trauben, sind für dieses Rezept am besten geeignet, wenn sie ganz frisch sind – das erkennt man an den grünen Stielen und dem festen, makellosen Fruchtfleisch.

500 g weiße, kernlose Trauben
1 Eiweiß
150 g Puderzucker

Die Trauben – nicht abgezupft – unter kaltem Wasser abspülen, abtropfen lassen und die restliche Feuchtigkeit mit Küchenkrepp abtupfen. Das Eiweiß schaumig, aber nicht steif schlagen, einen kleinen Pinsel eintauchen und jede Beere mit Eiweiß überziehen. Die Weintrauben auf Pergamentpapier legen, Puderzucker darübersieben, in den Kühlschrank stellen und eiskalt werden lassen. Als Dessert alleine oder zusammen mit Gebäck servieren.

Trauben-Konfitüre als ›Löffel‹-Dessert

Stafília glikó

Σταφύλια γλυκό

Ergibt etwa 1 kg

1 kg weiße, kernlose Trauben
700 g Zucker
2 Zimtstangen
2 Eßlöffel Zitronensaft

Die Trauben entstielen und in ein Sieb geben, unter fließendem kalten Wasser abspülen und abtropfen lassen. Trauben, Zucker und $^{3}/_{16}$ l Wasser in einem tiefen Topf aufsetzen und bei Mittelhitze zugedeckt köcheln lassen, bis der Zucker geschmolzen ist; den Zimt dazugeben. Die Hitze etwas höherstellen, den Topf aufdecken und kochen lassen; dabei gelegentlich mit einem Metallöffel umrühren und den sich bildenden Schaum abschöpfen. Falls nötig, die Hitze wieder etwas herunterschalten, damit der Sirup nicht überkocht. Solange kochen lassen, bis der Sirup dick ist. Den Zitronensaft dazugießen, nochmals abschäumen und vom Feuer nehmen; abkühlen lassen und in sterilisierte Gläser füllen.

Eis und Getränke

Beim Zubereiten kalter Getränke denke ich jedesmal an die leuchtenden Farben der Getränke, die ich gewöhnlich am Sonntagnachmittag auf den Inseln bekam, wenn meine Familie zusammen mit anderen im kleinen Park am Meer spazierenging. Die Erwachsenen saßen immer auf den grüngestrichenen Eisenbänken und schauten den Fischern beim Einholen der Fangleinen zu, während die Kinder hinter den ebenmäßig gestutzten Hecken und Sträuchern Versteck spielten. Die Getränkeverkäufer in ihren weißgestärkten Jacken erschienen mit blitzenden Messinggestellen, in denen Glasbehälter standen, gefüllt mit Limonade und Kirschsaft, die im Licht der untergehenden Sonne auffunkelten. Sofort kamen die Kinder gerannt, um *vissinádha,* den rubinroten Sauerkirschsaft von köstlicher Herbheit, zu kaufen, milchfarbene *sumádha* aus Mandelsaft und Zuckersirup und erfrischende *lemonádha* aus Zitronen. Sobald der Getränkemann verschwunden war, tauchte der Eisverkäufer auf – wie aufgeregt wurden die Kinder beim Anblick der vielen bunten, etwas körnigen Eiscremesorten, die er in Papiertütchen verkaufte, und die man an heißen Sommertagen so schön knirschend zerkauen konnte. Für die Zubereitung von Eiscreme zu Hause in der altmodischen Eismaschine unseres Stadthauses brauchte meine Mutter Stunden. Sie verwendete abgeschlagenes Eis von dem Eisblock, den wir frühmorgens vom Eismann geliefert bekamen, und viel Steinsalz, um das Eis besser zu kühlen; das Fruchtgemisch füllte sie in Dosen und packte diese zum Gefrieren in das Eis, wobei sie hin und wieder nachsah und die Mischung umrührte. Heute stelle ich Eiscreme mühelos in der Gefriermaschine oder dem Gefrierfach meines Kühlschrankes her und reiche sie mit *amigdhalotá* (S. 136) als Dessert nach einem Sommeressen.

Zitronen-Eis

Lemóni serbéti

Λεμόνι σερμπέτι

Für 10 Personen

1 Päckchen farbloses Gelatinepulver
oder 6 Blatt Gelatine
knapp 1 l Wasser
400 g Zucker
1 Eßlöffel abgeriebene Zitronenschale
170 ccm oder 11 Eßlöffel Zitronensaft

Die Gelatine nach Vorschrift mit etwa 4 Eßlöffel Wasser ansetzen. Das restliche Wasser mit dem Zucker 5-8 Minuten in einer Kasserolle kochen; vom Feuer nehmen und die gequollene und völlig aufgelöste Gelatine unterrühren. Zitronenschale und Zitronensaft hineinrühren, die Mischung in Gefrierschalen füllen und ins Tiefkühlfach stellen, bis das Zitroneneis fast gefroren ist; das dauert ungefähr 4 Stunden; dabei jede Stunde mit einer Gabel durchrühren. In gekühlte Gläser löffeln und bis zum Servieren in den Kühlschrank stellen.

Auf die gleiche Weise läßt sich Orangeneis zubereiten – nehmen Sie nur 800 ccm Wasser, 340 ccm Orangensaft und 2 Eßlöffel Zitronensaft.

Pfirsich-Eis

Rodhákino serbéti

Ροδάκινο σερμπέτι

Für 6 Personen

1 Päckchen farbloses Gelatinepulver oder 6 Blatt Gelatine
340 ccm Wasser
200 g Zucker
½ kg frische Pfirsiche, enthäutet und in Scheiben geschnitten
3 Eßlöffel Zitronensaft

Die Gelatine nach Vorschrift mit etwa 4 Eßlöffel Wasser ansetzen. Das restliche Wasser mit dem Zucker zusammen 5-8 Minuten in einer Kasserolle kochen; vom Feuer nehmen und die völlig gelöste Gelatine unterrühren; abkühlen lassen.

Die Pfirsiche zuerst kurz in kochendes, dann in kaltes Wasser tauchen und die Haut abziehen; in Scheiben schneiden und im Mixer pürieren oder durch ein Sieb passieren. Mit dem Zitronensaft in den Zuckersirup geben und die Mischung in Gefrierschalen füllen; im Tiefkühlfach halbfest werden lassen, mit einer Gabel durchrühren und nochmals gefrieren. Allerdings sollte das Pfirsicheis nicht fest werden; ist dies der Fall, bei Zimmertemperatur stehen lassen, bis es wieder etwas weich ist, und durchrühren. In gekühlten Gläsern servieren.

Mandelgetränk
Sumádha
Σουμάδα

In der Ägäis gibt es eine Insel, deren Hügel mit Mandelbäumen bedeckt sind – so viele auf kleinem Raum, daß zu Beginn des Frühjahrs, wenn die Bäume in voller Blüte stehen, die Hügel vor den hohen, mit Thymian und Bohnenkraut bewachsenen Bergen wie eine weißgekleidete Braut aussehen. Die besten Mandeln, an die ich mich erinnern kann, kamen von dorther – einige mit harten Schalen verschiedener Formen und Größen, andere mit weichen, erdnußartigen Schalen. Um an den süßfleischigen Kern zu kommen, konnte man sie einfach mit der Hand knacken. Wenn mein Vater von Geschäftsreisen auf diese Insel zurückkehrte, brachte er uns – zusammen mit anderen köstlichen Erzeugnissen wie Ziegenkäse und gepökeltem Schweinefleisch – immer ein Säckchen mit Mandeln mit. Meine Mutter schälte und blanchierte sie, bevor sie zum Trocknen in die Sonne gelegt wurden; dann zerstieß man sie zu einem milchigen Brei und vermischte sie mit Zucker zu dem für die *sumádha* benötigten Sirup.
Ergibt ¾ bis 1 l Sirup

knapp 1¼ l Wasser
900 g Zucker
260 g blanchierte, gemahlene Mandeln (S. 360)
1 Teelöffel Mandelextrakt

Wasser und Zucker in einer Kasserolle aufsetzen und aufkochen lassen; dabei umrühren, bis der Zucker sich aufgelöst hat. Die gemahlenen Mandeln zugeben und die Mischung 20 Minuten bei Mittelhitze kochen; dabei häufig umrühren und achtgeben, daß das Ganze nicht überkocht. Vom Feuer nehmen und leicht abkühlen lassen. Ein Sieb mit einem sauberen, doppelt oder dreifach gefalteten Seihtuch auslegen, die Mischung hineingeben, oben zusammenknoten und zum Abtropfen über eine Schüssel hängen. Wenn der Mandelsirup vollkommen durch das Seihtuch getropft ist, zusammen mit dem Mandelextrakt in eine Kasserolle füllen und 5 Minuten kochen lassen. Der Sirup sollte so dick sein, daß er einen Löffel überzieht. Den Sirup in sterilisierte Flaschen gießen und abkühlen lassen. Im Kühlschrank aufbewahren. Vom *sumádha*-Sirup gibt man 2 bis 3 Eßlöffel in ein Glas Eiswasser, mischt gut und bietet das Getränk an.

Limonade

Lemonádha

Λεμονάδα

¼ l frisch ausgepreßter Zitronensaft
500 g Zucker
1½ l Eiswasser

Den Zitronensaft durchsieben und mit Zucker und Eiswasser in einem Krug vermischen. Umrühren, bis der Zucker sich völlig aufgelöst hat und in gekühlten Gläsern mit einem Zweig Minze servieren.

Zitronenzweig, Blüte und Frucht

Herbst

Das warme, sanfte Herbstwetter lockt die Stadtmenschen an den Strand, wo sie an den sandigen Ufern sitzen und träumerisch den Kindern zuschauen, wie diese versuchen, Krebse und Aale aus den unzähligen Löchern der Bimssteinfelsen zu fangen, die aus dem Meer herausragen, ein Überbleibsel der Jahrhunderte zurückliegenden Vulkanausbrüche.

Man wandert auch zum Fuß der mit Grasteppichen bedeckten Berge, wo die Vögel sich von den blaubeerähnlichen Früchten des Immergrüns ernähren, steigt zu den Bergrücken hinauf, um den Ausblick über die herrlichen Olivenhaine und Weinberge zu genießen, und geht auf die Suche nach den wildwachsenden Birnbäumen. Die wilden kleinen Birnen werden gepflückt, wenn sie noch grün, aber schon aromatisch sind. Zum Reifen lagert man sie dann im Heuverschlag, dem *acherónas*. Der Heuverschlag nimmt ein Viertel des würfelförmigen Dorfhauses ein und ist mit breiten, bis zur Decke reichenden Brettern abgegrenzt; in ihm bewahrt man das lose Heu auf, mit dem die Tiere während der regnerischen Monate gefüttert werden. Wenn die Birnen reif sind, muß man nur ihrem süßen Duft folgen, um sie zu finden. Quitten läßt man im Gegensatz zu den Birnen an den moosgrünen Bäumen zu großen, hellgelben Früchten heranreifen, bevor man aus ihnen Kompott oder eine Konfitüre als ›Löffel-Dessert‹ mit der wohlriechenden Würze süßer Geranienblätter herstellt.

Der Herbst ist die Zeit, in der die Hausfrauen in den Dörfern sich mit dem Anlegen ihrer Wintervorräte beschäftigen. Als erstes löst man die sonnengetrockneten Schoten von den Gemüsen, indem man sie leicht mit einem schmalen, dicken Holzspachtel beklopft. Da-

Kopanáki

nach werden die getrockneten Feigen, ebenfalls als Vorrat für die kühle Jahreszeit gedacht, in den Öfen im Freien geröstet, und in Körbe oder große Krüge geschichtet, wobei man zwischen die einzelnen Lagen Myrtenblätter gibt, die den Feigen ein ungewöhnliches Aroma verleihen. Zum letzten Mal vor dem Winter sammelt man den Honig mit dem vollen, reichen Duft der Thymian- und Bohnenkrautblüten, deren Nektar die Bienen während des Sommers nach Hause getragen haben, und bewahrt ihn in mit Wachs versiegelten Gläsern auf.

Im Spätherbst findet die *eleomazémata,* die Olivenernte, statt, bei der sehr viele Leute mitmachen – die Männer klettern auf die Bäume und schlagen mit langen, dicken Stöcken auf die Zweige, damit die Oliven herunterfallen; die Frauen sammeln auf den Knien die Früchte vom Boden auf und füllen sie in Körbe. Olivenernte – eine Tätigkeit, die von fröhlichem Scherzen und gutem Essen begleitet ist! Unter den vorgekochten Gerichten, die man auf die Felder und in die Berge mitnimmt, sind einige, die aus Hammelfleisch und frisch getrockneten Bohnen zubereitet werden; zu anderen, beispielsweise den vielgeliebten gebratenen Blumenkohl- und Kürbisschnitzen, nimmt man die frischen Gemüse der Jahreszeit; und natürlich gibt es Salate aus den letzten Gartentomaten und Paprikaschoten. Nachdem man die Oliven ins Dorf transportiert hat, werden sie zur Ölmühle gebracht; doch zuvor gibt man die besten, reifen schwarzen Oliven, *zúppes,* in Körbe und beizt sie mit Meersalz; die harten, unreifen grünen Oliven werden gespalten und in Salzlake gelegt – daraus entstehen *tsakistés,* eingelegte Oliven.

In der Ölmühle dreht ein Esel, dem man die Augen verbunden hat, zwei sehr große, flache, runde Steine, zwischen denen die Oliven zermahlen und zu Mark zerdrückt werden; das Mark gießt man auf große Vierecke aus handgewebtem schweren Wolltuch, die umschlagähnlich zusammengefaltet und stapelweise in einer Holzpresse gepreßt werden: Das Olivenöl fließt wie ein goldener Strom in ein Kupferbecken. Die Kinder rösten getrocknete Feigen oder Brotstückchen über den heißen Kohlen der Feuerstelle in einer Ecke der Mühle, tunken sie in frisches Olivenöl und stopfen sie sich in den Mund. Frisches Olivenöl hat einen verführerischen Duft, der aus den Küchen in die engen Dorfgäßchen zieht und jeden Vorübergehenden hungrig macht.

Petrómilos

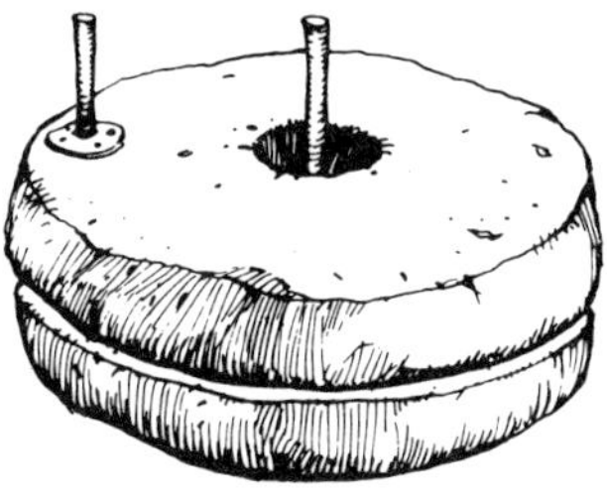

Píthos

Vorspeisen

Zu den Herbstvorspeisen, von denen viele aus frischen und gerade getrockneten Gemüsen der Jahreszeit zubereitet werden, gehören auch die herrlichen Gaben des Meeres und der Bergwälder. Pilze, die nach den ersten Regen an Sumpfufern und in bewaldeten Tälern aus dem Boden schießen, schmecken köstlich in einer Marinade aus Zitronensaft und Kräutern. Onkel Panajótis, der Bruder meiner Mutter, der weiß, wie man von all den Gaben der Natur Gebrauch macht, brachte uns jedesmal Pilze vorbei. Um sie auf ihre Genießbarkeit hin zu untersuchen, warf meine Mutter einen Silberring in das Wasser, in dem die Pilze über Nacht eingeweicht worden waren, in der Hoffnung, daß der Ring nicht anlaufen würde. War das der Fall, konnte sie die Pilze auf ihre Lieblingsart zubereiten und bis zu einem Monat in Gläsern aufbewahren. Der achtarmige Polyp, *oktapódhi,* frisch aus dem Meer, wird zart, wenn man ihn lange in Wasser und Essig köcheln läßt; dann schneidet man das in den Tentakeln sitzende weiße Fleisch heraus und dünstet es in Olivenöl. Weitere griechische Leckerbissen sind Lamm- und Kalbshirn, die man zu kleinen Kroketten formt, in Mehl wendet, brät und leicht mit Zitronensaft beträufelt, und *tachinoróvitha,* eine ausgezeichnete Speise mit dem sanften Aroma von Sesamsamenpaste, vermischt mit zerdrückten Kichererbsen, kühlgestellt, mit frischer Petersilie garniert und mit *pítta* serviert.

Marinierte Champignons

Manitária marináta

Μανητάρια μαρινάτα

Vielerorts findet man auf den Märkten nur Zuchtchampignons, auf den Inseln aber muß man noch selbst in die Bergwälder zum Pilzesammeln gehen – wobei man erst einmal lernt, die eßbaren von den giftigen Pilzen zu unterscheiden. Es ist jedoch sicherer, die überall erhältlichen kleinen weißen Champignons zu verwenden, die auf diese Art zubereitet sehr gut sind.
Für 8 Personen

500 g frische Champignons
7 Eßlöffel Olivenöl
4 Eßlöffel Zitronensaft
5 Eßlöffel trockener Weißwein
2 Schalotten (nur das Weiße), gehackt
1 Bund frische glattblättrige Petersilie, feingehackt
Schale einer halben Zitrone
1 Stiel Stangensellerie, gehackt
1 Knoblauchzehe, zerdrückt
2 Eßlöffel frischer Thymian, gehackt
½ Teelöffel Pfeffer

Von den Pilzen die Stiele abschneiden, größere Pilze halbieren und beiseite stellen. Die übrigen Zutaten in einer Kasserolle aufsetzen, aufkochen, die Hitze kleinschalten und unbedeckt 7 Minuten simmern lassen. Die Pilze hineingeben und mit einem Holzlöffel umrühren; zudecken und 4 Minuten sanft köcheln lassen, dann die Kasserolle aufdecken und weitere 3 Minuten unbedeckt simmern lassen; dabei gelegentlich umrühren. Vom Feuer nehmen und die Pilze in der Marinade abkühlen lassen. Zum Aufbewahren in sterilisierte Gläser füllen und in den Kühlschrank stellen.

Kichererbsen und Sesamsauce

Revíthia me tachí(ni)

Ρεβίθια μέ ταχί(νι)

Zerdrückte Sesamsamenpaste – *tachí* – hat einen ausgeprägten Geschmack und einen sehr schönen Geruch. Die Griechen essen sie während der Fastenzeit hauptsächlich wegen ihres Nährwerts und vermischen sie dabei manchmal mit Honig, um beim Fasten nicht ganz ihre Energie zu verlieren. Wenn man *tachí* mit etwas Wasser und Zitronensaft verdünnt und mit einem Hauch Knoblauch würzt, erhält man eine cremige Sauce, die man gut zu Gemüse- und Fischgerichten reichen kann. Bei diesem Gericht hier wird *tachí* (auch *tachiní* genannt) mit gekochten zerdrückten Kichererbsen vermengt. *Tachí* und Kichererbsen sind in Supermärkten und in den Lebensmittelabteilungen der Kaufhäuser erhältlich.
Für 4-6 Personen

TACHÍ-SAUCE
3 Eßlöffel tachí-*Paste*
1 Eßlöffel Olivenöl
Saft einer halben Zitrone
7 Eßlöffel (100 ccm) Wasser
1 große Knoblauchzehe, zerdrückt
Salz und Pfeffer

KICHERERBSENPÜREE
60 g getrocknete Kichererbsen, über Nacht in Wasser eingeweicht
gehackte Petersilie zum Garnieren

FÜR DIE SAUCE
tachí und Olivenöl in einer Schüssel vermengen; den Zitronensaft zugeben und unter ständigem Rühren langsam das

Wasser zugießen, bis die Mischung weiß wird. Gibt man zu *tachí* nur wenig Wasser, so dickt es an und gerinnt sogar; gehen Sie daher großzügig mit dem Wasser um und gießen es solange zu, bis die Mischung fast milchig weiß ist. Knoblauch zufügen, mit Salz und Pfeffer abschmecken und beiseite stellen.

Die eingeweichten Kichererbsen abgießen, nochmals abspülen und abtropfen lassen und mit frischem Wasser bedeckt aufsetzen; zugedeckt bei Mittelhitze 1 Stunde oder solange köcheln lassen, bis sie weich sind; gegebenenfalls etwas Wasser nachgießen. Die Kichererbsen abgießen und durch ein Sieb passieren, im Mixer pürieren oder mit einem Stößel im Mörser zu einer feinen Paste zerdrücken.

Die Sauce mit den zerdrückten Kichererbsen gut vermischen, in eine Schale füllen und mit gehackter Petersilie garnieren. Eisgekühlt servieren.

Hirn-Kroketten

Mialá tiganitá
Μυαλά τηγανητά

Kaufen Sie bitte nur ganz frisches Hirn, das ist für dieses Gericht von entscheidender Bedeutung. *Mialá tiganitá* gilt, sparsam gewürzt, als eine der Delikatessen griechischer Küche.
Für 4 Personen

4 Lamm- oder Kalbshirne
1 Eßlöffel Salz
2 Eßlöffel Weinessig
weißer Pfeffer und zusätzliches Salz
4 Eßlöffel Olivenöl
1 Ei, leicht verquirlt
70 g Mehl
Saft einer halben Zitrone
Zitronenschnitze

Das feste Muskelfleisch des
Oktapódhi wird um so zarter,
je öfter der Fischer seinen
Fang mit weitausholendem Arm
auf das harte Gestein schlägt.

Die Hirne 30 Minuten wässern; die dünnen Außenhäute vorsichtig abziehen, die Hirne unter fließendem kalten Wasser abspülen und alle Blutgerinnsel entfernen. In eine Kasserolle geben, mit frischem Wasser bedecken, Salz und Essig zufügen und bei Mittelhitze langsam aufkochen; dabei abschäumen. 12 Minuten simmern, vom Feuer nehmen und die Hirne in der Kochflüssigkeit abkühlen lassen. Abtropfen lassen und in $^1/_2$ cm dicke Scheiben schneiden; mit weißem Pfeffer und, falls nötig, Salz würzen. Das Olivenöl in einer schweren Pfanne erhitzen. Die Hirnscheiben in das verquirlte Ei tauchen, in Mehl wälzen und auf beiden Seiten einige Minuten in heißem Öl goldbraun braten. Mit Zitronensaft beträufeln und mit Zitronenspalten servieren.

Polyp, geröstet

Oktapódhi áspro

Ὀκταπόδι ἄσπρο

Wenn man den Polypen mit großer Sorgfalt zubereitet – wie hier beschrieben –, schmeckt er so hervorragend wie Kammuscheln.

Für 4-6 Personen

$1^1/_2$ kg frischer oder gefrorener Polyp
3 Eßlöffel Weinessig
4 Eßlöffel Olivenöl
Saft einer halben kleinen Zitrone
Salz und Pfeffer

Den Polypen waschen. Gefrorenen Polypen zuerst in kaltem Wasser auftauen. In eine Kasserolle geben, mit kaltem Wasser bedecken und den Essig zufügen. Zudecken, langsam aufkochen und 45 Minuten köcheln lassen, bis der Polyp weich ist. Vom Feuer nehmen, abkühlen und abtropfen lassen. Unter fließendem kalten Wasser die Außenhaut abziehen und die kleinen Saugnäpfe von den Tentakeln entfernen, bis nur noch das weiße innere Fleisch übrigbleibt. Dieses in 1 cm große Stücke schneiden. Das Olivenöl in einer Pfanne erhitzen und die Stücke darin rösten, bis sie hellgelb sind. Aus dem Öl in eine vorgewärmte Schüssel geben, mit Zitronensaft beträufeln, mit Salz und weißem Pfeffer würzen und servieren.

Suppen

Wenn im Herbst der *meltémi,* der Nordost-Passat, oder der *tramontána,* der Ostwind aus den türkischen Bergen, über die Inseln fegt und die Abende empfindlich kühl sind, weiß man wieder eine heiße Suppe zu schätzen. Suppen wie *psarósupa nisiótiki,* eine typische Fischsuppe, bereitet man aus Fisch und anderen guten Dingen des Meeres zu. Für die Fischer ist diese Suppe oft der Lohn am Ende eines Tages harter Arbeit, nachdem sie ihre Netze an den Strand gezogen haben; für die Familie oder für Gäste eröffnet sie einfach in köstlicher Weise ein Essen. Eine andere Suppe wird aus Kutteln zubereitet, die recht lange bei kleinem Feuer kochen müssen; dann gibt es Suppen, für die man Lamm- oder Kalbsknochen zu einer Brühe auskocht, in der manchmal auch Gemüse mitgegart werden. Für eine einfache, aber sehr schmackhafte Suppe, die die Inselbewohner unter dem Namen *súpa fidhés* kennen, fügt man diesen Fleischbrühen *fidhés,* lange Fadennudeln, zu. Alle diese Suppen werden zusammen mit heißem, knusprigem Brot als erster Gang oder als Hauptgericht gereicht.

Fleischbrühe mit Fadennudeln

Súpa fidhés

Σούπα φιδές

Diese Suppe läßt sich sehr einfach herstellen, wenn die Brühe schon im voraus zubereitet und eingefroren oder im Kühlschrank aufbewahrt wird.
Für 4-6 Personen

3 Eßlöffel Olivenöl
1 kleine Zwiebel, gehackt
250 g Tomaten, enthäutet und gehackt
1 Bund glattblättrige Petersilie, gehackt
1 Knoblauchzehe, zerdrückt
Salz und Pfeffer nach Geschmack
1½ l Rinderbrühe (S. 340)
250 g fidhés *oder Fadennudeln*
kefalotíri *oder Parmesan*

Das Öl in einer Pfanne erhitzen und die Zwiebel darin weichdünsten, nicht bräunen lassen; Tomaten, Petersilie, Knoblauch, Salz und Pfeffer zugeben und sanft köcheln lassen, bis die Mischung dick ist. Durch ein Sieb in eine Kasserolle passieren, die Rinderbrühe zugießen und aufkochen lassen. Die *fidhés* zerbrechen und in die Brühe geben; bei Mittelhitze kochen lassen, bis die Nudeln gar sind; dabei gelegentlich umrühren. In Suppentassen servieren und mit geriebenem Käse bestreuen.

Kuttelsuppe

Supa skembés

Σούπα σκεμπές

Patsantsídhika sind Restaurants, in denen es nur Kuttelsuppe gibt, die bisweilen mit Hachsenstückchen angereichert ist. Auf den Inseln haben die *patsantsídhika* von frühmorgens bis spätabends geöffnet, um den Leuten auf dem Weg zu oder von ihrer Arbeit einen warmen Imbiß zu servieren. Kutteln kann man schon fertig vorbereitet kaufen, eine große Zeitersparnis im Vergleich zu früheren Zeiten, als es Stunden dauerte, sie abzubrühen und zu säubern. (S. 358).

Für 3 Personen

500 g frische Kutteln
1 1/8 l kaltes Wasser
1 Zwiebel, geschält und geviertelt
2 Stiele Stangensellerie,
in Drittel geschnitten
Salz und Pfeffer
Ei-Zitronen-Sauce 1 (S. 332)

Die gesäuberten Kutteln unter fließendem kalten Wasser gründlich waschen; in etwa 2 1/2 cm große Stücke schneiden, in einen Kessel geben und mit frischem Wasser bedecken. Rasch aufkochen, abgießen und mit 1 1/8 l kaltem Wasser bedecken, Zwiebel, Sellerie, Salz und Pfeffer hinzufügen und aufkochen; die Hitze kleinschalten, zudecken und 2 bis 3 Stunden oder solange simmern lassen, bis die Kutteln weich sind; falls nötig, noch Wasser nachgießen. Vom Feuer nehmen, Sellerie und Zwiebel entfernen und die Eier-Zitronen-Sauce zubereiten. Vorsichtig unter die Suppe rühren und sofort servieren.

Fischsuppe nach Inselart

Psarósupa nisiótiki

Ψαρόσουπα νησιώτικη

Wie die Fischer, so bereiteten auch die griechischen Hausfrauen diese Suppe aus dem grimmig dreinschauenden roten Drachenkopf, dem *skorpiós,* den man für delikate Fischsuppen schätzt. Ich selbst nehme den dem griechischen Drachenkopf sehr ähnlichen Seebarsch, den es frisch oder tiefgefroren zu kaufen gibt; Sie können auch jeden anderen Fisch mit festem, magerem Fleisch verwenden. Aus Kopf und Gräten kocht man einen Sud, seiht ihn ab und läßt die Fischfilets darin garziehen. Filets und Fischabfälle kann man getrennt kaufen; wenn Sie einen ganzen Fisch verwenden und diesen selbst zerlegen wollen, richten Sie sich nach der Anleitung auf S. 356.

Für 4 Personen

1-1,5 kg Fischabfälle (Kopf und Gräten) vom Seebarsch oder anderem weißfleischigem, magerem Fisch
1 kg Fischfilets oder ein 2,5 kg schwerer Seebarsch
1 große Zwiebel, geschält und geviertelt
1 große Kartoffel, geschält und geviertelt
1 Lorbeerblatt
6 Petersilienstengel
3 frische Tomaten, geviertelt, oder eine kleine Dose Tomaten samt Saft
5 1/2 Eßlöffel Olivenöl
1 l Wasser
Salz und Pfeffer
Saft einer halben Zitrone

Fischabfälle, Kopf und Gräten mit sämtlichen Zutaten außer Fischfilets und Zitronensaft in einem großen Topf aufsetzen, rasch aufkochen und abschäumen. 25 bis 30 Minuten sprudelnd kochen lassen; Gräten und Kopf herausnehmen und wegwerfen. Die Brühe durch ein feines Sieb in eine mittelgroße Kasserolle gießen; die Gemüse zu Püree passieren und hineinrühren; abschmecken und erneut aufkochen. Die Fischfilets einlegen und 10 bis 15 Minuten ziehen lassen, bis der Fisch gar ist und sich zerpflücken läßt. Vom Feuer nehmen, den Zitronensaft zugeben und servieren.

Salate

Gemüse, die noch vom Sommer her im Garten übrig sind, und die leuchtenden Gemüse des Herbstes ergeben leckere Salate mit dem besonderen Geschmack des frischen Olivenöls, das die Griechen immer verwenden. Tomaten werden in Scheiben geschnitten, abwechselnd mit *féta*-Käse und anderen Gemüsen in eine Schüssel geschichtet und mit Öl beträufelt. Paprikaschoten, grüne und milde rote, schmort man in Holzkohlenasche vergraben, zieht die beinahe unsichtbare Haut ab und macht aus den Schoten einen Salat. Große gelbe Zwiebeln, frisch aus der Erde und bereit, zum Trocknen aufgehängt zu werden, werden gehackt und mit gekochten Kidneybohnen vermengt, ein für den Herbst typischer Salat.

Herbst-Salat in Lagen geschichtet

Aradhiastí saláta me domátes

᾿Αραδιαστή σαλάτα μέ ντομάτες

Tomaten, bis zum Winter im Garten, mögen die Griechen ausgesprochen gern in ihren Salaten. Bei diesem Rezept werden sie mit anderen Gemüsen und *féta*-Käse zu einem Salat vermengt, der köstlich zu gegrilltem Fleisch oder zu Fleischaufläufen schmeckt.
Für 6 Personen

4 Tomaten, in Scheiben geschnitten
1 Zwiebel, gewürfelt
2 grüne Paprikaschoten, entkernt und streifig geschnitten
125 g féta-*Käse, in dünnen Scheiben*
10-15 schwarze griechische Oliven
1 Bund glattblättrige Petersilie, gehackt
Salz und Pfeffer
7 Eßlöffel Essig-Öl-Sauce (S. 336)

In einer tiefen Glasschüssel abwechselnd die Tomaten, Zwiebel, Paprika, Käse, Oliven und Petersilie anordnen und jede Lage mit Salz und Pfeffer bestreuen. Zum Schluß die Sauce über den Salat träufeln, vor dem Servieren kühlstellen.

Salat aus roten Kidneybohnen

Kókkina fasólia saláta

Κόκκινα φασόλια σαλάτα

Wenn Sie getrocknete Bohnen verwenden, weichen Sie ungefähr 200 g Bohnen über Nacht ein. Am nächsten Tag abschütten, mit 1½ l frischem Wasser in einer Kasserolle aufsetzen und zugedeckt ½ Stunde langsam kochen lassen, bis sie zart, aber nicht zu weich sind; falls nötig, Wasser zugießen. Wenn die Bohnen weich sind, 1 Eßlöffel Salz dazugeben, 15 Minuten zugedeckt ziehen lassen und abgießen. 200 g getrocknete Bohnen ergeben gekocht ungefähr die dreifache Menge.
Für 6 Personen

200 g Kidneybohnen,
wie oben beschrieben gekocht
11 Eßlöffel gehackte Zwiebel
15 Eßlöffel gehackter Stangensellerie
Salz und Pfeffer
7 Eßlöffel Essig-Öl-Sauce (S. 336)
1 Bund Petersilie, feingehackt

Die gekochten Bohnen in eine große Schüssel geben, Zwiebeln, Sellerie, Salz und Pfeffer zufügen und gründlich vermengen. Die Marinade über den Salat gießen und nochmals vermengen; abschmecken und mit der Petersilie bestreuen. Warm oder kalt servieren.

Salat aus gerösteten Paprikaschoten

Psités piperiés saláta

Ψητές πιπεριές σαλάτα

Mit gleichem Ergebnis lassen sich rote und grüne Paprikaschoten im Küchenherd oder in Asche rösten. Je frischer und knackiger sie sind, desto weicher und süßer werden sie nach dem Rösten. Nehmen Sie Paprikaschoten beider Farben für einen schönen bunten Salat. Für 3-4 Personen

4 grüne oder rote Paprikaschoten
(oder 2 von jeder Farbe)
4 Eßlöffel Zitronen-Öl-Sauce (S. 337)
2 Eßlöffel Petersilie, feingewiegt
Salz und Pfeffer

Den Ofen auf 200 Grad vorheizen. Die Paprikaschoten mit einem leicht geölten Tuch abreiben, in eine Auflaufform setzen und solange im Ofen rösten, bis die Haut dunkel wird und Blasen schlägt. Abkühlen lassen und mit den Fingern die durchsichtige Haut abziehen. Die Schoten aufschneiden, entkernen und in Streifen schneiden; in eine flache Schüssel geben, mit Salz und Pfeffer würzen, die Sauce darübergießen und mit Petersilie bestreuen. Diesen Salat warm oder kalt servieren.

Fisch und Schalentiere

Auf Chalkis, der Insel meiner Urgroßmutter Mario väterlicherseits, früher ein Piratenunterschlupf, wo man schöne, bei Überfällen auf die umliegenden Inseln geraubte Frauen festhielt, gibt es hohe, kahle Berge. Auf den trockenen Hängen wachsen nur vereinzelte Gruppen von Kaktus-, Oliven- und Feigenbäumen, die von schützenden Steinmauern umgeben sind. Im kobaltblauen Meer um diese unfruchtbare Insel herum wimmelt es jedoch von Fischen, mit denen einige der besten Gerichte der Insel zubereitet werden. *Psári plakí,* gebackener Fisch, ist ein altes Rezept, das durch besagte Urgroßmutter, eine schöne Frau von dieser für ihre schönen Frauen und ihre klare See berühmten Insel, in unsere Familie brachte. *Platópsara,* eine Art Plattfisch, der Flunder ähnlich, sind im Überfluß vorhanden und ergeben gekocht und mit Knoblauchsauce serviert ein wunderbares Zwischengericht. Muscheln gibt es im Herbst reichlich; sie werden von den Felsen gelesen, in Wein gedämpft und mit knusprigem Brot und einem Blattsalat aufgetragen – ein köstliches Mahl!

Gebackener Fisch

Psári plakí

Ψάρι πλακί

Streifenbarsch oder jeder andere weiße Fisch kann auf diese Art zubereitet werden. Bitten Sie den Fischhändler, den Fisch zu schuppen, auszunehmen und die Kiemen zu entfernen; den Kopf nicht abtrennen (siehe S. 356, wenn Sie diese Arbeit selbst machen möchten). Den Fisch während des Backens mit äußerster Sorgfalt begießen, damit Sie die Haut nicht verletzen; bitte auch keine Kräuter oder Gemüsestückchen auf den Fisch legen, da diese verbrennen und die Fischhaut verfärben könnten. Der Fisch sollte nach dem Backen genauso schön aussehen wie vorher.
Für 4 Personen

Ein 1-1,5 kg schwerer Fisch (Streifenbarsch, Blaufisch oder Fadenmakrele), gesäubert, ohne Kiemen (S. 356)
Saft einer halben Zitrone
2 große Tomaten, enthäutet und gewürfelt
2 Bund glattblättrige Petersilie, gehackt
2 kleine Knoblauchzehen, gewiegt
4 Eßlöffel trockener Weißwein
4 Eßlöffel Olivenöl
Salz und Pfeffer

Den Ofen auf 175 Grad vorheizen. Die Bauchhöhle des Fischs mit Salz einreiben; den Fisch in eine gut geölte, etwa 22 × 30 × 5 cm große Backform legen, den Zitronensaft darüberträufeln und beiseite stellen. In einer kleinen Schüssel Tomaten, Petersilie, Knoblauch, Wein, Olivenöl, Salz und Pfeffer verrühren und diese Mischung über den Fisch gießen; Kräuter- und Gemüseteilchen mit einem Holzlöffel vorsichtig von der Oberfläche des Fischs in die Form schieben. Den

Fisch 45 Minuten backen und gelegentlich mit Flüssigkeit begießen. Mit Salat nach Bauernart (S. 39) servieren.

Muscheln, in Wein gedämpft

Mídhia krasáta

Μύδια κρασάτα

Man braucht Zeit und viel Wasser, um Muscheln vorzubereiten und zu säubern; dafür sind sie in wenigen Minuten gekocht. Mit einer Drahtbürste abschrubben oder mit einem kleinen Messer abkratzen und die Bärte entfernen; einige Stunden in kaltem Wasser einweichen, abschütten und mehrmals unter fließendem Wasser abspülen. Halbgeöffnete Muscheln zwischen Daumen und Zeigefinger zusammendrücken; wenn sie sich nicht schließen, wegwerfen.
Für 4-5 Personen

2,5 kg Mies- oder Pfahlmuscheln in der Schale, gesäubert
4 Eßlöffel Olivenöl
2 Schalotten, gehackt
2 Eßlöffel Petersilie, gehackt
2 Knoblauchzehen, feingewiegt
1 Eßlöffel frisches oder 1 Teelöffel getrocknetes Bohnenkraut
1/8 Teelöffel Pfeffer
1/4 l trockener Weißwein

Das Olivenöl in einem großen Topf erhitzen und die Schalotten darin bei Mittelhitze weichdünsten. Petersilie, Knoblauch, Bohnenkraut, Pfeffer und Wein zugeben, aufkochen und 2 Minuten kochen lassen; die Muscheln zufügen und erneut aufkochen; bei Mittelhitze zugedeckt 7 Minuten köcheln lassen und den Topf dabei einige Male schütteln, bis sich die Schalen öffnen. Den Topf vom Feuer nehmen und die Muscheln mit einem Schaumlöffel in eine große, vorgewärmte Schüssel heben. Den Topf aufs Feuer zurückstellen und den Sud bei starker Hitze bis auf 1/4 l einkochen lassen. Durch ein mit einem Seihtuch ausgelegtes Sieb über die Muscheln gießen und servieren.

Flunder-Filet gedünstet mit Ei-Knoblauch-Sauce

Platópsaro vrastó me aliádha
Πλατόψαρο βραστό μέ ἀλιάδα

Die europäische Seezunge, ein schmackhafter Fisch, wird oft im ganzen gedünstet und mit einer mit Knoblauch gewürzten Eiersauce übergossen. Ich verwende stattdessen Flunderfilets vom Fischmarkt oder entgräte Flundern, die mein Mann vom Fischen mit nach Hause bringt. Dieses Gericht schmeckt köstlich, wenn man kleine neue Kartoffeln dazu reicht, sie mit Butter beträufelt und mit Petersilie bestreut.
Für 6 Personen

11 Eßlöffel Ei-Knoblauch-Sauce (S. 335)
1 kg Flunder- oder Seezungenfilet
3/8 l Fischbrühe (S. 341)

Die Ei-Knoblauch-Sauce zubereiten, zudecken und beiseite stellen.

Die Filets in eine Pfanne geben und die Fischbrühe darübergießen; aufkochen, zudecken und bei Mittelhitze 5 Minuten oder solange kochen lassen, bis man den Fisch mit einer Gabel zerpflücken kann. Die Filets aus der Flüssigkeit auf eine vorgewärmte Platte heben, mit der Ei-Knoblauch-Sauce übergießen und servieren.

Huhn und Wildgeflügel

Auf den sanftgewellten Hügeln der Inseln verstecken sich scharenweise Rebhühner und anderes Federwild unter den purpurfarbenen Bohnenkrautsträuchern. Während der Schußzeit im Herbst kehren die Jäger mit ihrer Beute an Wildvögeln zurück, die sie in Bündeln an ihren Gürteln befestigt haben, und überlassen es den Frauen, sie in langer, sorgfältiger Arbeit zu rupfen und zu säubern. Die Rebhühner werden mit *bligúri* (auch *pergúri*), zerstoßenem Weizen, gefüllt, leicht mit Kräutern gewürzt und im Ofen gebraten; kleine Vögel spießt man unzerteilt auf und röstet sie über heißen Kohlen – ein äußerst befriedigendes Mahl. Auch zahmes Geflügel wie Hühner ißt man in dieser Jahreszeit; allerdings wird es ohne größere Umstände zubereitet – für ein Sonntagsessen einfach nur mit Zitrone und Kräutern eingerieben und mit Kartoffeln im Ofen geschmort.

Im Ofen gebackenes Huhn

Órnitha tu fúrnu

Ὄρνιθα τοῦ φούρνου

Diese unkomplizierte Zubereitungsart eines Eintopfgerichts erfreut sich großer Beliebtheit bei Hausfrauen, die nicht den ganzen Tag in der Küche verbringen wollen.
Für 6 Personen

ein 2,5 kg schweres Brathuhn
1/2 Zitrone
1 Zwiebel, geschält und geviertelt
Salz und Pfeffer
3 Stiele Stangensellerie, quer halbiert
2 Karotten, der Länge nach halbiert
3 Eßlöffel Olivenöl
5-6 mittelgroße Kartoffeln, geviertelt oder in grobe Stücke zerschnitten
3/8 l Wasser

Den Ofen auf 200 Grad vorheizen. Das Huhn innen und außen waschen, mit der Zitrone einreiben und diese dabei gut auspressen; das Huhn kurze Zeit stehen lassen, damit der Saft einziehen kann. Die geviertelte Zwiebel in die Bauchhöhle füllen und das Huhn außen mit Salz und Pfeffer einreiben. Stangensellerie und Karotten auf den Boden eines Schmortopfes schichten, damit das Huhn nicht anbrennt und der Bratensaft einen würzigen Geschmack bekommt; das Huhn darauflegen und mit etwas Olivenöl einreiben. Die Kartoffeln mit Salz und Pfeffer bestreuen und um das Huhn herum anordnen, das restliche Olivenöl darüberträufeln und das Wasser angießen. Den Topf mit Folie abdecken, in die man ein Loch bohrt, damit der Dampf abziehen kann, und das Huhn 1/2 Stunde backen. Die Folie abnehmen und weitere 30 Minuten backen lassen; falls nötig, etwas Wasser nachgießen.

Kleine Vögel (Wachteln) am Spieß

Pulákia stin súvla

Πουλάκια στήν σούβλα

Die Wachteln werden gerupft, auf Spießen über Kohlenfeuer geröstet und in vielen Dorfcafés mit Käse oder gebratenen Eiern als Beilage serviert – eine Delikatesse in Griechenland seit alten Zeiten. Man taucht sie in kochendes Wasser, um die Federn zu lösen, die man mit der Hand ausrupft (S. 358); man schneidet Kopf und Füße ab, nimmt sie aus und wäscht sie.
Für 4 Personen

12 Vögel
Salz und Pfeffer
4 Eßlöffel Olivenöl
½ Teelöffel getrockneter Thymian
Saft einer halben Zitrone

Die Vögel mit Salz und Pfeffer einreiben und in Abständen von 2-3 cm auf einen Metallspieß reihen. Olivenöl, Thymian und Zitronensaft in eine Schüssel geben und mit einer Gabel leicht schlagen, bis die Zutaten gut vermengt sind. Die Vögel mit dieser Mischung bestreichen, 7 bis 10 Minuten über einem Holzkohlenfeuer grillen und dabei häufig bepinseln und umwenden, damit sie gleichmäßig von allen Seiten bräunen. Anstatt sie zu grillen, kann man die Vögel nach dem Würzen auch in heißem Olivenöl braten.

Gefülltes Rebhuhn, im Ofen gebraten

Pérdhika jemistí tu fúrnu

Πέρδικα γεμιστή τοῦ φούρνου

Volkslieder der Inseln vergleichen die anmutige Schönheit eines jungen Mädchens mit der des Rebhuhns. Herrlich anzusehen und in Hülle und Fülle vorhanden, gilt es als besonders schmackhaft, wenn man es so zubereitet wie auf Rhodos. Rechnen Sie pro Person 1 Rebhuhn, da ein Vogel knapp 1 Pfund wiegt. Rupfen und säubern (S. 358) und die Lebern aufbewahren. Die Rebhühner mindestens 24 Stunden in kalter Weinmarinade (S. 343) beizen und danach abtropfen lassen.
Für 6 Personen

6 marinierte Rebhühner
Olivenöl zum Bestreichen

FÜLLUNG
7 Eßlöffel Olivenöl
1 große Zwiebel, gehackt
die gehackten Rebhuhnlebern
200 g frische Pilze, gehackt
3 Stengel Sellerie, gewürfelt
200 g zerstoßener Weizen
3/4 l Hühnerbrühe (S. 339)
2 Eßlöffel Tomatenmark
1 Teelöffel getrockneter Thymian
1/4 Teelöffel Pfeffer
Salz

Das Olivenöl in einer Pfanne oder einer Kasserolle erhitzen und die Zwiebel darin weichdünsten; die Rebhuhnlebern hineingeben und bei Mittelhitze braten, bis sie ihre rote Farbe verlieren. Pilze und Sellerie zufügen, 1 Minute umrühren, zerstoßenen Weizen, Hühnerbrühe und Tomatenmark dazugeben und mit einem Holzlöffel umrühren, bis sich das Tomatenmark in der Flüssigkeit aufgelöst hat. Mit Thymian, Pfeffer und Salz würzen und zugedeckt 25 Minuten köcheln lassen, bis die Mischung dick ist. Die Füllung abkühlen lassen.

Den Ofen auf 200 Grad vorheizen. Die Rebhühner füllen und die Bauchöffnungen mit einem Faden zunähen; Flügel und Keulen festbinden. Die Vögel mit der Brustseite nach oben nebeneinander in eine große geölte Kasserolle oder in einen Schmortopf legen, mit Olivenöl bestreichen und 10 Minuten braten. Wieder bestreichen, umdrehen und auf der anderen Seite 15 Minuten braten; abermals bestreichen, umdrehen und weitere 15 Minuten braten. Die Rebhühner ein letztes Mal umwenden, so daß sie mit der Brustseite nach oben liegen, bepinseln und solange weiterbraten, bis sich die Keulen leicht herausziehen lassen. Die Vögel vorsichtig auf eine vorgewärmte Platte heben und servieren.

Hammel

Hammelfleisch schätzen die Griechen wegen seiner vielfältigen Verwendungsmöglichkeiten und seines kräftigen Geschmacks – besonders im Herbst, wenn es am würzigsten ist. Früher war es das einzige im Herbst erhältliche Fleisch überhaupt, und am Samstag, dem Tag, an dem das frische Fleisch auf den Markt gebracht wurde, kauften die griechischen Hausfrauen gewöhnlich eine ganze Hammelkeule; sie lieferte genug Fleisch, um daraus in der kommenden Woche für eine Familie verschiedene Gerichte zuzubereiten, wobei es zwischendurch natürlich auch fleischlose Mahlzeiten gab. Bei vielen Gerichten wird das Hammelfleisch in Stücke geschnitten und entweder mit weißen Riesenbohnen oder Kichererbsen gekocht oder nur mit Gewürzen in einer dicken Sauce gedämpft. Hammelhackfleisch verwendet man zu Nudel- und Reisaufläufen, und aus den Knochen bereitet man eine kräftige Brühe als Grundlage für Suppen. Auch junges Hammelfleisch bietet sich zu zahlreichen Gerichten für den Alltag, wie auch für besondere Anlässe und Feierlichkeiten an.

Nudelauflauf mit Fleischfarce

Pastítsio

Παστίτσιο

Pastítsio ist die griechische Version eines Nudelauflaufs aus Spaghetti oder kurzen Makkaroni, Hackfleisch und einer einfachen Weißen Sauce. Von den Italienern, die die Inseln viele Jahre regierten, in die griechische Küche übernommen, ist dieser Auflauf eines der wohlbekannten Gerichte in Griechenland und sehr beliebt für die Bewirtung junger Leute.
Für 8 Personen

FLEISCHFARCE
4 Eßlöffel Olivenöl
1 Zwiebel, gehackt
1 kg mageres Hackfleisch (Lamm, Hammel, Rind)
½ l Tomatensauce (S. 329)
oder 1 kleine Dose Tomaten
4 Eßlöffel trockener Weißwein
1 Bund Petersilie, gehackt
1 Knoblauchzehe, zerdrückt
Salz und Pfeffer

FÜR DEN AUFLAUF
500 g dünne Spaghetti oder kurze Makkaroni,
5 Eßlöffel zerlassene gesalzene Butter
2 Eßlöffel feine Semmelbrösel
4 mittelgroße Eier, mit einer Gabel verquirlt
Fleischfüllung (siehe oben)
¾ l Weiße Sauce (S. 331)
3 Eßlöffel geriebener kefalotíri *oder Parmesan*

FÜR DIE FLEISCHFARCE
das Olivenöl in einer großen Pfanne erhitzen und die Zwiebel darin bei Mittelhitze weichdünsten. Das Hackfleisch zugeben und solange braten, bis es krümlig wird und seine rote Farbe

verliert. Tomatensauce, Wein, Petersilie, Knoblauch, Salz und Pfeffer hineingeben und umrühren, bis die Sauce andickt. Vom Feuer nehmen und beiseite stellen.

DIE NUDELN

gekocht, in einen Seiher abschütten, unter lauwarmem Wasser abspülen und in eine große Schüssel geben; 4 Eßlöffel Butter und die Eier zufügen und gut vermengen, bis die Nudeln mit der Mischung überzogen sind.

FÜR DEN AUFLAUF

den Ofen auf 175 Grad vorheizen. Mit 1 Eßlöffel Butter Boden und Seitenwände einer etwa 22 × 32 × 5 cm großen Auflaufform einfetten und diese leicht mit Semmelbröseln ausstreuen. Die Hälfte der Nudeln gleichmäßig darin verteilen, mit 1 Eßlöffel Käse bestreuen und mit der Hälfte der Fleischsauce bedecken; den gleichen Vorgang wiederholen und die Oberfläche mit einem Löffelrücken etwas nach unten drücken. Nun die Weiße Sauce darübergießen, glattstreichen, mit dem restlichen Käse bestreuen und 45 Minuten backen, bis die Oberfläche goldgelb ist. In Vierecke aufschneiden und mit einem grünen Blattsalat servieren.

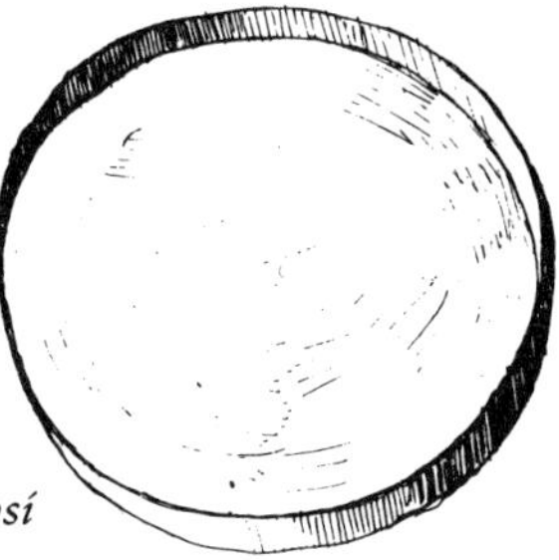

Tapsí

Hammelfleisch mit getrockneten weißen Riesenbohnen

Jígantes me arní

Γίγαντες μέ ἀρνί

Schmackhafte Gerichte lassen sich aus Hammelfleischstücken, einem Hauch Knoblauch, Kreuzkümmel und den fast vergessenen Hülsenfrüchten zubereiten – getrocknete weiße Riesenbohnen, die den großen Limabohnen ähneln, und *revíthia,* Kichererbsen –, die in Ihrem Küchenschrank oft ein nahezu unbeachtetes Dasein fristen.

Für 6 Personen

500 g getrocknete weiße Riesenbohnen
1/8 l Olivenöl
1 kg Hammelfleisch, Keule oder Schulter, in 5 cm große Stücke geschnitten
1 Zwiebel, gehackt
2 Stiele Stangensellerie, einschließlich der oberen Teile, gewürfelt
3 Eßlöffel Tomatenmark
1 große Knoblauchzehe, zerdrückt
1 Teelöffel gemahlener Kreuzkümmel
Salz und Pfeffer
3/8 l Wasser

Die Bohnen in einen mittelgroßen Topf geben, 1 l kaltes Wasser zugießen und langsam zum Kochen bringen. Vom Feuer nehmen, zugedeckt beiseite stellen und etwa 30 Minuten weichen lassen; danach abschütten.

Das Olivenöl in einer Pfanne erhitzen, das Fleisch darin portionsweise bei Mittelhitze goldbraun braten und mit einem Schaumlöffel in eine schwere Kasserolle heben. In der gleichen Pfanne die Zwiebel goldgelb braten und mit dem Öl zusammen in die Kasserolle geben. Stangensellerie, Tomatenmark, Knoblauch, Kreuzkümmel, Salz, Pfeffer und ¼ l Wasser zufügen, zudecken und ½ Stunde simmern lassen. Die Bohnen und ⅛ l Wasser hineingeben und zugedeckt erneut etwa ½ Stunde köcheln lassen, bis Fleisch und Bohnen gar sind; falls nötig, noch mehr Wasser nachgießen. (Kichererbsen werden auf dieselbe Weise gekocht, nur müssen diese über Nacht eingeweicht werden. Nehmen Sie 225 g getrocknete Kichererbsen, in 1 l Wasser eingeweicht und abgetropft, und geben Sie sie gleich von Anfang an zusammen mit dem Fleisch in die Kasserolle.)

Lamm, in Papier gebacken

Arní tu chartiú

Ἀρνί τοῦ χαρτιοῦ

Diese schmackhafte Art, Lammkeulenteile einzeln in Papier gewickelt zu backen und jedem Gast sein eigenes Päckchen vorzusetzen, ist in ganz Griechenland weitverbreitet. Köstlich mit Kartoffeln und Salat als Beilage!
Für 6-8 Personen

eine 2,5-3 kg schwere Lammkeule,
quer in Portionsstücke zerteilt
Saft einer großen Zitrone
3 Knoblauchzehen
½ Teelöffel Salz
7 Eßlöffel Olivenöl
Pfeffer

250 g kefalotíri *oder anderer halbfester Käse,*
in dünne Scheiben geschnitten

Den Ofen auf 160 Grad vorheizen. Die Fleischstücke mit dem Zitronensaft beträufeln und auf einer Platte beiseite stellen, damit der Saft einziehen kann. Die Knoblauchzehen und das Salz in einem Mörser oder einer Holzschale zerdrücken und jedes Fleischstück damit einreiben; dann die Stücke gut einölen und mit Pfeffer würzen. Pergamentpapier in ausreichend große Stücke zuschneiden; pro Fleischteil benötigen Sie 2 Blatt; die Hälfte des Papiers auf eine feuchte, flache Unterlage legen und mit Öl bepinseln. Jedes Fleischstück mit einer Scheibe Käse bedecken, in die Mitte je eines Papierstücks geben, das Papier über dem Fleisch zusammenfalten und die Enden gut zusammendrücken; nun um jedes Teil ein ungeöltes Stück Papier wickeln und mit einem Faden festbinden. Die Päckchen in eine Backform legen und ungefähr 1 Stunde backen. Aus dem Ofen nehmen, leicht abkühlen lassen und Fäden und äußere Papierhüllen entfernen. Das Fleisch im geölten Papier eingewickelt servieren.

Wild

Rehe durchstreifen noch immer die Bergwälder meiner Heimatinsel, die von den Alten *elafúsa,* ›Rehinsel‹, genannt wird. Zusammen mit Kaninchen werden sie während der von der Regierung festgelegten Jagdzeit im Spätherbst und Winter gejagt, und zu dieser Zeit erhält man Reh- und anderes Wildfleisch von Jägern und Freunden, die selbst auf die Jagd gehen und ihr Wild verkaufen oder teilen. Das Fleisch in freier Wildbahn lebender Tiere hat eine gewisse Zähigkeit und einen bestimmten Geschmack, den die meisten Leute nicht mögen; aus diesem Grund sollte das ausgeweidete Wild in der Decke richtig abhängen; danach wird es gehäutet, zerlegt und vor dem Kochen gebeizt, damit es zart wird und ein gutes Aroma annimmt. Kaninchenfleisch muß mindestens 24 Stunden im Kühlschrank mariniert werden, Reh zwei Tage und Wildschwein sogar noch länger. In vielen Metzgereien, die sich auf den Verkauf von Wild spezialisiert haben, bekommt man Wild und Wildgeflügel für einen köstlichen Braten oder Eintopf schon abgehangen, zerlegt und vorbereitet; außerhalb der Saison kann man sich mit tiefgekühltem Wild behelfen.

Kaninchen, in Weißweinsauce

Lagós stin sálmi

Λαγός στήν σάλμη

Mit Kartoffeln oder Reis und einem Salat servieren.
Für 6 Personen

Kalte Weißweinmarinade (S. 343)
ein 2-2,5 kg schweres Kaninchen, in Portionsstücke zerteilt
4 Eßlöffel Olivenöl
1 Knoblauchzehe
1 Lorbeerblatt
Salz und Pfeffer
1 Eßlöffel Mehl in 4 Eßlöffel Wasser angerührt

Die Marinade in einer Steingut- oder Glasschüssel zubereiten, die Fleischstücke hineinlegen, die Schüssel mit Wachspapier oder Plastikfolie abdecken und 24 Stunden in den Kühlschrank stellen; das Fleisch dabei zwei- bis dreimal umwenden. Anschließend die Fleischstücke aus der Marinade nehmen und mit Küchenkrepp trockentupfen. Die Marinade durchsieben und beiseite stellen; die Gemüse wegwerfen. Das Olivenöl bei Mittelhitze in einer schweren Kasserolle erhitzen und die Kaninchenteile von allen Seiten goldbraun anbraten. Das überschüssige Öl aus der Kasserolle schütten und die durchgesiebte Marinade über das Fleisch gießen. Aufkochen, abschäumen, Knoblauch und Lorbeerblatt dazugeben, die Hitze kleinschalten und das Fleisch zugedeckt 1 Stunde oder solange simmern lassen, bis es weich ist (mit einer Gabel prüfen!). Abschmecken, die Sauce mit dem angerührten Mehl andicken und servieren.

Gebratener Rehrücken

Eláfi ston fúrno

Ἐλάφι στόν φοῦρνο

Mit einem Gemüse- oder Reisgericht servieren.
Für 6 Personen

Kalte Rotweinmarinade (S. 343)
ein 2,5-3 kg schwerer vorbereiteter Rehrücken
4 Eßlöffel Olivenöl oder Schweineschmalz
125 g gepökeltes Schweinefleisch, in Streifen geschnitten
¼ l Wasser
1 Eßlöffel Mehl
Brunnenkresse zum Garnieren

Die Marinade in einer Steingut- oder Glasschüssel zubereiten, den Rehrücken hineinlegen, die Schüssel mit Wachspapier oder Plastikfolie abdecken und 2 Tage in den Kühlschrank stellen; das Fleisch dabei von Zeit zu Zeit umwenden. Anschließend den Rehrücken aus der Marinade nehmen und trockentupfen; die Marinade aufbewahren.

Den Ofen auf 200 Grad vorheizen. Das Olivenöl oder Schweineschmalz in einer großen schweren Pfanne bei Mittelhitze rauchendheiß werden lassen und das Fleisch von allen Seiten darin anbraten; in eine schwere feuerfeste Kasserolle umfüllen, das Öl oder Schmalz aus der Pfanne darübergießen und das Fleisch mit den gepökelten Schweinefleischstreifen bedecken. Die Kasserolle in den Ofen schieben und den Rehrücken ungefähr 1 Stunde braten; gelegentlich mit dem Bratensaft begießen. Nach 1 Stunde ist der Rehrücken noch nicht ganz durchgebraten; wenn Sie durchgebratenes Fleisch bevorzugen, lassen sie es 1½ Stunden im Ofen.

Während das Fleisch brät, die Sauce zubereiten. Die Marinade samt Gemüsen in eine Kasserolle geben und bei starker Hitze zum Kochen bringen; abschäumen, ¼ l Wasser dazugießen und erneut aufkochen. Die Hitze etwas zurückschalten und die Mischung zugedeckt solange köcheln lassen, bis die Gemüse zart sind und die Flüssigkeit auf etwa ¼ l eingekocht ist. Die Marinade durchsieben, beiseite stellen und die Gemüse wegwerfen.

Wenn das Fleisch gar ist, auf eine Platte heben und warmhalten. Bis auf 2 Eßlöffel alles Fett aus der Kasserolle, in der der Rehrücken gebraten wurde, abgießen, bei Mittelhitze erwärmen, das Mehl einrühren und die Marinade zugießen; unter Rühren den Bratensatz lösen und die Flüssigkeit solange kochen lassen, bis sie andickt. In eine Saucière gießen, den Rehrücken mit der Brunnenkresse garnieren und mit der Sauce servieren.

Leber, Nieren, Bries und Kutteln

Auf den Inseln bereitet man viele schmackhafte Gerichte mit den Innereien der Schlachttiere, die hierzulande etwas vernachlässigt werden. Bries, von allen Innereien am meisten geschätzt, wird zu einem köstlichen Gericht, wenn man es vorkocht und dann mit Gemüsen schmort. Herz, Leber und Nieren, in Wein und Essig gekocht, erfüllen mit ihrem Duft die Küche, und Kutteln – läßt man sie lange genug bei kleinem Feuer köcheln – verlieren ihre zähe, gummiartige Beschaffenheit und verwandeln sich in leckeres, saftiges Fleisch. Sämtliche Innereien serviert man mit Gemüsen oder Salaten und Reis als Hauptgericht. Die in den folgenden Rezepten angegebenen Innereien sollten sehr frisch sein; bestellen Sie sie daher am besten bei Ihrem Metzger vor.

Nieren, Herz und Leber vom Lamm

Endósthia arniú

Ἐντόσθια ἀρνιοῦ

Für 6 Personen

1,5 kg Nieren, Herz und Leber vom Lamm
5 1/2 Eßlöffel Olivenöl
1 Zwiebel, gehackt
1/4 l trockener Rotwein
3 Eßlöffel Rotweinessig
2 Eßlöffel Tomatenmark
2 Knoblauchzehen, zerdrückt
2 Lorbeerblätter
Salz und Pfeffer

Die dunkle Außenhaut von den Nieren entfernen; die Nieren der Länge nach halbieren, den Harnstrang entfernen und 15 Minuten in Wasser, mit 1 Eßlöffel Rotweinessig versetzt, einweichen; abgießen und unter fließendem kalten Wasser abspülen, weiße anhaftende Substanzen entfernen und die Nieren vierteln. Das Herz halbieren. Herz und Leber von Fett und Adern befreien, in 3 cm große Stücke schneiden, abspülen und trockentupfen. Das Olivenöl in einer schweren Kasserolle erhitzen und die Innereien darin unter Rühren bei starker Hitze 15 Minuten braten, bis ihre Feuchtigkeit verdampft ist und sie zu brutzeln beginnen. Die Zwiebel untermischen und 1 Minute kochen, dann den Wein, den restlichen Essig, Tomatenmark, Knoblauch, Lorbeerblätter, Salz und Pfeffer hineingeben und mit einem Holzlöffel umrühren; die Hitze kleinschalten, zudecken und 2 Stunden simmern lassen. Gelegentlich nachsehen, ob sich noch genügend Flüssigkeit in der Kasserolle befindet; ansonsten etwas Wasser nachgießen. Wenn das Fleisch gar ist, sollte auch die Sauce recht dick sein.

Geschmorte Brieschen
Glikádhia
Γλυκάδια

Die Brieschen in so viel kaltem Wasser aufsetzen, daß es sie gerade bedeckt, mit etwas Salz und Essig würzen und kurz vor dem Kochen vom Feuer nehmen; abseihen, mit kaltem Wasser abschrecken und die Haut abziehen. Vor dem Abkühlen auf einer flachen Unterlage zum Pressen mit einem Teller beschweren.
Für 4 Personen

4 Eßlöffel Olivenöl
1 Zwiebel, gehackt
250 g Karotten, gewürfelt
2-3 Stiele Stangensellerie, gewürfelt
1/8 l trockener Weißwein
5 Stengel glattblättrige Petersilie
2 Eßlöffel getrockneter Thymian
1 1/8 kg Brieschen, gesäubert und gekocht wie oben angegeben

Den Ofen auf 175 Grad vorheizen. Das Olivenöl in einer schweren Kasserolle erhitzen und die Zwiebel darin goldgelb dünsten; Karotten und Sellerie zugeben und unter gelegentlichem Rühren bei Mittelhitze 5 Minuten kochen. Wein, Petersilie, Thymian, Salz und Pfeffer zufügen und gut umrühren; die Brieschen auf die Gemüse legen, zudecken und 20 Minuten köcheln lassen. Die Kasserolle in den Ofen schieben und unbedeckt 45 Minuten schmoren, bis sie sich mit einer Gabel leicht anstechen lassen; dabei häufig mit dem Bratensaft begießen und die Brieschen einmal umdrehen, damit sie von beiden Seiten bräunen. Die Brieschen auf eine vorgewärmte Platte geben; den Bratensaft durchsieben und die Gemüse hierbei mit einem Holzlöffel gut ausdrücken; als Sauce über die Brieschen gießen und servieren.

Kutteln, mit Kräutern gedämpft

Skembés jachnistós

Σκεμπές γιαχνιστός

Frische, gesäuberte Kutteln – nicht mit den ebenfalls erhältlichen eingelegten Kutteln zu verwechseln – gut abspülen und 1 Minute in kochendem Wasser blanchieren, um sie von Konservierungsstoffen zu befreien; abtropfen lassen und in 3 cm große Stücke schneiden. In griechischen oder italienischen Lebensmittelgeschäften kann man eine andere Art frischer Kutteln bestellen; diese sind zwar nicht vorbereitet und daher etwas mühsamer zu säubern, haben aber einen besseren Geschmack, da sie nicht mit Konservierungsmitteln behandelt werden.
Für 4 Personen

4 Eßlöffel Olivenöl
1 Zwiebel, gehackt
1 kg frische Kutteln,
in 3 cm große Stücke geschnitten
2 Eßlöffel Tomatenmark
1 Knoblauchzehe, zerdrückt
1 Bund frischer Thymian, gehackt
1 Lorbeerblatt
¼ l Hühnerbrühe (S. 339)
Salz und Pfeffer

Das Olivenöl in einer schweren Kasserolle erhitzen und die Zwiebel darin braunrösten; die Kuttelstücke hineinrühren und bei starker Hitze 5 Minuten kochen. Die restlichen Zutaten zufügen und soviel Wasser angießen, daß das Fleisch knapp bedeckt ist; zum Kochen bringen, die Hitze kleinschalten und zugedeckt etwa 3 bis 4 Stunden köcheln lassen; gegebenenfalls etwas Wasser nachgießen. Wenn die Kutteln gar sind, sollte auch die Sauce dick sein.

Gemüse

Der fröhliche Anblick der sich gegen den blauen Himmel abhebenden, leuchtend orangefarbenen Kürbisse, die man für die kommenden Monate zum Trocknen auf die flachen Dächer der weißen Dorfhäuser gelegt hat, ist ein sicheres Zeichen für den Beginn des Herbstes. Eine Kürbisart mit dem feuchten, süßen Fleisch, die auch zur Zubereitung von Kürbispasteten verwendet wird, brät man auf den Inseln in Olivenöl – eines der besten Gerichte der Kürbisfamilie.

Ein weiterer Herbstankömmling sind die rotgefleckten Schälbohnen, die auf Inselgriechisch *barbúnia* heißen – unter allen Sorten meine Lieblingsbohnen. In reifem, aber noch nicht ganz trockenem Zustand werden sie aus den Schalen genommen und mit frischen Tomaten und Gewürzen gekocht. Im Herbst, einer Übergangszeit für Gemüse, stellt man aus den letzten Sommergemüsen des Gartens – der zweiten oder dritten Ernte, *ópsima* genannt – sowie den neuen Herbst- und Wintergemüsen, getrennt oder vermischt gekocht, die aparten, wohlschmeckenden Gerichte dieser Jahreszeit her.

Gedünstete Schälbohnen

Barbúnia fasólia jachnistá
Μπαρμπούνια φασόλια
γιαχνιστά

Die Bohnenkerne sind genauso rotgefleckt wie die Schalen. Wenn man sie noch frisch schält und kocht, bekommen sie einen delikaten Beigeschmack, der ihnen in getrocknetem Zustand fehlt. Die Pflanzen lassen sich ohne Schwierigkeiten im Garten aufziehen, und zum Ende des Sommers hin reifen die Bohnen plötzlich alle auf einmal. Sie sind auch in einigen Supermärkten und an Marktständen unter dem Namen Schälbohnen erhältlich; als Ersatz können Sie Wachtelbohnen oder die etwas größeren Feuerbohnen nehmen.
Für 6 Personen

1,5 kg Bohnen (in den Schalen gewogen)
5 1/2 Eßlöffel Olivenöl
2 große Zwiebeln, gehackt
4 große Tomaten, enthäutet und gewürfelt, oder 1 kleine Dose samt Flüssigkeit
2 Bund glattblättrige Petersilie, gehackt
Salz und Pfeffer

Die Bohnen schälen, in ein Sieb geben und unter fließendem kalten Wasser abspülen. Das Olivenöl in einer Kasserolle erhitzen, die Zwiebeln zugeben und bei Mittelhitze weichdünsten; Bohnen, Tomaten und Petersilie zufügen und mit Salz und Pfeffer würzen. Zugedeckt 35 bis 45 Minuten köcheln lassen und dabei gelegentlich umrühren; falls nötig, Wasser angießen. Nach Ende der Kochzeit sollte etwas Sauce in der Kasserolle sein. Zu über Holzkohle gegrilltem Fleisch servieren.

Ausgebackene Blumenkohlscheiben

Kunupídhi tiganitó

Κουνουπίδι τηγανητό

Verlockende, in Teig gebackene Blumenkohlscheiben schmecken kalt sogar noch besser und dürfen in keinem herbstlichen Picknickkorb fehlen. Den Blumenkohl von grünen Blättern befreien, den Strunk abschneiden und der Länge nach halbieren; mit der glatten Seite nach unten in eine Kasserolle legen, mit Wasser bedecken und 1 Eßlöffel Salz zufügen, zum Kochen bringen und zugedeckt köcheln lassen, bis der Blumenkohl fast zart ist, aber noch nicht auseinanderfällt; abtropfen und abkühlen lassen.
Für 3-4 Personen

Teig zum Eintauchen (S. 346)
1 mittelgroßer Blumenkohl,
wie oben vorbereitet
Olivenöl zum Braten
Salz und Pfeffer
Saft einer Zitrone (nach Belieben)

Den Teig zubereiten und 1 Stunde bei Zimmertemperatur quellen lassen. Den Blumenkohl der Länge nach in 1 cm dicke Scheiben schneiden und vorsichtig zwischen den Handflächen flachdrücken. Olivenöl etwa 6 mm hoch in eine Pfanne gießen und erhitzen; jede Blumenkohlscheibe am Stiel haltend in den Teig tauchen und ins Öl geben, von beiden Seiten goldgelb braten und auf Küchenkrepp abtropfen lassen; mit Salz und Pfeffer würzen und heiß oder kalt mit Zitronensaft beträufelt servieren.

Ausgebackene Kürbisscheiben

Kókkino kolokíthi tiganitó

Κόκκινο κολοκύθι τηγανητό

Der kleine Zuckerkürbis wird oft in halbmondförmige, dünne Schnitze geschnitten und gebraten. Den Kürbis halbieren, die Samenkörner entfernen, senkrecht in ca. 2 cm dicke Scheiben schneiden und die harte Außenhaut abziehen; zu lange Scheiben halbieren. Ausgebackener Kürbis ist ein süßes Beigericht zu jeder Art von Fleisch.
Für 6 Personen

1 kleiner Zuckerkürbis
Salz und Pfeffer
Mehl zum Wenden
Olivenöl zum Braten

Die Kürbisscheiben salzen und pfeffern und 5 Minuten stehen lassen; dann in Mehl wenden und überschüssiges Mehl abschütteln. Olivenöl etwa 6 mm hoch in eine Pfanne gießen und erhitzen, die bemehlten Kürbisstücke darin von allen Seiten goldbraun braten, auf Küchenkrepp abtropfen lassen und servieren.

Gemischter Gemüseeintopf

Turlú-Briámi

Τουρλού-μπριάμι

Wenn der Bauer mit seiner Familie früh am Morgen aufs Feld geht, wird nichts als ein Tontopf, Besteck, Brot, Gewürze und ein kleiner Krug mit Olivenöl mitgenommen. Wasser gibt es immer auf dem Bauernhof, ebenso Zweige und Äste für ein Feuer und natürlich

Gemüse. Schon bald ruht der Topf zwischen zwei großen Steinen über dem Holzfeuer, und es schmurgelt darin das schmackhafte Gericht namens *turlú.*
Für 6 Personen

7 Eßlöffel Olivenöl
1 große Zwiebel, geschält und in Scheiben geschnitten
2 mittelgroße Auberginen, geschält und in 2 cm große Würfel geschnitten
3 mittelgroße Zucchini, in 1 cm dicke Scheiben geschnitten
2 große Stiele Stangensellerie, in ½ cm dicke Stücke geschnitten
4 große reife Tomaten, enthäutet und gewürfelt
2 Bund frische, glattblättrige Petersilie, gehackt
2 Knoblauchzehen, zerdrückt
Salz und Pfeffer

Das Olivenöl in einer großen Kasserolle erhitzen und die Zwiebel darin weichdünsten; die Auberginen zugeben, mit einem Holzlöffel umrühren und 2 Minuten kochen. Zucchini, Sellerie, Tomaten, Petersilie und 1 Knoblauchzehe zufügen, vorsichtig umrühren, zudecken und bei schwacher Hitze 40 Minuten köcheln lassen; dabei die Kasserolle gelegentlich schütteln, damit die Gemüse nicht anhängen. Mit Salz und Pfeffer abschmecken und die zweite Knoblauchzehe hineingeben. Weitere 10 Minuten simmern lassen oder solange, bis die Gemüse nach Ihrem Geschmack gar sind (sollte zuviel Flüssigkeit in der Kasserolle sein, unbedeckt kochen lassen). *Turlú* wird heiß oder kalt serviert.

Kolokítha

Gefüllte Tomaten

Domátes jemistés
Ντομάτες γεμιστές

Tomaten erscheinen fast immer in irgendeiner Form auf dem griechischen Eßtisch. Mit Fleisch und Käse gefüllt, werden sie als Hauptgang serviert. Diese einfachen, mit Reis gefüllten Tomaten, in Olivenöl gebakken, kann man heiß oder kalt mit Käse und Oliven als Beilagen essen.
Für 6 Personen

8 feste, reife Tomaten
7 Eßlöffel Olivenöl
1 Zwiebel, gehackt
200 g Reis
100 g Pinienkerne
1 Knoblauchzehe, zerdrückt
1 Bund Petersilie, gehackt
1 Bund frischer Dill, gehackt
Salz und Pfeffer

Von den Tomaten einen Deckel abschneiden und aufbewahren; die Tomaten aushöhlen, das Fruchtfleisch kleinhacken und beiseite stellen; die Tomaten umgedreht (mit der offenen Seite nach unten) abtropfen lassen. In einer Pfanne die Hälfte des Olivenöls erhitzen und die Zwiebel darin goldgelb dünsten, das Fruchtfleisch unterrühren und bei Mittelhitze 1 Minute kochen lassen. Den Reis und die restlichen Zutaten zugeben, 1/4 l Wasser angießen, umrühren, zudecken und zum Kochen bringen; dann etwa 20 Minuten simmern lassen, bis der Reis gar ist. Vom Feuer nehmen und etwas abkühlen lassen.

Den Ofen auf 200 Grad vorheizen. Die Tomaten füllen, mit den Deckeln belegen und in eine mit dem restlichen Öl ausgepinselte Form setzen. 1/8 l Wasser angießen. 30 Minuten backen und entweder heiß oder kalt servieren.

NTOMATES
23
Ντομα
19

Paradeis-Tomaten

Kleingebäck und Kuchen

Die Rückkehr von Verwandten aus fernen Ländern, die Geburt eines Sohnes oder die Heirat einer Tochter – das sind Anlässe für eine große Familienfeier, die jedesmal mit einem gewaltigen Festmahl beginnt. Meistens endet es mit griechischem Gebäck in phantasievollen Formen. In den Dörfern trägt man bei derartigen Zusammenkünften Platten voller *katiméria* auf, in Öl ausgebackene Kringel, mit Honigsirup überzogen, die ursprünglich als Belohnung nach gemeinsam getaner Familienarbeit – man denke an die Weinherstellung, das Getreidedreschen oder die Olivenernte – zubereitet wurden. In der Stadt reichen die Hausfrauen zu einer nachmittäglichen Kaffeerunde kleine Zitronenkuchen, *lemonópittes,* die mit der zuckrigen Kruste ganz köstlich schmecken. Das ganze Jahr hindurch finden in den Städten und Dörfern Taufen statt, und das bei diesen Ereignissen aufgetragene Essen wird von den besten Köchinnen unter den weiblichen Verwandten zubereitet. Zu den Bäckereien gehören *plakoúndes,* Teigrollen mit Nußfüllung, die wegen ihrer langen, handlichen Form bei den Kindern sehr beliebt sind.

Honigkringel

Katiméria

Κατιμέρια

Dieses alte Dorfrezept ist nahezu unverändert geblieben seit der Zeit, als die Bauern auch einmal Muße hatten, die Früchte ihrer Arbeit in dem süßen Geschmack der *katiméria* zu kosten.
Ergibt eine Platte voller Kringel

2 Eier + 4 Eigelb
2 Eßlöffel Zucker
2 Eßlöffel Olivenöl
5 1/2 Eßlöffel Orangensaft
1 Eßlöffel abgeriebene Orangenschale
450 g Mehl, zweimal gesiebt
1/2 Teelöffel Backpulver
Öl zum Fritieren

HONIGSIRUP
250 g Honig
250 g Zucker
1/4 l Wasser
3 Teelöffel Zitronensaft

FÜR DEN TEIG

Eier, Eigelb und Zucker in eine Rührschüssel geben und etwa 2 Minuten mit einem Elektromixer bei mittlerer Geschwindigkeit schaumig schlagen; dann Olivenöl, Orangensaft und Orangenschale mit einem Holzlöffel unterrühren und gut mit der Eiermischung vermengen. Mehl und Backpulver sieben und unter ständigem Rühren nach und nach in die Rührschüssel geben, bis der Teig langsam fest wird. Mit den Händen den Teig glattkneten; er sollte leicht klebrig und nicht zu fest sein. Den Teig in zwei Hälften teilen und jede Hälfte mit einem Nudelholz auf einem gut bemehlten Backbrett zu einer 1 cm dicken Teigscheibe ausrollen. Mit einem kleinen scharfen Messer den ausgerollten Teig in 1 cm breite und 7 cm lange Streifen schneiden und jeden Streifen zu einem losen Knoten schlingen. In einer Elektrofriteuse beziehungsweise in siedendem Öl ausbacken. Das Öl ist heiß genug, sobald um den eingetauchten Holzlöffel Bläschen aufsteigen. Etwa 10 bis 15 Kringel hineingeben und mit einem Schaumlöffel umwenden, sobald sie an die Oberfläche steigen, damit sie von allen Seiten einen hellen Goldton annehmen. Sodann gibt man sie in eine tiefe Schüssel und tränkt sie mit dem Honigsirup. Heiß oder kalt anbieten.

FÜR DEN SIRUP
die Zutaten in einer Kasserolle aufsetzen und unbedeckt bei Mittelhitze 3 Minuten kochen, dann leicht abkühlen lassen und über die Kringel gießen.

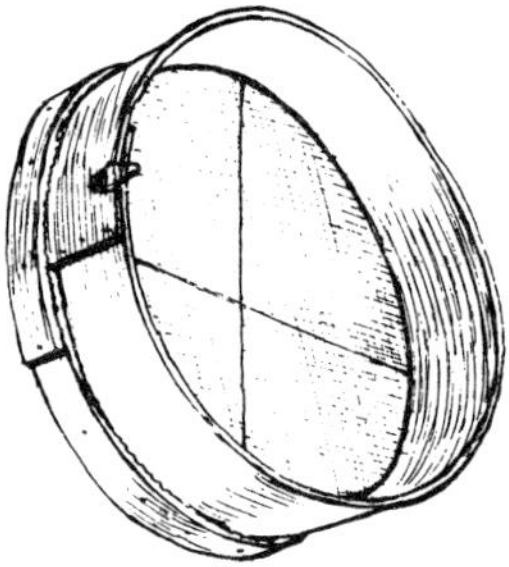

Kóskino

Zitronenkuchen

Lemonópitta
Λεμονόπιττα

Gewöhnlich verdoppele ich die Zutaten für dieses Rezept und backe den Kuchen in zwei Formen; so wird er nicht zu dick und läßt sich sehr schön, in kleine Vierekke geschnitten und auf einer Platte zwischen Wachspapierbögen geschichtet, einfrieren. Vor dem Servieren sind die Vierecke in 2 Minuten aufgetaut.

Für das einfache Rezept benötigt man eine etwa 22 × 30 × 5 cm große Form.

TEIG
100 g Butter
150 g Zucker
2 mittelgroße Eier
7 Eßlöffel warme Milch
200 g gesiebtes Mehl
1 gestrichener Teelöffel Backpulver
1/4 Teelöffel Salz
1 1/2 Eßlöffel abgeriebene Zitronenschale

GLASUR
7 Eßlöffel frischer Zitronensaft
200 g Zucker

Den Ofen auf 175 Grad vorheizen. Die Butter in einer Rührschüssel schaumig rühren und während des Rührens nach und nach den Zucker zugeben. Die Eier locker verquirlen und mit einem Löffel unter die Butter-Zucker-Mischung ziehen; die Milch mit einem Holzlöffel unterrühren und dann langsam das mit Backpulver und Salz vermengte Mehl dazugeben, Zitronenschale zufügen und nochmals gut verrühren. Den Teig in die gut gefettete Form gießen und 25 Minuten backen.

Kurz bevor der Kuchen fertig ist, 7 Eßlöffel frischen Zitronensaft auspressen; mit dem Zucker vermengen, der nicht schmelzen sollte. Die Kuchenform aus dem Ofen nehmen, die Mischung gleichmäßig über den heißen Kuchen löffeln und den Kuchen nochmals für 5 Minuten in den Ofen schieben, damit der Saft in den Kuchen einzieht und die Oberfläche trocknet. Während der Kuchen noch warm ist, mit einem scharfen spitzen Messer in kleine Vierecke schneiden; abkühlen lassen, aus der Form nehmen und auf eine Platte legen.

Nußröllchen

Plakúndes

Πλακοῦντες

Für das aus dünnem *fíllo*-Teig hergestellte Gebäck gibt es ebensoviele verschiedene Füllungen wie Formen. *Plakundés* werden mit Zimt und gewürzten, gemahlenen Mandeln gefüllt, in *fíllo* zigarrenförmig aufgerollt und nach dem Backen mit Sirup glasiert.

Auch mit dem uns vertrauteren Strudelteig (S. 344) – selbst gemacht oder in Packungen vorgefertigt – werden die Nußröllchen ausgezeichnet. Zudem ergibt sich eine delikate Variante, wenn Sie mit Blätterteig aus der Tiefkühltruhe kleine Gebäckteilchen formen.
Das Rezept mit *fíllo*- oder Strudelteig für 30-40 *plakúndes*

450 g fíllo- *oder Strudelteig (S. 344)*
500 g geklärte Butter (S. 356)
baklavás-*Sirup (S. 283)*

FÜLLUNG
3 Eigelb
450 g gemahlene Mandeln
1 Teelöffel Muskat
1 Eßlöffel gemahlener Zimt
50 g Zucker

Das Eigelb leicht mit einer Gabel verquirlen. Die übrigen Zutaten für die Füllung in einer Schüssel vermengen, das Eigelb hineinrühren und gut vermischen.

Den Ofen auf 175 Grad vorheizen. Die *fíllo*- oder Strudelteig-Lagen auf einem Backbrett ausbreiten und in 12 cm breite Streifen schneiden; jeweils zwei Streifen *fíllo* übereinander oder eine Lage Strudel auf eine glatte Unterlage geben, mit der geklärten Butter bestreichen und auf das eine Ende des Streifens 1 Eßlöffel Füllung häufen (siehe Skizzen); die Seiten umfalten, damit die Füllung nicht ausläuft, und den Streifen zigarrenförmig aufrollen. Die Rollen nebeneinander in eine gut gebutterte, 22 × 30 × 5 cm große Backform setzen, mit restlicher geklärter Butter bestreichen und 30 Minuten backen, bis sie goldbraun sind. Den Sirup für *plakúndes* wie im Rezept für *baklavás* (S. 283) zubereiten; den Sirup abkühlen lassen und die heißen *plakúndes* damit begießen. Vor dem Servieren über Nacht mit einem Seihtuch bedeckt stehen lassen, damit der Sirup aufgesogen wird.

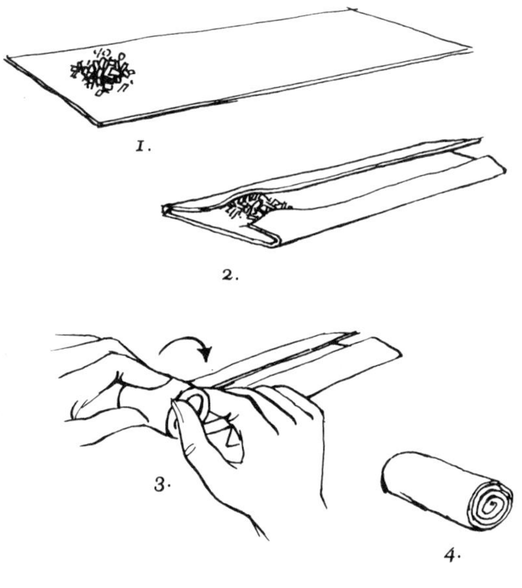

Früchte und Konfitüren

Quitten erinnern mich lebhaft an meine Kindheit in der Stadt. Meine Mutter nahm mich gewöhnlich mit auf den Markt, wo sie von den vielen angebotenen Quittensorten die reifsten aussuchte, um daraus die mannigfaltigen Süßspeisen des Herbstes zuzubereiten. Für ihr Kompott wählte sie mit Sorgfalt die größten Quitten, für die Konfitüren, die *gliká tu kutaliú,* Quitten, die das intensivste Gelb aufwiesen, und an jeder Frucht roch sie mindestens zweimal, bevor sie sich endlich zum Kauf entschließen konnte. Ich sehe noch den vollen Korb vor mir, den wir stolz der übrigen bewundernden Familie zeigten, erinnere mich, wie ich auf einem niedrigen Schemel im Garten unter dem Zitronenbaum saß und mithalf, mit einem Tuch den pelzigen Flaum von jeder Quitte abzureiben, bis die glänzende, gelbe Schale zum Vorschein kam. Mit flinken, geschickten Händen schälte meine Mutter die Quitten, entfernte die Kerngehäuse, viertelte sie und gab sie in eine große Steingutschüssel mit Essig- und Zitronenwasser, damit sie nicht braun anliefen. Die in rohem Zustand ungenießbaren, harten, säuerlichen Quitten wurden zart und weich, wenn man sie, in Stücke geschnitten, mit Zucker zu Kompott kochte, und in der köstlich duftenden ›Löffel‹-Konfitüre leuchteten die winzigen Stückchen wie Bernstein. Die Schalen kochte meine Mutter in Wasser aus, siebte es durch, vermischte den Saft mit Zucker und bereitete daraus Gelee zu, das sie zum Festwerden in flache Kristallschälchen füllte – ein Gelee, das meine Brüder und ich mit wahrer Leidenschaft aßen!

Quitten-Konfitüre als ›Löffel‹-Dessert

Kidhóni glikó
Κυδώνι γλυκό

Einige meiner Freunde essen diese Konfitüre auch auf Brötchen oder Brot mit Butter zum Frühstück.
Ergibt 3-4 Halblitergläser

1,5 kg Quitten
5 frische süße Geranienblätter oder 2 Zimtstangen
1 kg Zucker
Saft einer Zitrone

Den pelzigen Flaum von den Quitten abreiben und die Quitten dünn schälen; halbieren, die Kerngehäuse entfernen und die Quitten würfeln. Mit 1/8 l Wasser in einen ausreichend großen Topf geben und zugedeckt sanft köcheln lassen, bis die Quitten weich sind. Den Topf vom Feuer nehmen und die Geranienblätter oder Zimtstangen und den Zucker untermischen; bei Mittelhitze unbedeckt kochen lassen, bis der Sirup andickt; dabei den sich an der Oberfläche absetzenden Schaum abheben. Einen Löffel eintauchen und nachprüfen, ob der Sirup den Löffelrücken überzieht; dann den Zitronensaft hineinrühren und das Ganze noch einige Minuten köcheln lassen. Die Konfitüre ist fertig, wenn ein in ein Glas kaltes Wasser gegebener Tropfen Sirup sofort zu einer Perle erstarrt. Den Sirup in sterilisierte Gläser füllen und aufbewahren.

Quittenkompott

Kidhóni kompósta

Κυδώνι κομπόστα

Für 6-8 Personen

Saft einer Zitrone
6 mittelgroße oder 1,5 kg Quitten
2 Zimtstangen
700 g Zucker

Mit einem Tuch den pelzigen Flaum von den Quitten abreiben oder unter fließendem kalten Wasser abwaschen; vierteln, die Kerngehäuse entfernen, jedoch nicht schälen. Schnitze jeweils sofort in eine Schüssel mit Wasser geben, dem man den Saft einer Zitrone beigemischt hat. Vor dem Kochen wird es abgegossen. Die Quitten mit einem Liter kaltem Wasser und den Zimtstangen in einer Kasserolle aufsetzen, zum Kochen bringen, die Hitze etwas herunterschalten und zugedeckt kochen lassen, bis sie weich sind. Vom Feuer nehmen, den Zucker unterrühren und nochmals 10 bis 12 Minuten kochen, bis die Quitten bernsteinfarben werden. Abkühlen lassen und in eine tiefe Glasschüssel füllen. Eisgekühlt servieren.

Birnen in gewürztem Wein

Apídhia (auch achládhia) se krasí
᾿Απίδια ἤ ἀχλάδια σέ κρασί

Birnen reifen wie die Quitten im Herbst. Ihr feiner Geschmack läßt sich noch steigern, wenn man sie unzerteilt in gewürztem Rotwein kocht; die Früchte nehmen die rote Farbe an und werden zu einem dekorativ aussehenden, köstlichen Dessert.
Für 6 Personen

6 feste Birnen
½ l trockener Rotwein
220 g Zucker
2 Zimtstangen
3 Nelken
Schale einer Zitrone

Die Birnen schälen und den Stielansatz daranlassen; beiseite stellen. Den Wein in einer großen Kasserolle erhitzen, Zukker, Zimt, Nelken und Zitronenschale hineingeben und unbedeckt 3 Minuten simmern lassen. Die Birnen mit dem Stiel nach oben in die Kasserolle setzen und mit der Weinsauce bestreichen; die Birnen sanft köcheln lassen, bis sie zart und durchsichtig werden; dabei gelegentlich bestreichen. In eine Glasschüssel umsetzen; den Sirup bei starker Hitze einkochen lassen und über die Birnen gießen. Eisgekühlt servieren.

Konfekt

Im Herbst wandern Verkäufer am frühen Morgen mit Körben oder glasbedeckten Tabletts durch die engen, mit Sandsteinbögen überwölbten Sträßchen der Altstadt und preisen lautstark ihre frischen Waren an – Brot, süßes Gebäck und Konfekt. Das Aroma der dampfend heißen Brote vermischt sich mit dem verlokkenden Duft gerösteter Nüsse, der *pastélli,* und dem Geruch von Mastix (dem würzigen Harz des Mastixstrauches) oder Rosenwasser, der nur von den *lukúmia,* der sogenannten ›Türkischen Leckerei‹, stammen kann. Die knusprigen *pastélli,* Mandelsplitterkonfekt und die weichen, geleeartigen, mit Puderzucker überzogenen *lukúmia* sind bei Groß und Klein beliebt.

›Türkische Leckerei‹
Lukúmia
Λουκούμια

Kindern reicht man die süßen Geleestückchen auf eine Gabel gespießt, die quer über einem Glas Wasser liegt. Das Kind taucht nun das *lukúmi* ins Wasser, nimmt es sodann in den Mund und trinkt langsam Schluck um Schluck beim Verspeisen der süßen Leckerei.
Ergibt 15 *lukúmia*

400 g Kristallzucker
7 Eßlöffel (125 g) dunkler Sirup
40 g Maisstärke + 3 Eßlöffel Maisstärke zum Bestäuben
knapp 3/4 l Wasser
1 Teelöffelspitze gemahlener Mastix oder 1 Eßlöffel Rosenwasser
2 Eßlöffel frischer Zitronensaft
Nüsse (nach Belieben)
Rote oder gelbe Speisefarbe (nach Belieben)
Puderzucker zum Bestäuben

Den Kristallzucker und den Sirup in einer großen Kasserolle aufsetzen und unter ständigem Rühren bei Mittelhitze zum Kochen bringen; 30 Sekunden kochen lassen und zum Abkühlen beiseite stellen. In einem anderen Topf die Maisstärke mit Wasser auflösen und bei kleiner Flamme unter ständigem Rühren köcheln lassen, bis die Mischung dick ist. Rasch die Maisstärke mit dem Sirup vermischen und langsam zum Kochen bringen, dabei ständig umrühren, damit sich keine Klumpen bilden; die Hitze herunterschalten und unbedeckt kochen lassen (das Rühren nicht vergessen!), bis das Einmach-Thermometer 110 Grad anzeigt. Mastix oder Rosenwasser, Zitronensaft, Speisefarben und Nüsse unterrühren und die heiße Mischung in eine etwa 10x20x5 cm große

Form schütten, deren Boden und Seitenwände mit einem sauberen, dick mit Maisstärke bemehlten Küchentuch ausgelegt sind. Die Form schütteln, um die Mischung gleichmäßig zu verteilen, und die Oberfläche mit Maisstärke bestäuben; mit einem Tuch abdecken und bis zum nächsten Tag stehen lassen. Mit einem scharfen Messer in 3 cm große Vierecke schneiden, in Puderzucker wälzen und in Schachteln füllen – so halten sich *lukúmia* wochenlang.

Glasierte Mandelsplitter

Pastélli

Παστέλι

Dieses Rezept probiert mein Sohn Ted, ein ausgesprochener Süßschnabel, zu Hause oft an Regentagen aus. Ungeschälte oder abgezogene Mandeln verwenden, diese in eine Pfanne geben und 5 Minuten bei 175 Grad im Ofen rösten; achtgeben, daß sie nicht verbrennen, die Pfanne wiederholt schütteln. Die Mandeln in eine Schüssel füllen und abkühlen lassen.

250 g geröstete Mandeln
500 g Zucker
Saft einer halben Zitrone

Eine flache Platte buttern und die Mandeln gleichmäßig darauf verteilen. Zucker und Zitronensaft unter ständigem Rühren bei Mittelhitze kochen, bis der Zucker geschmolzen ist und das Ganze die Konsistenz eines dünnen Sirups bekommt; sofort über die Mandeln gießen und abkühlen lassen. Bevor das Konfekt hart wird, mit einem nassen, scharfen Messer Vierecke markieren; wenn das Konfekt vollkommen abgekühlt ist, an den markierten Linien auseinanderbrechen, die Stücke in Wachspapier einwickeln und an einem trockenen Ort aufbewahren.

Warme Getränke

Auf den Inseln legt man großen Wert auf ein warmes Frühstücksgetränk; ganz besonders achten griechische Mütter darauf, daß keiner aus dem Haus geht, ohne sich nicht wenigstens an einem heißen Getränk aufgewärmt zu haben. Bei uns zu Hause war das Frühstück die komplizierteste Mahlzeit, vor allem während der Schulzeit im Herbst, wenn jedes Familienmitglied etwas anderes trinken wollte. Für meinen Vater gab es Kaffee in einer Mokkatasse, den er *métrios,* mittelsüß, trank und den nur meine Mutter auf die von ihm gewünschte Art zubereiten konnte. Mein mittlerer Bruder liebte heißen Tee mit viel Zucker; das Lieblingsgetränk meines jüngeren Bruders hingegen war einfache heiße, gezuckerte Milch. Ich trank *kakáo,* heiße Schokolade, ungesüßtes Pulver, das man im kleinen *bakáliko,* dem Lebensmittelladen um die Ecke, kaufen konnte. Mein ältester Bruder bekam ein etwas aufwendigeres Getränk namens *krókos,* das ihn stärken und kräftigen sollte. Für *krókos* schlug meine Mutter Eigelb und Zucker in einer Tasse zu einer blaßgelben Mischung, goß heiße Milch dazu, und mein Bruder trank es unmittelbar nach der Zubereitung.

Salep – heißes Knabenkrautgetränk

Salépi

Σαλέπι

Salépi, die pulverisierte Wurzelknolle des Knabenkrauts, in Deutschland unter dem Namen ›Salep‹ in Apotheken erhältlich, ergibt ein köstliches Getränk zum Frühstück und vor dem Schlafengehen. Es erinnert ein wenig an Malzmilch und hat reizmildernde Wirkung. Für 2 Personen

½ l Milch
2 Teelöffel Zucker
2 Eßlöffel salépi-*Pulver*
Gemahlener Zimt

Die Milch in einer Kasserolle erhitzen, Zucker und *salépi* zugeben und mit einer Gabel oder einem Schneebesen schaumig schlagen. Unter ständigem Rühren bei Mittelhitze etwa 3 bis 7 Minuten kochen lassen, bis die Mischung andickt. In Tassen füllen und mit Zimt bestreuen.

Kakaogetränk

Kakáo

Κακάο

Über die Jahre hinweg ist Kakao auf den verschiedensten Wegen nach Griechenland gelangt. Gewöhnlich wurde er in Kakaobohnenstückchen – auch mit oder ohne Zucker zu Pulver gemahlen – verkauft. Die Griechen vermischen den Kakao mit Milch und geben obenauf *kaïmáki,* stark eingekochte Sahne; Sie können natürlich auch normale Schlagsahne verwenden. Die Milch nicht mehr kochen lassen, nachdem man den

Kakao zugefügt hat; er wird sonst ölig und verliert sein feines Aroma.
Für 2 Personen

4 Eßlöffel heißes Wasser
2 Eßlöffel Zucker (nach Geschmack mehr)
2 1/2 Eßlöffel ungesüßter Kakao
1/2 l Milch
Schlagsahne

Zucker und Wasser in eine Kasserolle geben und umrühren, bis der Zucker sich aufgelöst hat; den Kakao dazugeben, die Milch zugießen und gut vermischen. Unter ständigem Rühren nochmals erhitzen, aber nicht kochen lassen. Sofort vom Feuer nehmen, in Tassen füllen und steifgeschlagene Sahne obenauf geben.

Schaumig geschlagener Eiertrank

Krókos

Κρόκος

Ein wirklich nahrhaftes und stärkendes Frühstücksgetränk, auch ganz ausgezeichnet zum Aufwärmen an kalten Tagen.
Für 1 Person

1 Eigelb
2 Teelöffel Zucker (nach Geschmack mehr)
1 Tropfen Vanille-Essenz (aus der Apotheke)
1/4 l heiße Milch

Eigelb, Zucker und Vanille-Essenz in einen Becher geben und mit einem Teelöffel in kreisförmiger Bewegung umrühren, bis die Mischung blaßgelb und dick ist; langsam die heiße Milch zugießen, umrühren und sofort servieren.

Winter

Gerade die Kinder lassen sich gerne von dem heftigen Wind treiben und zerzausen, der vor und manchmal nach den Winterregen bläst. Regenschauer hören ganz plötzlich auf, der Himmel klärt sich, die Sonne bricht hervor, und auf den mit Früchten behangenen Zitrusbäumen auf den Hügeln der Insel glitzern Tausende von Wassertropfen. Das Winterwetter auf den Griechischen Inseln ist zwar nicht sehr kalt, aber doch kühl und bei den Inselbewohnern höchst unbeliebt; in warme Wollsachen gehüllt, eilen sie durch die Straßen und sehnen das Ende dieser Jahreszeit herbei.

Auf einigen der kleineren Inseln sind die Regenschauer willkommen, weil sie die Zisternen füllen – den Wasservorrat für die trockenen Sommermonate. Auf den Inseln aber, die eigene Süßwasserquellen haben, erfüllt das gleiche Wetter die jungen Männer mit Unbehagen; untätig und müßig warten sie darauf, daß der Sturm sich legt, damit sie wieder zum Fischen auslaufen können. Die älteren Fischer hingegen nutzen die Zeit, um ihre Netze zu flicken und den um sie herum versammelten, gebannt zuhörenden Kindern Geschichten vom Meer zu erzählen.

Die Dezemberregen, günstig für die Saat auf den Feldern, halten die Leute auf den Dörfern im Haus fest.

Die Männer, die nicht allzuviel zu tun haben, verbringen Stunden in der *tavérna;* sie lassen ihre Kettenperlen, *kombolói,* durch die Finger gleiten, trinken Tee und Kaffee und diskutieren über Politik, während die Frauen sich gegenseitig besuchen, mit Weben, Sticken und Kochen beschäftigt sind, und die Kinder spielen. Die Gerüche winterlicher Speisen durchziehen die Häuser – das Aroma herzhafter, über dem Holzfeuer kochender Suppen, schmorenden Fleisches und im Holzkohlenbecken röstender Kastanien; hinzu kommt der Duft der frischgebackenen Brote, die in einem Korb von den Deckenbalken hängen; der mit oder ohne Fleisch gekochten Gemüse und der deftigen Fleischeintöpfe, die, zusammen mit den frischen Wintergemüsen geschmort, die köstlichsten Gerichte ergeben. Zwischen Weihnachten und Silvester herrscht im Dorf wieder wesentlich mehr Leben – man könnte meinen, alle seien aus einem tiefen Schlaf erwacht. Geschäftig trifft man Vorbereitungen für diese fröhliche Zeit, in der sich viele vorchristliche Bräuche wiederfinden – beispielsweise das vom Mann in der Familie vorgenommene Schlachten der während des Sommers gemästeten Schweine. Die Frauen überlegen, welche delikaten und schmackhaften Schweinefleischgerichte sie bei den festlichen Mahlzeiten an den Feiertagen auf den Tisch bringen wollen, an denen Jung und Alt teilnehmen. Auch das Backen für die Festtage gehört zu den liebenswerten Traditionen; Großmutter, Mutter und Tochter backen tagelang Kuchen und schön verzierte Plätzchen, die mit Walnüssen gefüllt und in heißen Honig-Zitronensirup getaucht werden und deren verführerischer Duft sich lange in den Räumen des Hauses hält.

In der Stadt geht es noch lebhafter zu als in den Dörfern; insbesondere am Heiligen Abend, wenn die Kinder durch die Straßen und von Tür zu Tür ziehen und die traditionellen Weihnachtslieder singen. Am Silvesterabend kommen Familie und Freunde zu einem großen Fest zusammen, das mit Kartenspielen endet; dies ist das einzige Mal, daß auch die Kinder Karten spielen dürfen – normalerweise bringt es nämlich Unglück, wenn Kinder Karten spielen. Am Neujahrstag wird nach dem Mittagessen der *vasilópitta,* ein Kuchen, in den man vor dem Backen ein Goldstück gegeben hat, aufgetragen und, je nach Anzahl der Familienmitglieder, in gleichgroße Stücke geschnitten; wer die Goldmünze in seinem Kuchenstück findet, ist für den Rest des Jahres der Glückspilz.

Fufú

Vorspeisen

Im Gegensatz zu Vorspeisen anderer Jahreszeiten bereitet die Hausfrau Wintervorspeisen mit Zutaten, die sie immer vorrätig hat, wie zum Beispiel eingelegten Käse, der während der Zeit des Melkens im März hergestellt wird. Man legt den frischen Käse in Steinguttöpfe, bedeckt ihn mit Salzlake, die man manchmal mit Molke vermischt, und konserviert ihn so für den Gebrauch im Herbst oder Winter. Der gleiche Käse wird auch getrocknet und gerieben zum Bestreuen von Gerichten verwendet, oder für *saganáki* in Stücke geschnitten und in Olivenöl gebraten.

Fischrogen, *taramás,* ist eine weitere winterliche Vorspeise, für deren Zubereitung meine Mutter immer die nötige Geduld und Ausdauer aufbrachte. Während sie jede einzelne Zutat sorgfältig mit einem Stößel im Holzmörser zerrieb und untermengte, sang sie leise ihr Lieblingslied vor sich hin. Und nicht zu vergessen den in der Sonne getrockneten *oktapódhi,* den Polypen, den mein Vater aufspießte und über rotglühenden Kohlen im *mangáli* briet, einem Holzkohlenofen, der im Winter die Räume des Hauses heizte. Der würzige Geschmack dieser Vorspeisen verbindet sich sehr harmonisch mit dem trockenen griechischen Rotwein, dem *brúsko,* und mit *oúzo,* dem Aperitif mit Anisaroma, den man oft anbietet, wenn Gäste vorbeischauen.

Fischrogen-Mayonnaise

Taramás

Ταραμάς

Taramás, eine griechische Delikatesse, ist der Rogen der Meeräsche, einem im Ägäischen Meer im Überfluß vorhandenen Fisch. Mit Öl und Zitronensaft angemacht, wird dieser lachsfarbene Rogen zu einer würzigen Tunke, *taramosaláta.* Für dieses Rezept benötigen Sie den Original-*taramás;* nehmen Sie bitte keinen anderen Fischrogen. Da er in Salz eingelegt ist, müssen Sie in Wasser eingeweichtes und ausgedrücktes Brot zugeben, um die Salzigkeit zu mildern; Sie können auch, ganz nach eigenem Geschmack, mehr Brot, mehr Zitronensaft und Olivenöl, mehr oder weniger Zwiebeln nehmen. Doch wichtig ist es, einen Holzmörser und -stößel oder Holzschale und -löffel zu benutzen, um damit die winzigen Eier zu zerdrücken; anschließend können Sie die übrigen Zutaten mit einem Mixer untermengen. Der Kniff bei dem Ganzen: je länger *taramás* mit den Utensilien aus Holz bearbeitet wird, desto besser schmeckt er am Ende.
Für 4-6 Personen

½ altbackenes Stangenweißbrot
oder 6 Scheiben Weißbrot
½ Glas (120 g) taramás
4 Eßlöffel kaltes Wasser
10 Eßlöffel Olivenöl
Saft von zwei Zitronen
1 Teelöffel Zwiebel, feingewiegt
1 Petersilienstengel zum Garnieren

Das altbackene Brot einweichen und gut ausdrücken; die Kruste entfernen und die Krume in Stückchen zerpflücken.

Taramás in einen Holzmörser oder eine Holzschale geben und die kleinen Eier wie oben beschrieben mit einem Holzstößel oder -löffel zerdrücken. Langsam 4 Eßlöffel kaltes Wasser untermischen und nach und nach die Brotstückchen zugeben; die Fischeier dabei ständig zerdrücken, bis sie gut mit dem Brot vermengt sind. Unter ständigem Rühren abwechselnd Olivenöl und Zitronensaft in kleinen Mengen zufügen und solange weiterarbeiten, bis die Masse glatt ist und ein helles Lachsrosa annimmt. Die Zwiebel untermischen, das Ganze in eine Schüssel umfüllen und kühlstellen. Vor dem Servieren *taramás* mit einem Zweig Petersilie garnieren, auf einer Platte anrichten und mit kleinen Toast-Stücken umlegen.

Gdhí xílino

Polyp in Weinsauce

Oktapódhi krasáto

'Οκταπόδι κρασάτο

Der getrocknete *oktapódhi* ist während des Winters in ganz Griechenland – das schließt die Inseln mit ein – sehr beliebt und wird auf allen Märkten verkauft; mit ausgebreiteten Tentakeln sind die Kraken an den Marktständen aufgehängt – im ersten Moment wahrscheinlich ein erschreckender Anblick, wenn man nicht daran gewöhnt ist! Gelegentlich erstehen die Männer auf dem Heimweg von der Arbeit einen Polypen, der zu Hause dann zu Vorspeisen verarbeitet wird. Man schneidet die Tentakeln in Stücke, spießt sie auf und röstet sie über heißen Holzkohlen in einem Kohlenbekken, wodurch sie eine pikante Würze erhalten. Getrockneten *oktapódhi,* über Nacht in Wasser eingeweicht, läßt man mit Wein und Kräutern sanft in einem Eintopf köcheln, bis er zart ist. Getrockneten *oktapódhi* findet man nur selten; daher nehme ich frischen oder tiefgefrorenen, der überall erhältlich ist und mit demselben guten Erfolg gekocht werden kann.
Für 6 Personen

1,5 kg frisches oder tiefgefrorenes Polypenfleisch
¼ l trockener Rotwein
4 Eßlöffel Olivenöl
1 Lorbeerblatt
Salz und Pfeffer

Das tiefgefrorene Polypenfleisch über Nacht im Kühlschrank auftauen lassen; unter fließendem kalten Wasser abspülen und etwaige Knorpel entfernen; in kleine Stücke schneiden, mit ¼ l Wasser in einer Kasserolle aufsetzen, zudecken und zum Kochen bringen; die Hitze kleinschalten und solange simmern lassen, bis das Wasser fast verdampft ist. Die Kasserolle vom Feuer nehmen, Wein, Olivenöl, Lorbeerblatt und Salz und Pfeffer zugeben, wieder auf den Herd stellen und zugedeckt köcheln lassen, bis der *oktapódhi* zart und die Sauce dick ist. Heiß oder kalt servieren.

Spinatdreiecke

Spanakotrígona

Σπανακοτρίγωνα

Die verschiedenartigsten Füllungen lassen sich zum Füllen des dünnen *fíllo*-Teiges zubereiten, aus dem die Griechen auch Teiggebäck für Vorspeisen und erste Gänge zubereiten. Wenn *fíllo*-Teig nicht zu haben sein sollte, verwenden Sie bitte vorgefertigten oder selbstgemachten Strudelteig (S. 344). Das Ergebnis wird Sie nicht enttäuschen. Die kleinen, goldgelb gebackenen Dreiecke sind auch ideal für Parties und Picknicks.
Ergibt 30-36 Teilchen

250 g fíllo- *oder Strudelteig (S. 344)*
Spinatfüllung (S. 69)
Olivenöl zum Bestreichen

Die Spinatfüllung vorbereiten und zum Abkühlen beiseite stellen. Den Ofen auf 175 Grad vorheizen.

Den *fíllo*- oder Strudelteil in 7 × 25 oder 7 × 30 cm große Streifen schneiden; vom *fíllo* für jeden Streifen zwei Lagen nehmen. Auf das Ende eines Streifens 1 Eßlöffel Füllung geben und dreieckförmig bis zum Ende hin zusammenfalten (siehe Skizzen S. 28). Die Dreiecke auf ein geöltes Backblech legen, die Oberfläche mit Olivenöl bestreichen und etwa 15 bis 20 Minuten backen, bis sie goldgelb sind. Heiß aus dem Ofen servieren.

Hausgemachte Würstchen

Matiés

(Αἱ)ματιές

Vor dem großen Weihnachtsessen wird eine dicke Wurst mit einem außergewöhnlichen und köstlichen Aroma als Vorspeise serviert. Sie besteht aus Schweinehack, Reis und Gewürzen, in einen Darm gefüllt, portionsweise abgebunden, zuerst gekocht und dann gebraten. Tiefgefrorene Därme gibt es wohl nur hier in Amerika; versuchen Sie daher, bei Ihrem Metzger frische Därme zu bestellen.
Für 6 Personen

Därme
Olivenöl zum Braten

FÜLLUNG
750 g Schweinehack
50 g Reis
2 große Knoblauchzehen, zerdrückt
2 Teelöffel gemahlener Kreuzkümmel
½ Teelöffel abgeriebene Orangenschale
2 Bund glattblättrige Petersilie, gehackt
1 Ei, leicht verquirlt
½ Teelöffel Pfeffer
Salz

Die Zutaten für die Füllung in eine große Schüssel geben und zu einer glatten Mischung verkneten. Wenn Sie gefrorene Därme verwenden, unter fließendem kalten Wasser oder über Nacht im Kühlschrank auftauen; sehr lange Därme in 37 cm lange Stücke schneiden, innen und außen mit kaltem Wasser abspülen und abtropfen lassen. Die Därme an einem Ende mit einem starken Faden zubinden, die Schweinemettmischung mit einem Löffel locker hineinfüllen und die Därme an den Öffnungen zubinden. Die gefüllten Därme in Abständen von 7 bis 10 cm abbinden und mit kaltem Wasser bedeckt in einer Kasserolle aufsetzen; die Würste bei Mittelhitze 1 bis 1½ Stunden kochen und vom Feuer nehmen; in der Flüssigkeit abkühlen lassen, abgießen und mit Küchenkrepp trokkentupfen. Das Olivenöl bei Mittelhitze in einer Pfanne erhitzen und die Würste rundherum goldbraun braten. Heiß servieren, wobei jeder eine Wurstkette bekommt.

Gebratene Käsescheiben

Saganáki

Σαγανάκι

Kefalotíri, ein Hartkäse, wird im allgemeinen gerieben und zum Würzen verschiedener Gerichte verwendet; wenn man ihn allerdings in Scheiben schneidet und in Olivenöl brät, wird daraus eine besonders gute Vorspeise, die man auf dünn geschnittenem Weizenbrot ißt.

kefalotíri
Olivenöl zum Braten
Weizenbrot, in dünnen Scheiben
Frischer Zitronensaft (nach Belieben)

Den Käse in 1 cm dicke Scheiben von 2-3 cm Länge schneiden. Olivenöl etwa 3 mm hoch in eine Pfanne gießen und rauchendheiß werden lassen; die Käsestücke darin von jeder Seite goldgelb braten, auf die Brotscheiben legen, mit Zitronensaft beträufeln und heiß servieren.

Schweinefleisch-Sülze

Pichtí

Πηχτή

Eine aus Füßen, Kopf, Hachsen und Knochen eines Schweins hergestellte Sülze ist besonders zur Weihnachtszeit beliebt, wenn die Schweine geschlachtet werden. In einem großen Topf setzt man die verschiedenen Teile mit Wasser und Gewürzen auf und kocht sie stundenlang, manchmal sogar über Nacht, auf kleinstem Feuer. Danach löst man das Fleisch von den Knochen, siebt die Brühe durch und vermischt beides mit Zitronensaft. Fleisch und Brühe werden in kleine Tontöpfe gefüllt, die man auf eine Art Hängebord stellt und zum Abkühlen ins Freie bringt, damit der Wind die Töpfe abkühlt und der Inhalt dadurch zu Sülze wird – das nennen die Dorfbewohner *pichtí*. Zur Herstellung der Brühe verwende ich frische Schweinshachsen und -füße sowie andere Schweinefleischteile und Knochen; die Sülze stelle ich zum Abkühlen und Erstarren in den Kühlschrank.
Für 4-6 Personen

1,5 kg Schweinefleisch und Knochen (Hachsen und andere Fleischteile)
3 Lorbeerblätter
10 Pfefferkörner
3 Knoblauchzehen, kleingeschnitten
Schale einer halben Zitrone
Salz
Saft zweier Zitronen

Fleisch und Knochen in einem großen Topf mit 1¾ l Wasser, den Gewürzen und der Zitronenschale aufsetzen und zum Kochen bringen; kurz bevor die Flüssigkeit den Siedepunkt erreicht, den sich an der Oberfläche absetzenden Schaum abheben. 10 Minuten oder so lange kochen lassen, bis die Flüssigkeit klar ist; den Topf zudecken, die Hitze kleinschalten und mindestens 4 Stunden simmern lassen, bis das Fleisch von den Knochen fällt. Fleisch und Knochen aus der Brühe nehmen, das Fleisch von den Knochen lösen und in kleine Stücke schneiden; die Knochen wegwerfen. Die Brühe durchsieben und mit Salz würzen, die Fleischstücke hineingeben und das Ganze wieder aufkochen lassen; bei Mittelhitze 5 Minuten kochen, den Zitronensaft unterrühren und den Topf vom Feuer nehmen. Brühe und Fleischstücke in Schälchen füllen und im Kühlschrank erstarren lassen. Die Sülze hält sich etwa 1 Woche.

Téndzeris

Suppen

An den herzhaften Wintersuppen der Inseln kann man sich während der kalten Monate beim Mittag- oder Abendessen hervorragend aufwärmen. Mit knusprigem Brot und oft auch mit Käse und Oliven aufgetragen, ergeben sie eine gehaltvolle, eigenständige Mahlzeit. Die meisten Suppen bereitet man mit Hülsenfrüchten und Wintergemüsen zu und gibt kurz vor Ende der Kochzeit Nudeln oder Reis als Einlage hinein.

Fakí, die Ahnherrin unserer griechischen Suppen, eine überaus köstliche und dicke Suppe, wird auch heute noch mit diesen winzigen runden Hülsenfrüchten, den Linsen, mit Olivenöl und Gewürzen gekocht. *Fasoládha,* Bohnensuppe, ist ein Gericht, das die Bauersfrau schon frühmorgens zubereitet und ihrem Mann zur Mittagszeit aufs Feld bringt; gemeinsam sitzen sie unter einem Olivenbaum und lassen sich die dicke Suppe, zusammen mit frischem Brot, gelben Zwiebeln und Rettichen schmecken. *Súpa lachanikí,* eine kräftige Suppe aus Wintergemüsen, bereite ich für die Familie jedesmal im voraus zu, wenn wir aufs Land fahren – eine wunderbare Stärkung nach einem langen Spaziergang oder nach dem Skifahren!

Übriggebliebene Suppen können einige Tage im Kühlschrank aufbewahrt und nochmals gewärmt werden; sie dicken in der Zwischenzeit etwas ein und müssen mit Wasser verdünnt werden. Zu allen genannten Suppen schmeckt knuspriges Brot einfach herrlich.

Winterliche Gemüsesuppe

Súpa lachanikí

Σούπα λαχανική

Diese farbenfrohe Suppe wird aus Karotten, Kohl, Sellerie, Kartoffeln und zwei Sorten gekochter getrockneter Bohnen zubereitet. Beim Anrichten der Suppe haben die einzelnen Gemüse nichts von ihrer Beschaffenheit verloren, und ihr feinwürziges Aroma hat sich voll und ganz der Brühe mitgeteilt. Die Bohnen können im voraus gekocht und im Kühlschrank aufbewahrt werden.

Für 6-8 Personen

80 g getrocknete weiße Erbsenbohnen
oder sonstige weiße Bohnen
80 g getrocknete rote Kidneybohnen
½ kleiner Kohlkopf, zerschnetzelt
250 g Karotten, gewürfelt
250 g Sellerie, gewürfelt
1 kleine Dose Tomaten samt Flüssigkeit
2 l Wasser
125 g Kartoffeln, gewürfelt
100 g kleine Makkaroni
2 Knoblauchzehen, zerdrückt
1½ Teelöffel getrocknetes Bohnenkraut
Salz und Pfeffer
7 Eßlöffel Olivenöl
1 Scheibe Weißbrot, in Würfel geschnitten

Die Bohnen in getrennten Töpfen mit Wasser bedeckt über Nacht einweichen lassen; das Wasser abgießen, mit frischem Wasser bedecken und (wieder in getrennten Töpfen) langsam köcheln lassen, bis sie weich sind; gegebenenfalls etwas Wasser nachgießen. Die Kochzeit beträgt ungefähr 35 bis 45 Minuten, je nach Alter der Bohnen.

Kohl, Karotten, Sellerie und Tomaten mit 2 l Wasser in einem großen Topf aufsetzen, zudecken und zum Kochen bringen; die Hitze etwas herunterschalten und die Gemüse 20 Minuten kochen lassen; dann Bohnen, Kartoffeln, Makkaroni, Knoblauch und Bohnenkraut hineingeben, die Suppe mit Salz und Pfeffer würzen und weitere 20 Minuten kochen lassen, bis die Kartoffeln und Makkaroni weich sind. Das Olivenöl in einem Pfännchen erhitzen und die Brotwürfel darin knusprig braun braten. Brotwürfel und Öl zur Suppe geben, gut umrühren, vom Feuer nehmen und vor dem Servieren 5 bis 10 Minuten zugedeckt stehen lassen. Ist Ihnen die Suppe zu dick, mit etwas heißem Wasser verdünnen. Zur Suppe ein Schälchen geriebenen *kefalotíri* oder Parmesan reichen.

Téndzero

Linsensuppe

Fakí

Φακή

In den Wintermonaten erfreuen sich rote, grünlichgelbe und braune Linsen in ganz Griechenland großer Beliebtheit. Die Linsen vor Gebrauch über Nacht in Wasser einweichen.
Für 4-6 Personen

500 g getrocknete Linsen
1 mittelgroße Zwiebel, grobgehackt
2 Stiele Stangensellerie, gehackt, einschließlich der oberen Teile
2 Knoblauchzehen, gewiegt
7 Eßlöffel Olivenöl
3 Eßlöffel Tomatenmark
Pfeffer und Salz
1 Eßlöffel Weinessig (nach Belieben)

Die über Nacht eingeweichten und abgegossenen Linsen in einen 2-Liter-Topf geben, Wasser zugießen, so daß sie gut 8 cm damit bedeckt sind, Zwiebel, Stangensellerie, Knoblauch, Olivenöl, Tomatenmark und Pfeffer hinzufügen; den Topf zudecken, das Ganze zum Kochen bringen, die Hitze etwas herunterschalten und etwa 45 bis 55 Minuten köcheln lassen; gelegentlich nachsehen, ob noch genügend Wasser im Topf ist; allerdings sollte die Suppe recht dickflüssig sein. Kurz vor dem Servieren das Salz und nach Wunsch 1 Eßlöffel Weinessig zugeben.

Bohnensuppe

Fasoládha

Φασολάδα

Suppe aus getrockneten weißen Bohnen (›Erbsenbohnen‹) ist das griechische Nationalgericht, dem man vom Spätherbst bis zum Ende des Winters überall in den Städten und Dörfern begegnet. Die Bohnen über Nacht einweichen, damit sie schneller gar werden.
Für 6 Personen

500 g weiße Erbsenbohnen
oder sonstige weiße Bohnen
1 große Zwiebel, gehackt
250 g Sellerie, gewürfelt
Einige Sellerieblätter, gehackt
4 Karotten, gewürfelt
7 Eßlöffel Olivenöl
3 Eßlöffel Tomatenmark
Pfeffer und Salz
1 Teelöffel gemahlener Kreuzkümmel

Die eingeweichten Bohnen abgießen, in einen großen Suppenkessel oder Topf geben und soviel Wasser angießen, daß sie gut 8 cm damit bedeckt sind; die restlichen Zutaten außer Salz und Kreuzkümmel zufügen und aufkochen; die Hitze etwas herunterschalten, den Topf zudecken und die Suppe solange köcheln lassen, bis die Bohnen weich sind; darauf achten, daß sie während des Kochens immer knapp mit Wasser bedeckt sind. Kurz vor dem Servieren Salz und Kreuzkümmel zugeben.

Salate

Als Beilage zu gebratenem Fisch oder zu einem herzhaften Fleischeintopf eignen sich die Wintersalate der Inseln, die größtenteils aus gekochten Gemüsen zubereitet werden. Eine Ausnahme bildet Kohl – er bleibt roh, wird sehr fein geschnitten und mit Ölivenöl und Essig oder Zitronensaft, je nach Geschmack, angemacht; dazu gibt es Brot, frisch und heiß aus dem Ofen.

Salat aus Rote-Bete und Zwiebeln

Pantzária me kremmídhi saláta

Παντζάρια μέ κρεμμύδι σαλάτα

Rote-Bete war zwar bei den alten Griechen sehr beliebt, wird heute von den Inselbewohnern jedoch kaum mehr verwendet. Ich habe Rote-Bete nur auf zwei Arten kennengelernt: als warmen oder kalten Salat mit Salatsauce oder eingelegt in Salzlake und dünn in verschiedene Formen geschnitten. Rote-Bete, sorgfältig gekocht, mit Zwiebeln und Essig-Öl-Sauce angemacht, ergibt einen köstlichen Wintersalat.
Für 4 Personen

7 Eßlöffel Essig-Öl-Sauce (S. 336)
3/4-1 kg mittelgroße Rote-Bete
1 Eßlöffel Essig
1 Eßlöffel Salz
1 große Zwiebel, gewürfelt
Salz und Pfeffer
2 Bund Petersilie, gehackt

Die Olivenöl-Essig-Sauce anmachen und beiseite stellen. Blätter und Wurzeln der Rote-Bete sehr vorsichtig abschneiden oder mit den Fingern abzupfen, damit die Knollen unverletzt bleiben und beim Kochen nicht ausbluten; gründlich unter fließendem kalten Wasser abbürsten, um anhaftenden Sand zu entfernen. In einem Topf mit kaltem Wasser bedeckt aufsetzen, je 1 Eßlöffel Essig und Salz zufügen und bei starker Hitze rasch aufkochen lassen; die Hitze zurückschalten und bei Mittelhitze zugedeckt kochen lassen, bis die Rote-Bete zart ist; abgießen. Mit den Fingern die Haut abreiben, die Rüben quer in 1/2 cm dicke Scheiben schneiden und mit der Zwiebel, Salz und Pfeffer in eine Schüssel geben. Die Olivenöl-Essig-Sauce darübergießen, mit Petersilie bestreuen und sacht mengen. Warm oder kalt servieren.

Warmer Kartoffelsalat

Patatosaláta

Πατατοσαλάτα

Dieser schmackhafte Salat kann warm als Hauptgericht oder als Beilage zu jedem Fleisch- oder Fischgericht serviert werden. Verwenden Sie festkochende Kartoffeln mittlerer Größe und lassen Sie sie bitte nicht zu lange kochen.
Für 4 Personen

1 kg Kartoffeln
1 Eßlöffel Salz
Pfeffer und zusätzliches Salz
7 Eßlöffel Essig-Öl-Sauce (S. 336)
5 Schalotten, mit den grünen Teilen, geschält und gehackt
2 Bund Petersilie, feingehackt

Die Olivenöl-Essig-Sauce anmachen und beiseite stellen. Die Kartoffeln unter fließendem kalten Wasser gut abbürsten; mit kaltem Wasser in einem Topf aufsetzen, 1 Eßlöffel Salz zufügen und zum Kochen bringen; die Hitze kleinschalten und zugedeckt 25 Minuten simmern lassen, bis sie gar sind; abschütten. Während sie noch heiß sind, schälen und in dicke Scheiben oder Schnitze schneiden; in eine vorgewärmte Schüssel geben, mit Salz und Pfeffer würzen, Salatsauce und Schalotten zufügen und mit einem Holzlöffel sacht untermischen. Die Kartoffeln ein wenig stehen lassen, damit die Salatsauce sie gut durchzieht; mit Petersilie bestreuen und servieren.

Krautsalat

Lachanosaláta

Λαχανοσαλάτα

Ein knackiger Krautsalat bietet eine willkommene Abwechslung zu den üblich gekochten Gemüsen im Winter, besonders dann, wenn das Weißkraut frisch und fest, feingeschnetzelt und mit einer pikanten, mit Zwiebeln gewürzten Salatsauce angemacht ist.
Für 4 Personen

5 1/2 Eßlöffel Olivenöl
2 Eßlöffel roter Estragonessig
3/4 Teelöffel Zucker
1 kleiner fester Weißkrautkopf
Salz und Pfeffer
1 Zwiebel, kleingeschnitten

Für die Salatsauce Öl, Essig und Zucker in eine mittelgroße Schüssel geben und 1 Minuten kräftig mit einem Holzlöffel verrühren; die Sauce mindestens eine halbe Stunde bei Zimmertemperatur stehen lassen.

Die schlechten Außenblätter entfernen, den Strunk herausschneiden, den Kohlkopf halbieren und schnetzeln; das gehobelte Kraut nochmals mit einem Messer kleinhacken. In eine Schüssel geben und mit Salz und Pfeffer würzen; das Kraut mit den Händen mengen und dabei leicht zerdrücken, damit es die Gewürze aufnehmen kann. Zwiebel und Salatsauce zufügen, mit zwei Gabeln gut vermischen und servieren.

Fisch

Im Sommer werden Fische der Länge nach in zwei Hälften zerteilt, stark gesalzen und langsam in der glühenden Inselsonne für die Wintermonate getrocknet, wenn die Fischer nicht aufs Meer hinausfahren können und frischer Fisch auf den Märkten recht knapp ist. Wenn man getrockneten Fisch ausgiebig wässert, bekommt er einen leicht süßlichen Geschmack; für *bakaliáros jachnistós,* ein Gericht aus gedämpftem Kabeljau, oder für gebratenen Kabeljau mit Knoblauchsauce, *bakaliáros tiganitós,* verwendeten wir jedoch gewöhnlich den aus anderen Ländern importierten gesalzenen Stockfisch, der im Winter in den Läden verkauft wurde. Das magere Angebot an frischem Fisch besteht in dieser Schlechtwetterperiode aus Stinten, Breitlingen, vielen Felsfischen und Aalen.

Aale besitzen die Fähigkeit, blitzschnell in den Löchern des vulkanischen Felsgesteins im Meer zu verschwinden – sie zu fangen, ist daher natürlich eine besonders reizvolle Aufgabe und ein vergnüglicher Zeitvertreib dazu. Als wir Kinder waren, fingen meine Brüder Aale mit wahrer Wonne; ich erinnere mich, wie sie mit langen, hakenförmig gebogenen Drahtschlingen die Aale aus ihren Löchern herauszuholen versuchten und sie dann genau an der richtigen Stelle am Kopf packten, um ihren schmerzhaften Bissen zu entgehen. Aale sind eine Delikatesse für alle Griechen, und ihr feines Fleisch, gebraten oder mit Kräutern gedämpft, ergibt köstliche Mahlzeiten. Zu diesen Fischgerichten passen sehr gut gekochte Grüngemüse und Kartoffeln.

Gedämpfter Aal

Chéli jachnistó

Χέλι γιαχνιστό

Mit Kräutern gedämpfter Aal, an einem Winterabend beim Kamin sitzend verspeist – welch ein genüßliches Mahl! Gedämpfter Aal ist eines der wenigen Schmorgerichte, bei denen man keine Tomaten verwendet; stattdessen werden die Aalstücke in weißem Fischsud gedämpft, damit sie ihre helle Farbe behalten.
Für 4-6 Personen

1 1/4 kg Aal, enthäutet (S. 356)
3 Eßlöffel Olivenöl
1 mittelgroße Zwiebel, gehackt
2 Eßlöffel Mehl
3/8 l Fischbrühe (S. 341)
1 Knoblauchzehe, zerdrückt
1 Lorbeerblatt
1 Teelöffelspitze getrockneter Salbei
1 Bund glattblättrige Petersilie, gehackt
Saft einer halben Zitrone
Salz und Pfeffer

Den Aal in 7 cm lange Stücke schneiden und beiseite stellen.

Das Olivenöl in einer Kasserolle erhitzen und die Zwiebel darin weichdünsten; das Mehl hineinrühren und blond schwitzen, mit der Fischbrühe ablöschen und unter ständigem Rühren aufkochen lassen; Knoblauch, Lorbeerblatt, Petersilie, Salbei und Zitronensaft zugeben und mit Salz und Pfeffer würzen; die Aalstücke hineinlegen und zugedeckt 20 Minuten oder solange über schwacher Hitze simmern lassen, bis der Aal gar und weiß ist. Die Aalstücke auf eine vorgewärmte Platte geben, die Sauce durchsieben, über den Aal gießen und servieren.

Gebratener Aal

Chéli tiganitó

Χέλι τηγανητό

Am Heiligen Abend ist Aal, gedämpft oder gebraten, auf den Inseln das traditionelle Familienessen. Aale unterschiedlicher Größen gibt es in den Fischmärkten frisch oder tiefgefroren. Frischen Aal vor dem Kochen enthäuten und ausnehmen (S. 356).
Für 3-4 Personen

1 kg Aal, enthäutet
Salz und Pfeffer
1 Ei
Mehl zum Wenden
Olivenöl zum Braten
Zitronenschnitze zum Garnieren

Den Aal in 7 cm lange Stücke schneiden, in eine Kasserolle geben, mit kochendem Wasser bedecken und 8 bis 10 Minuten stehen lassen; mit einem Schaumlöffel auf eine Platte heben und mit Salz und Pfeffer würzen. Das Ei leicht mit einer Gabel verquirlen, die Aalstücke hineintauchen, in Mehl wenden und beiseite stellen. Olivenöl etwa 6 mm hoch in eine Pfanne gießen und bei Mittelhitze rauchendheiß werden lassen. Die Aalstücke hineingeben und rundherum in 5 Minuten gleichmäßig braunbraten. Aus dem Öl nehmen und heiß mit Zitronenstückchen garniert servieren.

Gedünsteter Stockfisch im Zwiebelfond

Bakaliáros jachnistós

Μπακαλιάρος γιαχνιστός

Wegen seiner Salzigkeit muß man Stockfisch (getrockneter Kabeljau) 24 Stunden im Kühlschrank in Wasser einweichen und das Wasser mehrere Male erneuern. Danach wird das süßschmeckende Fleisch gedämpft oder gebraten – bei den Inselbewohnern die beliebtesten Zubereitungsarten. In Griechenland verkauft man Stockfisch im Ganzen; das Gewicht eines Fisches liegt zwischen 1,5 kg und 3,5 kg, manchmal sogar noch darüber. Der in Stücke geschnittene, in Schachteln abgepackte Stockfisch, den es in anderen Ländern gibt, ist nicht ganz so trocken und salzig; dadurch verringert sich auch die Einweichzeit.
Für 6 Personen

1 kg Stockfisch, in Stücke geschnitten
3 Eßlöffel Olivenöl
3 Zwiebeln, in dickere Scheiben geschnitten
2 Eßlöffel Tomatenmark, in 11 Eßlöffel (170 ccm) Wasser aufgelöst
1 Bund glattblättrige Petersilie, gehackt
1 Lorbeerblatt
Pfeffer

Den Stockfisch wie oben beschrieben einweichen, abspülen und trockentupfen.

Das Olivenöl über schwacher Flamme in einer Kasserolle erhitzen und die Zwiebeln darin weichdünsten; aufgelöstes Tomatenmark, Petersilie, Lorbeerblatt und Pfeffer dazugeben und die Sauce unbedeckt bei Mittelhitze 10 Minuten köcheln lassen. Die Stockfischstücke hineinlegen und den Fisch unter gelegentlichem Bestreichen mit der Sauce zugedeckt 25 Minuten simmern lassen, bis er gar ist.

Ausgebackener Stockfisch mit Knoblauchsauce

Bakaliáros tiganitós skordhaliá

Μπακαλιάρος τηγανητός σκορδαλιά

Für 6 Personen

1 kg Stockfisch, in Stücke geschnitten
Teig zum Eintauchen (S. 346)
Knoblauchsauce (S. 334)
Olivenöl zum Braten

Den Stockfisch wie oben beschrieben einweichen, abspülen und trockentupfen. Den Teig zubereiten und eine halbe Stunde bei Zimmertemperatur quellen lassen; die Knoblauchsauce vorbereiten und beiseite stellen. Die Stockfischstücke in den Teig tauchen und etwas abtropfen lassen.

Olivenöl etwa ½ cm hoch in eine Pfanne gießen und rauchendheiß werden lassen; die Stockfischstücke bei Mittelhitze vorsichtig auf beiden Seiten bräunen und auf eine vorgewärmte Platte geben. Die Knoblauchsauce nochmals durchrühren, über die gebratenen Fischstücke gießen und servieren.

Marinierte Fische nach Inselart

Psária marináta

Ψάρια μαρινάτα

Früher nutzten die Leute die wenigen Gelegenheiten, bei denen frischer Fisch während des Winters auf den Inseln erhältlich war und kauften gleich riesige Mengen, die gekocht und in einer kräftigen Marinade eingelegt wurden, um den Fisch für lange Zeit haltbar zu machen. In Dörfern, in denen es keine Möglichkeiten

technischer Kälteerzeugung gibt, hält man sich auch heute noch an diese Methode, wendet sie sogar in den Städten an – in erster Linie jedoch, weil diese Art den Stadtbewohnern so gut schmeckt. Man nimmt für dieses Rezept kleine Stinte und Breitlinge, säubert sie und läßt sie unzerteilt.
Für 5 Personen

1,5 kg Stinte, Weißlinge oder Sprotten
Salz und Pfeffer
Mehl zum Wenden + 3 Eßlöffel Mehl
Olivenöl zum Braten
3 Knoblauchzehen, feingewiegt
1/4 l heißes Wasser
1/8 l Weißwein- oder Rotweinessig
1 Teelöffel getrockneter Rosmarin

Die Fische säubern, ausnehmen und die Kiemen entfernen, die Köpfe nicht abtrennen (S. 356); unter fließendem kalten Wasser abspülen, mit Salz und Pfeffer würzen und bei Zimmertemperatur 10 Minuten stehen lassen. In Mehl wenden und überschüssiges Mehl abschütteln. Olivenöl mindestens 1/2 cm hoch in eine Pfanne gießen, bei Mittelhitze rauchendheiß werden lassen und die Fische darin portionsweise auf beiden Seiten goldbraun braten; in eine tiefe Schüssel aus Ton oder Steingut geben und warmhalten. Das restliche Öl aus der Pfanne in eine Kasserolle gießen und bei Mittelhitze den Knoblauch darin goldgelb dünsten, 3 Eßlöffel Mehl zufügen und unter ständigem Rühren blond schwitzen, mit 1/4 l heißem Wasser ablöschen und nochmals aufkochen lassen. Ständig weiterrühren, Essig und Rosmarin hineingeben, mit Salz und Pfeffer würzen und die Sauce unbedeckt 5 Minuten köcheln lassen. Die Sauce über den Fisch gießen und heiß oder kalt servieren.

Kapamás

Geflügel

Legt eine Henne nicht mehr regelmäßig Eier, so endet sie unweigerlich als Suppenhuhn im Kochtopf – langsam läßt man dieses für einen gehaltvollen Inseleintopf, *órnitha kapamá,* schmoren, ein Gericht von durch und durch roter Farbe, das in dem im Freien stehenden Ofen gekocht wird, oder bereitet daraus mit Weißwein und Kräutern *órnitha stifádho* zu. Ich ersetze die Suppenhühner, die sich, sind sie nicht allzu zäh, auch für würzige Ragouts eignen, durch zarte, junge Hähnchen, die das ganze Jahr über erhältlich sind und bei deren Verwendung sich die Brat- oder Kochzeit erheblich verkürzt.

Geschmortes Huhn in Tomatensauce

Órnitha kapamá

Ὄρνιθα καπαμά

Órnitha kapamá ist ein von der Zubereitung her einfaches, wohlschmeckendes Hühnergericht von schöner Farbe. Das Huhn läßt man in Olivenöl anbraten und auf dem Herd in einer schweren Kasserolle schmoren. Da es im Winter in den meisten Teilen Griechenlands keine frischen Tomaten gibt, verwendet man Tomatenmark oder Tomatensauce; dazu kommen Kräuter und trockener Rot- oder Weißwein, der mit dem Bratensaft zu einer dickflüssigen Sauce einkocht. Mit gedämpften Kartoffeln (S. 274) servieren.

Für 4-6 Personen

1 fettes, 1,5-2 kg schweres Huhn
Salz und Pfeffer
5½ Eßlöffel Olivenöl
1 Zwiebel, gehackt
7 Eßlöffel (100 ccm) trockener Rotwein
3 Eßlöffel Tomatenmark, in Wasser aufgelöst
½ Teelöffel getrockneter Origano

Das Huhn in Portionsstücke zerteilen, waschen, trockentupfen und gut mit Salz und Pfeffer einreiben. Das Olivenöl bei Mittelhitze in einer großen Pfanne erhitzen und die Hühnerteile von beiden Seiten goldbraun braten; in eine schwere Kasserolle umfüllen. Das Öl bis auf 2 Eßlöffel aus der Pfanne gießen und die Zwiebel darin glasig dünsten; mit den übrigen Zutaten in die Kasserolle geben, zudecken und bei Mittelhitze etwa 1 bis 1¼ Stunden köcheln lassen; achtgeben, daß das Huhn nicht zu weich wird.

Truthahn mit griechischer Füllung

Dhiános jemistós
Διάνος γεμιστός

Der Geschmack griechischer Truthähne ist ganz ausgezeichnet, da die Tiere normales Futter bekommen und freien Auslauf haben; allerdings sind sie weniger fett und saftig als die andernorts gezüchteten. Man bereitet sie hauptsächlich im Winter für besondere Familienanlässe zu und füllt sie mit einer recht mächtigen Farce aus Fleisch, Nüssen, Kräutern und in Sherry eingeweichten Rosinen, deren würziges Aroma sich auf die gesamte Füllung überträgt. Eine einfachere Füllung finden Sie auf S. 253.
Für 8-10 Personen

Ein 6 kg schwerer Truthahn
Saft einer Zitrone

FÜLLUNG
3 Eßlöffel Olivenöl
3 Eßlöffel Zwiebeln, gehackt
die gehackten Truthahninnereien
350 g frisches Schweinehack
150 g Reis
100 g Pinienkerne
85 g kernlose, schwarze Korinthen, in Sherry eingeweicht
2 Bund Petersilie, gehackt
2 Teelöffel getrockneter Salbei
Salz und Pfeffer
1/4 l Wasser
Olivenöl zum Bestreichen
1-2 Eßlöffel Mehl für die Sauce

Den Truthahn innen und außen gut waschen und gründlich mit Küchenkrepp trockentupfen; innen und außen mit Zitronensaft einreiben und den Truthahn beiseite stellen, damit der Saft einziehen kann, während Sie die Füllung zubereiten.

FÜR DIE FÜLLUNG
das Olivenöl bei Mittelhitze in einer großen Pfanne erhitzen und die Zwiebeln darin glasig dünsten; die Innereien zugeben und unter ständigem Rühren solange braten, bis sie ihre rote Farbe verlieren. Schweinehackfleisch zufügen und ebenfalls unter Rühren braten, bis es krümlig wird; nun nacheinander die restlichen Zutaten für die Farce zugeben und das Ganze bei Mittelhitze etwa 15 Minuten unbedeckt kochen lassen, bis das Wasser aufgesogen und der Reis halbgar ist; vom Feuer nehmen und abkühlen lassen. Den Ofen auf 220 Grad vorheizen.

Die Farce locker in den Truthahn füllen und die Bauchöffnung mit einem starken Faden zunähen; sollte etwas Füllung übrigbleiben, diese in den Hals geben und mit Zahnstochern zustecken. Keulen und Flügel am Rumpf festbinden; den Boden eines Schmortopfes einölen, den Truthahn mit der Brustseite nach oben hineinlegen und rundherum mit dem Olivenöl bestreichen; den Topf zudecken und den Truthahn ½ Stunde im Ofen schmoren. Die Hitze auf 175 Grad herunterschalten und weitere 2 bis 2½ Stunden oder solange braten, bis sich die Keulen leicht herausziehen lassen. Den Truthahn auf eine vorgewärmte Platte geben.

FÜR DIE SAUCE
den Schmortopf auf den Herd stellen und den Bratensatz bei Mittelhitze loskochen; das Mehl zugeben und unter ständigem Rühren kurz durchschwitzen lassen; mit ⅜ l heißem Wasser ablöschen und unter ständigem Rühren die Sauce auf ¼ l einkochen lassen, abschmecken und heiß mit dem Truthahn und der Füllung servieren.

Huhn mit Zwiebeln in Weinsauce

Órnitha stifádho

Όρνιθα στιφάδο

Dieses Hühnergericht wird auf die gleiche Art zubereitet wie das dunkelfarbige klassische Rindfleisch-*stifádho* (S. 260), hat aber einen subtileren Geschmack und eine helle Farbe. Normalerweise nimmt man für dieses Rezept ein Suppenhuhn; ich verwende jedoch ein Brathuhn. Bereiten Sie *órnitha stifádho* mit einem Suppenhuhn zu, so muß das Gericht länger kochen als im Rezept angegeben. Mit Reis und geschmortem Sellerie (S. 270) servieren.
Für 4-6 Personen

Ein 2 kg schweres Huhn
Mehl zum Wenden
4 Eßlöffel Olivenöl
7 Eßlöffel (100 ccm) trockener Weißwein
1 Knoblauchzehe, zerdrückt
1 Teelöffel getrockneter Thymian
2 Eßlöffel Petersilie, gehackt
Salz und Pfeffer
20 kleine weiße Zwiebeln, geschält

Das Huhn in Portionsstücke zerteilen, waschen, mit Küchenkrepp trockentupfen und in Mehl wenden; überschüssiges Mehl abschütteln. Das Olivenöl bei Mittelhitze in einer Pfanne erhitzen und die Hühnerteile von allen Seiten goldgelb braten; in eine schwere Kasserolle umfüllen und beiseite stellen. Das Öl bis auf 3 Eßlöffel aus der Pfanne gießen, den Wein zugeben und unter Rühren den Bratensatz lösen; die übrigen Zutaten außer den Zwiebeln zufügen und alles zu den Hühnerteilen in der Kasserolle geben. Zugedeckt 30 Minuten simmern lassen, dann die Zwiebeln hineingeben und weitere 30 Minuten köcheln lassen, bis Huhn und Zwiebeln gar sind.

Schwein und Rind

Das Schlachten der Schweine für die Weihnachtsfeierlichkeiten ist die heutige Form des sich über Jahrhunderte hinweg gehaltenen altertümlichen Brauches, bei griechischen Winterfesten ein Schwein zu opfern. Jede Dorffamilie zieht während des Sommers aus kleinen Ferkeln Schweine auf, die man am Rande des Dorfes im Schatten einer Eiche, *pedhuklomenos,* hält; sie sind an den Vorderpfoten angepflockt oder angebunden, und es gehört zu den kleinen Haushaltspflichten der Kinder, sie zweimal am Tag zu füttern. Die Tiere wachsen im Nu zu Mastschweinen heran und sind bis Weihnachten soweit, geschlachtet zu werden. Der Winter ist die einzige Zeit des Jahres überhaupt, in der man in Griechenland Schweinefleisch, reichlich vorhanden und von guter Qualität, ißt, während es in vielen anderen Ländern das ganze Jahr über erhältlich ist.

Rinderzucht ist auf den Inseln wegen des felsigen Geländes praktisch unmöglich. Die wenigen Kühe, die man für die Landarbeit – vorwiegend zum Pflügen der Felder – einsetzt, werden daher von den Bauern hoch geschätzt, und die wenigen Rindfleischgerichte bereitet man auch nur im Winter zu. Mit dem guten, zarten Rindfleisch, das man in anderen Ländern bekommen kann, werden diese griechischen Gerichte jedoch besonders köstlich. Zu dunklen Rindfleischeintöpfen passen sehr gut selbstgemachte Eiernudeln, in Butter geschwenkt (S. 314), während Schweinefleischtöpfe besser mit Reis schmecken.

Kohlrouladen mit Schweinefleischfüllung

Lachanodolmádhes

Λαχανοντολμάδες

Schweinefleisch und Kohl, eine nicht nur in Griechenland bekannte Zusammenstellung auf dem winterlichen Speisezettel, schmeckt nahezu jedem zum Mittag- oder Abendessen. Die Kohlblätter werden einzeln mit einer Farce aus Schweinefleisch, Reis und Kräutern gefüllt und in Fleischbrühe gekocht. Auch aufgewärmt verlieren sie nichts von ihrem würzig-delikaten Geschmack. Die Farce kann man einige Stunden im voraus zubereiten. Der Kohlkopf sollte zwar frisch, aber nicht allzu fest sein, damit die Blätter sich nach dem Kochen leicht voneinander lösen lassen, ohne zu zerbrechen.
Für 4 Personen

1 mittelgroßer Kohlkopf
2 Eßlöffel Olivenöl
3/8 l Hühnerbrühe (S. 339)

FÜLLUNG
750 g mageres Schweinehack
100 g Reis
2 Bund frischer Dill, gehackt, oder
1 Eßlöffel getrockneter Dill
1 Ei, leicht verquirlt
3 Schalotten, feingehackt
Salz und Pfeffer
3 Eßlöffel Tomatenmark

Vom Kohl die harten Außenblätter entfernen und beiseite stellen; den Strunk herausschneiden und den ganzen Kohlkopf mit dem Strunkloch nach unten in einen großen Topf mit reichlich kochendem Wasser setzen; unbedeckt 10 bis 15

Minuten kochen lassen. Den Kohl in ein Sieb geben und unter fließendem kalten Wasser abkühlen; die Blätter nacheinander lösen, die dicken Rippen abschneiden und wegwerfen. Im gleichen Wasser, in dem der Kohl gekocht hat, die harten Außenblätter 5 Minuten sprudelnd kochen lassen, herausnehmen und damit den Boden einer Auflaufform auskleiden. Dadurch werden die gefüllten Kohlrouladen vor dem Anbrennen geschützt.

FÜR DIE FÜLLUNG
sämtliche angegebenen Zutaten in einer Schüssel gut vermengen und mit den Händen zu einer glatten Mischung kneten. Ein bis zwei Löffel (je nach Größe des Blattes) in die Mitte eines Blattes geben, die Seiten darüberklappen und das Blatt vom Strunk zur Blattspitze hin fest zusammenrollen; die übrigen Blätter auf die gleiche Weise füllen und dicht nebeneinander lagenweise in die Auflaufform schichten. Olivenöl und Hühnerbrühe darübergießen, mit einem flachen Teller die oberste Lage leicht nach unten drücken; die Form schließen und die Kohlrouladen 45 bis 60 Minuten köcheln lassen. Mit Ei-Zitronen-Sauce III (S. 333) oder mit Zitronensaft servieren.

Gefülltes Spanferkel

Gurunópulo jemistó

Γουρουνόπουλο

Wird ein Namenstag oder eine Taufe gefeiert, so findet immer ein großes Fest mit Verwandten und Freunden statt. Namenstag, vielfach statt des Geburtstages gefeiert, ist der Festtag eines Heiligen, dessen Name ein Katholik trägt. Wenn ein Namenstag in die Zeit fällt, in der es junge, noch säugende Schweinchen gibt, füllt man eines und brät es in dem im Freien stehenden bienenkorbförmigen Dorfofen. Aber auch wenn Sie ein Spanferkel in Ihrem Backofen braten, bekommt es die gleiche goldbraune Farbe und das gleiche köstliche Aroma. Sie benötigen nur eine große, nicht zu tiefe Bratreine.

Die zwischen 4 und 8 Wochen alten Spanferkel haben gewöhnlich ein Gewicht von 5 bis 7,5 kg und können bei Ihrem Metzger vorbestellt werden. Verwenden Sie als Farce die griechische Füllung (siehe S. 248) oder die hier beschriebene, die ich gerne mag, die jedoch alles andere als griechisch, nämlich amerikanisch ist, – ein Rezept meiner Schwiegermutter! Gebratenes Spanferkel schmeckt herrlich mit Karotten oder einem anderen geschmorten Gemüse.
Für 12-15 Personen

1 Spanferkel, etwa 6 kg schwer
3 Eßlöffel Olivenöl zum Bestreichen
2 Eßlöffel Mehl
Salz und Pfeffer
Petersilienstengel, 1 Apfel oder 1 Orange und in Scheiben geschnittene Oliven zum Garnieren

FÜLLUNG
500 g Weißbrot, 1 Tag alt und in Scheiben geschnitten
1 große Zwiebel, gehackt
3 Stiele Stangensellerie, kleingeschnitten
4 Eßlöffel gesalzene Butter, in Stückchen
1 Eßlöffel getrockneter Thymian
Salz und Pfeffer

FÜR DIE FÜLLUNG
das Weißbrot entrinden und das Innere in kleine Stücke zerpflücken; die Zutaten in einer großen Schüssel vermischen und beiseite stellen.

Den Ofen auf 175 Grad vorheizen. Das Spanferkel innen und außen mit kaltem Wasser waschen, trockentupfen und die Bauchhöhle mit Salz und Pfeffer einreiben; die Farce locker hineinfüllen, den Schweinebauch mit Holzstäbchen zustecken und mit Zwirn umschnüren oder mit einem starken Faden zunähen. Die Vorderfüße nach innen, die Hinterfüße nach außen biegen und das Spanferkel mit dem Bauch nach unten in die Bratreine legen; rundherum mit Olivenöl bestreichen und mit einem scharfen Messer die Schwarte würflig einschneiden, damit das Fett während des Bratens auslaufen kann. Mit einem Holzstück das Maul des Spanferkels offenhalten und die Ohren mit Alu-Folie abdecken, damit sie nicht verbrennen. ½ l kochendes Wasser in die Reine gießen und das Spanferkel etwa 3 bis 4 Stunden im Ofen braten, bis es zart ist; dabei gelegentlich mit Olivenöl bestreichen. Wenn die Haut zu schnell bräunt, mit Folie abdecken; 30 Minuten vor Ende der Bratzeit wieder entfernen, damit die Haut knusprig wird. Das fertige Spanferkel auf eine vorgewärmte Platte geben.

FÜR DIE SAUCE
zuerst den Bratensaft entfetten, dann die Bratreine auf den Herd stellen und den Bratensatz gut loskochen und mit der übrigen Flüssigkeit in der Reine vermischen; das Mehl hineinrühren, durchschwitzen lassen und unter ständigem Rühren ½ l Wasser zugießen; kochen lassen, bis die Sauce andickt. Mit Salz und Pfeffer würzen und warmhalten.

Vor dem Auftragen die Folie von den Ohren und das Holzstück aus dem Maul nehmen; die Platte mit Petersilienstengel garnieren, einen Apfel oder eine Orange in das Maul und Olivenscheiben in die Augen stecken. Das Spanferkel mit der Sauce servieren.

Schweinefleischeintopf mit Lauch und anderen Gemüsen

Chirinó me prása

Χοιρινό μέ πράσα

Gegen Ende des Winters kommt grüner, frischer Lauch auf den Markt, den man auf die verschiedensten Arten zubereiten kann: Blanchiert, in Teig getaucht und gebraten, in Fleischbrühe gedünstet oder mit Schweinefleisch und anderen Gemüsen zusammen gedämpft – letzteres ein farblich sehr schönes Gericht, das als Mittag- oder Abendessen serviert werden kann.
Für 4-6 Personen

4 Eßlöffel Olivenöl
1 kg mageres Schweinefleisch, in walnußgroße Stücke geschnitten
2 Eßlöffel Mehl, in 7 Eßlöffel (100 ccm) Wasser angerührt
250 g Karotten, gewürfelt
250 g Sellerie, gewürfelt
Salz und Pfeffer
1 große Knoblauchzehe, zerdrückt
6 Stangen Lauch

Das Olivenöl bei Mittelhitze in einer großen Kasserolle erhitzen und das Schweinefleisch darin hellbraun anbraten; das Wasser mit dem darin angerührten Mehl sowie ¼ l Wasser zugießen und unter ständigem Rühren aufkochen lassen; die Hitze herunterschalten und zugedeckt 45 Minuten köcheln lassen. Karotten, Sellerie, Salz, Pfeffer und Knoblauch zugeben und weitere 10 Minuten simmern lassen. Den Lauch gründlich waschen, um den besonders zwischen den grünen Teilen sitzenden Sand zu entfernen, und quer in 7 cm lange Stücke schneiden. Auf das Fleisch und die Gemüse legen, mit dem Fleischsaft bestreichen und zugedeckt weichdämpfen.

ΑΛΛΑΝΤΙΚΑ

Fleischmarkt in der Stadt.
Die Metzger haben ihre Läden
und Stände in einer eigenen Halle.

Schweinefleisch mit Sellerie und Ei-Zitronen-Sauce

Chirinó me séllino avgolémono
Χοιρινό μέ σέλινο αὐγολέμονο

Schweinefleisch, langsam mit Wein und Kräutern gedämpft, ist ein charakteristisches Wintergericht auf den Inseln. Sellerieherzen, die dort im Winter am besten schmecken, die es bei uns während des ganzen Jahres doch nur in Dosen gibt, kommen ebenfalls in den Eintopf. Die Ei-Zitronen-Sauce, die nach Beendigung der Kochzeit untergerührt wird, verleiht dem Gericht eine pikante Würze.
Für 4-6 Personen

4 Eßlöffel Olivenöl
1 kg mageres Schweinefleisch, in walnußgroße Stücke geschnitten
1 große Zwiebel, gehackt
7 Eßlöffel trockener Weißwein
7 Eßlöffel Hühnerbrühe (S. 339)
2 Eßlöffel Mehl, in 7 Eßlöffel (100 ccm) Wasser angerührt
1 große Knoblauchzehe, zerdrückt
2 Eßlöffel Petersilie, gehackt
Salz und Pfeffer
6 Sellerieherzen aus der Dose
Ei-Zitronen-Sauce II (S. 333)

Das Olivenöl bei Mittelhitze in einer Pfanne erhitzen und die Schweinefleischstücke darin portionsweise anbraten und mit einem Schaumlöffel in eine Kasserolle umfüllen; wenn alle Fleischstücke angebraten sind, das restliche Öl aus der Pfanne in die Kasserolle gießen. Die Kasserolle bei Mittelhitze aufs Feuer stellen, die Zwiebel zufügen und 1 Minute umrühren und dann Wein, Hühnerbrühe und das Wasser mit dem darin angerührten Mehl angießen; Knoblauch, Petersilie, Salz und Pfeffer zugeben; die Mischung umrühren, bis sie kocht, die Hitze kleinschalten und zugedeckt 45 bis 60 Minuten simmern lassen, bis das Fleisch fast gar ist.

Die Sellerieherzen der Länge nach halbieren; auf das Fleisch in der Kasserolle legen und mit dem Fleischsaft bestreichen; zugedeckt weitere 30 Minuten köcheln lassen, bis Fleisch und Sellerieherzen gar und weich sind; vom Feuer nehmen. Die Ei-Zitronen-Sauce zubereiten und vorsichtig unter das Fleisch und die Sellerieherzen rühren, nochmals erhitzen, aber nicht mehr kochen lassen, und sofort servieren.

Rinder-Gulasch nach griechischer Art

Stifádho

Στιφάδο

Dieses Rindfleischgericht kommt in Griechenland nur im Winter auf den Tisch. Man bereitet es mit ganzen Zwiebeln, Wein und Kräutern, und während des Kochens zieht sein kräftiges Aroma durch das Haus. Meine Großmutter ersetzte den Wein durch Malzessig, und meine Mutter tut das heute noch; ich habe herausgefunden, daß durch eine Kombination beider Zutaten der Eintopf nicht ganz so schwer wird. Verwenden Sie für dieses Gericht Rindfleisch zum Schmoren; zarte Stücke würden bei der langen Garzeit, durch die ***stifádho*** ja erst seinen besonderen Geschmack erhält, nur auseinanderfallen; mageres Rindfleisch aus der Keule eignet sich dagegen sehr gut. Wichtig ist es, das Fleisch bei starker Hitze rasch anzubraten, damit sich die Poren schließen und der Fleischsaft nicht austreten kann; er verbindet sich erst nach längerem Kochen mit dem Wein und den Kräutern. Auf diese Weise bleibt das Fleisch zart und saftig.
Für 6 Personen

7 Eßlöffel Olivenöl
1 kg Rindfleisch,
in walnußgroße Stücke geschnitten
1 kg kleine ganze Zwiebeln, geschält
2 Knoblauchzehen, geschält
3 Eßlöffel Tomatenmark, in 7 Eßlöffel
(100 ccm) Wasser angerührt
1/4 l trockener Rotwein
2 Eßlöffel Weinessig
2 kleine Lorbeerblätter
Salz und Pfeffer

Das Öl in einer tiefen Pfanne erhitzen (es ist heiß genug, wenn ein hineingegebener Brotwürfel sich verfärbt) und die Fleischstücke portionsweise rundherum schön braun braten; mit einem Schaumlöffel in eine schwere Kasserolle heben. Die Zwiebeln im gleichen Öl, in dem das Fleisch angebraten wurde, braunrösten, in eine Schüssel geben und beiseite stellen. Knoblauch, aufgelöstes Tomatenmark, Wein, Essig, Lorbeerblätter, Salz und Pfeffer in die Pfanne geben und die Flüssigkeit kurz kochen; vom Feuer nehmen und zu den Fleischstücken in der Kasserolle gießen; Fleisch und Flüssigkeit zum Kochen bringen, die Hitze kleinschalten und das Ganze fest zugedeckt 35 Minuten simmern. Die Zwiebeln zufügen und weitere 30 Minuten köcheln lassen, bis Fleisch und Zwiebeln gar sind und die Sauce dick ist; sie gegebenenfalls im offenen Topf rasch etwas einkochen lassen. Vor dem Servieren die Lorbeerblätter entfernen.

Gefüllte Rindfleischroulade

Vodhinó ruló me jémisi
Βοδινό ρουλό μέ γέμιση

Dies ist ein typisches Sonntagsessen auf den Inseln im Winter, das mit selbstgemachten Nudeln (S. 314) serviert wird; die Nudeln bereitet man am Vortag in stundenlanger Arbeit mit der Hand, doch die im Handel erhältlichen Spaghetti oder Makkaroni schmecken genauso gut. Das verwendete Rindfleisch ist ein Stück aus der Hüfte, das mit einer leicht gewürzten Schweinefleischfarce gefüllt, aufgerollt und in einer mit Wein zubereiteten Sauce geschmort wird.
Für 6 Personen

1-1,5 kg Rindfleisch, aus der Hüfte, als große Scheibe geschnitten
Mehl zum Wenden
2 Eßlöffel Olivenöl
1 Zwiebel, gehackt
3 Eßlöffel Tomatenmark, in 11 Eßlöffel (170 ccm) Wasser angerührt
1 Lorbeerblatt
Salz und Pfeffer
1/8 l trockener Rotwein

FÜLLUNG
500 g Schweinehack
1 Knoblauchzehe, zerdrückt
2 Eßlöffel Petersilie, gehackt
1 Ei, leicht verquirlt
2 Eßlöffel trockener Sherry
Salz und Pfeffer

FÜR DIE FÜLLUNG
sämtliche Zutaten in einer Schüssel vermengen und zu einer glatten Mischung kneten.

DIE ROULADE

ausgebreitet hinlegen, flachdrücken, die Füllung auf das eine Ende der Fleischscheibe geben und wie eine Biskuitroulade fest aufrollen; mit einem starken Faden der Länge nach, an den Seitenenden und in der Mitte umwickeln. Die Roulade in Mehl wenden und überschüssiges Mehl abschütteln. Das Olivenöl in einer schweren Kasserolle rauchendheiß werden lassen und die Roulade darin rundherum gleichmäßig anbraten; auf eine Platte heben. Die Zwiebel in das Öl geben und bei Mittelhitze 1 Minute unter Rühren braten; aufgelöstes Tomatenmark, Lorbeerblatt, Salz, Pfeffer und Wein zufügen, die Kasserolle zudecken und die Flüssigkeit sprudelnd aufkochen lassen; dann die Rindfleischroulade hineingeben und zugedeckt bei schwacher Hitze 2½ Stunden köcheln lassen, bis das Fleisch zart ist; dabei gelegentlich mit der Sauce bestreichen. Die Roulade auf eine vorgewärmte Platte geben, leicht abkühlen lassen, den Faden entfernen und quer in Scheiben schneiden; etwas Sauce über die Fleischscheiben gießen und die restliche Sauce in einer Saucière zum Fleisch und den Nudeln servieren.

Fleischwürstchen in Weinsauce

Sudzukákia

Σουτζουκάκια

Sudzukákia – ein interessantes Rezept – bestehend aus gebratenem Fleisch, zu Würstchen geformt und in einer Sauce gedämpft, in der sich das volle Aroma entfaltet. Um die geschmeidig glatte Beschaffenheit dieser Würstchen zu erzielen, muß man das Fleisch mehrere Male durch den Wolf drehen, dann kräftig mit den Händen kneten. *Sudzukákia* gehört zu meinen Lieblingsgerichten, wenn ich Gäste habe. Da die Zubereitung etwas aufwendig ist, richte ich alles im voraus her und brauche vor dem Servieren Würstchen und Sauce (mit etwas Wasser verdünnt) nur langsam zu erwärmen.

Für 6 Personen

FÜR DIE WÜRSTCHEN

1/2 altbackenes Stangenweißbrot

1 kg mageres Rinderhack,
mehrere Male durch den Wolf gedreht

3 Eier, leicht verquirlt

2 Knoblauchzehen, feingewiegt

1 Bund glattblättrige Petersilie, gehackt

2 Eßlöffel geriebener kefalotíri *oder Parmesan*

1 Teelöffel gemahlener Kreuzkümmel

Salz und Pfeffer

125 g Mehl zum Wenden

1/4 l Olivenöl zum Braten

SAUCE

1/2 l Tomatensauce (S. 329)

1 Knoblauchzehe, halbiert

1 Lorbeerblatt

3/16 l trockener Rotwein

Salz und Pfeffer

Wurst gibt es nur beim Lebensmittelhändler.

FÜR DIE WÜRSTCHEN
das altbackene Brot in Wasser einweichen und gut ausdrükken; die Kruste entfernen und das weiche Innere in Stückchen zerpflücken. Fleisch und Brotstückchen in eine Schüssel geben und gründlich vermengen; Eier, Knoblauch, Petersilie, Käse, Kreuzkümmel, Salz und Pfeffer zufügen und mit den Händen sämtliche Zutaten zu einem glatten, geschmeidigen Fleischteig kneten. Von der Mischung ein eigroßes Stück abnehmen, zwischen den Händflächen zu einem 5 cm langen Würstchen rollen, in Mehl wenden und das überschüssige Mehl abschütteln; diesen Vorgang wiederholen, bis die Mischung aufgebraucht ist.

Das Olivenöl in einer Pfanne rauchendheiß werden lassen und die Würstchen von allen Seiten gleichmäßig braunbraten; mit einem Schaumlöffel in eine Schüssel heben und beiseite stellen.

FÜR DIE SAUCE
2 Eßlöffel Olivenöl aus der Pfanne nehmen und in eine schwere Kasserolle geben; Tomatensauce, Knoblauch, Lorbeerblatt, Wein, Salz und Pfeffer zufügen und bei Mittelhitze kurz kochen. Vom Feuer nehmen, die Würstchen in die Sauce geben und die Kasserolle auf den Herd zurückstellen; 30 Minuten köcheln lassen und die Kasserolle dabei gelegentlich schütteln. Direkt in der Kasserolle oder in einer großen Schüssel servieren.

Rindfleischeintopf mit Kartoffeln

Patátes me kréas
Πατάτες μέ κρέας

Kartoffeln dienen als Grundzutat für viele Gerichte, aber Rindfleisch mit Kartoffeln ist eine klassische Kombination, der man im Winter überall in Griechenland begegnet. Die Kartoffeln werden zusammen mit

Tomatensauce und Kräutern gekocht, nehmen eine schöne, kräftige Farbe an und sind ein herrlicher Kontrast zu den dazu aufgetragenen gekochten Grüngemüsen.
Für 6 Personen

1 kg Rindfleisch aus der Keule
4 Eßlöffel Olivenöl
1 Zwiebel, gehackt
3 Eßlöffel Tomatenmark, in 11 Eßlöffel (170 ccm) Wasser angerührt
1 Knoblauchzehe, zerdrückt
2 Eßlöffel frisches Bohnenkraut, zerdrückt, oder 1 Teelöffel getrocknetes Bohnenkraut
1 Bund frische, glattblättrige Petersilie, gehackt
Salz und Pfeffer nach Geschmack
1 kg Kartoffeln

Das Rindfleisch in walnußgroße Stücke schneiden und trokkentupfen. Das Olivenöl in einer Kasserolle rauchendheiß werden lassen und die Rindfleischstücke darin portionsweise anbraten; mit einem Schaumlöffel in eine Schüssel füllen. Wenn alle Fleischstücke angebraten sind, sie in die Kasserolle zurückgeben, die Zwiebel hinzufügen und 1 Minute unter Rühren kochen lassen. Aufgelöstes Tomatenmark, Knoblauch, Bohnenkraut, Petersilie, Salz und Pfeffer hineingeben und bei Mittelhitze 15 Minuten kochen lassen. Noch etwa 1/8 l Wasser angießen, umrühren und zugedeckt weitere 30 Minuten köcheln, bis das Fleisch fast gar ist. Die Kartoffeln schälen und in dicke Scheiben schneiden; kleine Kartoffeln vierteln. Mit einem Holzlöffel vorsichtig unter das Fleisch in der Kasserolle heben, zudecken und weichkochen lassen. Nicht wieder umrühren, da die Kartoffeln sonst vielleicht zerfallen; stattdessen die Kasserolle gelegentlich schütteln. Falls nötig, noch etwas Wasser zugießen. Wenn das Fleisch und die Kartoffeln gar sind, sollte nur noch wenig Sauce in der Kasserolle sein.

Gemüse

Ich erinnere mich an den Bauernhof meiner Tante im Winter – wieviel Gemüse gab es doch da! Große Weißkohl- und Blumenkohlköpfe, andere Kohlgemüsesorten, Wurzelgemüse mit den unterschiedlichen Grüntönen der fieder- und blattartigen oberen Teile; all das von einem hohen Reisigzaun umgeben und so vor den heftigen Winter- und Frühlingswinden geschützt. Zusammen gingen wir durch den Olivenhain und überquerten, von Stein zu Stein hüpfend, den vom Regen angeschwollenen Bach, der sich wie eine glitzernde Schlange durch die Dorffelder wand. Wir suchten Gemüse aus und füllten unseren Korb mit Roten Beeten, orangerot leuchtenden Karotten und zarten, durchscheinenden Fenchelknollen, um sie dann zu Hause auf vielerlei Arten zu verwenden – mit Fleisch in Suppen und Eintöpfen oder allein gekocht und bei der Zubereitung immer darauf bedacht, sie nicht länger als unbedingt nötig kochen zu lassen, um ihre Form und Farbe zu erhalten.

Geschmorter Fenchel

Máratho (finócchio) sigopsiméno

Μάραθο ἤ φινόκιο σιγοψημένο

In Stifte oder Scheiben geschnittener, aromatisch nach Anis duftender Fenchel schmeckt roh, nur mit etwas Salz bestreut, sehr gut; aber nach Art der Griechischen Inseln zubereitet, ergibt er eine köstliche Beilage zu jeder Art von Fleisch. Das frische grüne Fenchelkraut kann zum Würzen von Fischsaucen verwendet werden. Für 4-6 Personen

3 große Fenchelknollen
3 Eßlöffel Olivenöl
1 Zwiebel, gehackt
1/8 l Hühnerbrühe (S. 339)
1 Knoblauchzehe, zerdrückt
Salz und Pfeffer
2-3 Eßlöffel geriebener kefalotíri
oder Parmesan

Die Fenchelknollen oben und am Wurzelansatz glattschneiden, die welken Blattschichten entfernen und die Knollen in Viertel oder, wenn sie klein sind, in Hälften teilen; gründlich unter fließendem kalten Wasser waschen und abtropfen lassen. Das Olivenöl bei Mittelhitze in einer tiefen Pfanne oder Kasserolle erhitzen und Fenchel und Zwiebel darin etwa 5 bis 7 Minuten glasig dünsten; Hühnerbrühe, Knoblauch, Salz und Pfeffer zugeben, die Hitze kleinschalten und zugedeckt 20 Minuten köcheln lassen, bis der Fenchel weich ist. Pfanne oder Kasserolle vom Feuer nehmen und den Fenchel mit Käse bestreuen; 2 Minuten zudecken, bis der Käse geschmolzen ist; heiß servieren.

Selleriegemüse

Séllino sigopsiméno

Σέλινο σιγοψημένο

Sellerie kann als Rohkost zubereitet oder in Hühnerbrühe gekocht und zu Fleischgerichten serviert werden. Für dieses Rezept eignet sich (der auch als Bleichsellerie bekannte) Stangensellerie am besten.
Für 4-6 Personen

2 Selleriestauden
1 Eßlöffel Salz
3 Eßlöffel Olivenöl
1 Zwiebel, gehackt
1 Karotte, gehackt
11 Eßlöffel (170 ccm) Hühnerbrühe (S. 339)
Pfeffer und zusätzliches Salz
2 Eßlöffel glattblättrige Petersilie, gehackt

Von jeder Selleriestaude die unansehnlichen Außenblätter abtrennen, die Rippen entfasern, die Wurzeln putzen und auf 15 bis 20 cm Länge schneiden, in Viertel teilen und unter fließendem kalten Wasser abspülen. Mit reichlich kaltem Wasser bedeckt in einer Kasserolle aufsetzen, 1 Eßlöffel Salz zugeben und das Wasser zum Kochen bringen; die Selleriestücke 5 Minuten blanchieren und abgießen. Das Olivenöl in einer Kasserolle erhitzen und Zwiebel und Karotte darin bei Mittelhitze goldgelb dünsten; die Selleriestücke darauflegen, Hühnerbrühe angießen, salzen und pfeffern und die Brühe aufkochen; die Hitze kleinschalten und die Gemüse zugedeckt 30 Minuten köcheln lassen, bis der Sellerie weich ist. Die Selleriestücke auf eine vorgewärmte Platte heben; die anderen Gemüse mit einem Löffel durch ein Sieb passieren und samt Flüssigkeit über den Sellerie geben, mit Petersilie bestreuen und heiß servieren.

Karottengemüse

Karóta

Καρότα

Griechische Karotten sind hart und hölzern; daher ißt man sie nicht roh, sondern läßt sie in Suppen mitkochen oder dünstet sie weich und serviert sie mit einer warmen Salatsauce als Beilage zu Fleisch oder Fisch. Die Karotten, die es in anderen Ländern gibt, haben ein würzigeres Aroma als die griechischen und schmecken köstlich, wenn sie auf folgende Weise zubereitet werden.

Für 4 Personen

500 g frische Karotten
3 Eßlöffel Salz
1/8 l Zitronen-Öl-Sauce (S. 337)
1 Teelöffel Zucker
Pfeffer und zusätzliches Salz
2 Eßlöffel frische Petersilie, gehackt

Die Karotten putzen und in 3 cm große Stücke schneiden; in 1 1/2 l kochendes Wasser geben, dem man 3 Eßlöffel Salz zugefügt hat, und bei starker Hitze kochen, bis sie weich sind. Abgießen, auf eine vorgewärmte Platte oder in eine Schüssel füllen und beiseite stellen.

Zitronen-Öl-Sauce, Zucker, Salz und Pfeffer in einen kleinen Topf geben und unter Rühren bis zum Siedepunkt erhitzen; die heiße Sauce über die Karotten gießen, mit Petersilie bestreuen und heiß servieren.

Blumenkohlröschen, geschmort

Kunupídhi jachnistó

Κουνουπίδι γιαχνιστό

Blumenkohl, dieses feine, wohlschmeckende Gemüse aus der Kohlfamilie, wird oft in Fleischeintöpfe gegeben oder in Teig getaucht und ausgebacken. Kocht man Blumenkohl aber einmal mit Tomaten oder Tomatensauce, so bekommt er eine angenehm pikante Würze. Für dieses Rezept entfernt man Blätter und Strunk und teilt den Kohl in Röschen.
Für 4 Personen

1 mittelgroßer Blumenkohlkopf
3 Eßlöffel Olivenöl
1 Zwiebel, gehackt
1 kleine Dose Tomaten samt Flüssigkeit oder 1/4 l Tomatensauce (S. 329)
1 Bund frische Petersilie, gehackt
1 Knoblauchzehe, zerdrückt
Salz und Pfeffer

Den Blumenkohl halbieren, in Röschen teilen und jedes Röschen mit einem Messer 1 cm tief am Stiel einschneiden, damit sie alle gleichmäßig garen.

Das Olivenöl in einer Kasserolle erhitzen, die Zwiebel darin glasig dünsten, Tomaten oder Tomatensauce, Salz, Pfeffer, Petersilie und Knoblauch zugeben und 5 Minuten bei Mittelhitze kochen. Die Blumenkohlröschen auf die Tomaten legen, mit der Flüssigkeit bestreichen und zugedeckt bei schwacher Hitze 15 bis 20 Minuten köcheln lassen; die Kasserolle gelegentlich schütteln, damit nichts anbrennt. Der gekochte Blumenkohl sollte zart, aber nicht zu weich sein.

Mangold

Séfklo xerozímis

Σεῦκλο ξεροζύμης

Mangold, eine Rübenart mit dunkelgrünen Blättern und zarten, fleischigen Stielen und Rippen, ist seit langem ein beliebtes Grüngemüse in der griechischen Kost; es ähnelt Spinat, ist vitaminreich und läßt sich mühelos im Garten anbauen. Die zarten Stiele können ohne die Blätter gekocht und mit Ihrer Lieblingssauce angemacht werden, ergeben aber auch mit den Blättern zusammen ein reizvolles Gericht. Gekocht, abgetropft und mit *xerozímis* (in Olivenöl gebratene Brotwürfel) bestreut – auf diese Art bereiten die Inselbewohner Mangold wohl am häufigsten zu.
Für 4 Personen

1 kg Mangold
2 Eßlöffel Salz
7 Eßlöffel Olivenöl
1 Scheibe Weißbrot, in Würfeln
Pfeffer und zusätzliches Salz
Saft einer halben Zitrone

Die Mangoldstiele und -rippen leicht abziehen, die Blätter von den Rippen streifen und Stiele und Blätter getrennt unter fließendem kalten Wasser waschen. Blätter und Stiele in einen großen Topf mit kochendem Wasser geben, dem man 2 Eßlöffel Salz zugefügt hat, und unter gelegentlichem Wenden unbedeckt 15 bis 18 Minuten kochen lassen, bis die Stiele zart, aber nicht zu weich sind; gut abtropfen lassen und in eine Schüssel füllen. Für die Herstellung der *xerozímis* das Olivenöl bei Mittelhitze rauchendheiß werden lassen; das gewürfelte Brot darin goldgelb rösten und mit dem Öl zusammen über den Mangold gießen. Abschmecken und vor dem Servieren mit Zitronensaft beträufeln.

Geschmorte Kartoffeln

Patátes jachnistés

Πατάτες γιαχνιστές

Während des Winters gehören Kartoffeln, auf die eine oder andere Art zubereitet, fast zu jeder griechischen Mahlzeit. Bei diesem Gericht werden gleichmäßig große, festkochende Kartoffeln geschält, in dicke Scheiben geschnitten, goldbraun und knusprig angebraten und danach in Tomatensauce gedämpft.
Für 4 Personen

1 kg festkochende Kartoffeln
4 Eßlöffel Olivenöl
1 Zwiebel, gehackt
3 Eßlöffel Tomatenmark, in 11 Eßlöffel (170 ccm) Wasser angerührt
1 Bund Petersilie, gehackt
1 Knoblauchzehe, zerdrückt
Salz und Pfeffer

Die geschälten Kartoffeln je nach Größe in dicke Scheiben oder Viertel schneiden, waschen und zum Abtropfen beiseite stellen.

Das Olivenöl in einer Kasserolle erhitzen und die Kartoffeln (sie sollten völlig trocken sein; gegebenenfalls mit Küchenkrepp trockentupfen) darin portionsweise bei starker Hitze rasch goldbraun anbraten; wenn die Kartoffeln alle angebraten sind, sie wieder in die Kasserolle zurückgeben, mit einem Holzlöffel die Zwiebel unterrühren und 1 Minute kochen; aufgelöstes Tomatenmark, Petersilie, Knoblauch, Salz, Pfeffer und ¼ l Wasser zugeben. Die Kartoffeln bei schwacher Hitze halb zugedeckt köcheln lassen; dabei die Kasserolle gelegentlich schütteln, damit nichts anbrennt. Falls nötig, etwas Wasser nachgießen. Nach Ende der Kochzeit sollte nur wenig Sauce in der Kasserolle sein.

Kichererbsen-Kroketten

Revithokeftédhes

Ρεβιθοκεφτέδες

Kichererbsenkroketten, von jedem geschätzt und mein Lieblingsgericht als Kind, ißt man heiß oder kalt zum Mittag- oder Abendessen und zwischen den Mahlzeiten. Nach diesem sehr alten Dorfrezept werden sie aus getrockneten Kichererbsen hergestellt, gekocht, zerstampft, gewürzt, zu Kroketten geformt und in Olivenöl gebraten. Kichererbsen sind in den Lebensmittelabteilungen der Kaufhäuser und in Supermärkten erhältlich. In den Dörfern benutzt man Mörser und Stößel, um die gekochten Kichererbsen zu zerstampfen; Sie können aber auch einen Fleischwolf nehmen, mit dem es etwas schneller geht.
Für 4 Personen

200 g getrocknete oder 600 g vorgekochte Kichererbsen
1 mittelgroße Zwiebel
1 Kartoffel, gekocht
Salz und Pfeffer
1 Ei
2 Bund Petersilie, gehackt
Mehl zum Wenden
Olivenöl zum Braten

Wenn Sie getrocknete Kichererbsen verwenden, diese mit kaltem Wasser bedeckt über Nacht einweichen, abschütten, mit kaltem Wasser abspülen und mit 1 l frischem kalten Wasser in einer Kasserolle aufsetzen. Die Kasserolle zudekken und das Wasser zum Kochen bringen, die Hitze kleinschalten, die Kichererbsen 1½ Stunden oder solange simmern lassen, bis sie weich sind, und abgießen. Die gekochten Kichererbsen zusammen mit der Zwiebel und der Kartoffel durch den Fleischwolf drehen, die Mischung mit Salz und Pfeffer würzen und das Ei und die Petersilie hinzufügen; gut zu einer glatten Masse verarbeiten, daraus kleine Kroketten formen, in Mehl wenden und überschüssiges Mehl abschütteln. Das Olivenöl in einer Kasserolle erhitzen, die Kroketten darin bei Mittelhitze von beiden Seiten goldbraun braten und servieren.

Linsen mit Nudeln

Fakómatso

Φακόματσο

Die Kombination von Hülsenfrüchten und Teigwaren ist sehr beliebt bei armen Leuten, wird im übrigen aber während der Fastenzeit von jedermann in ganz Griechenland geschätzt. Braune und grüne Linsen und selbstgemachte Nudeln verleihen diesem gehaltvollen Gericht seine besondere Note.
Für 4-6 Personen

Eiernudeln (S. 314)
2 Eßlöffel Salz
8 Eßlöffel Olivenöl
250 g braune oder grüne Linsen
2 Eßlöffel Tomatenmark
1 Teelöffel getrocknetes Bohnenkraut
1 Zwiebel, gehackt
1 Knoblauchzehe, zerdrückt
Pfeffer und zusätzliches Salz

Die Nudeln nach dem Rezept auf S. 314 herstellen, allerdings nur 2 Eier und 1 Eigelb verwenden. 3 bis 4 l Wasser mit 2 Eßlöffel Salz und 2 Eßlöffel Olivenöl aufkochen, die Nudeln hineingeben und 10 Minuten kochen; abgießen und beiseite stellen. Die Linsen in eine Kasserolle geben, soviel Wasser zugießen, daß sie 5 cm hoch damit bedeckt sind, und Tomatenmark, Bohnenkraut, Zwiebel, Knoblauch, restliches Öl und Pfeffer zufügen; zum Kochen bringen, die Hitze herunterschalten und die Linsen bei Mittelhitze zugedeckt köcheln lassen, bis sie weich sind. Die gekochten Nudeln mit einem Holzlöffel vorsichtig unter die Linsen mischen und nach Geschmack salzen. Falls nötig, noch etwas Wasser angießen; das Ganze unter Rühren erneut zum Kochen bringen und zugedeckt weitere 5 Minuten bei schwacher Hitze simmern lassen. Heiß servieren.

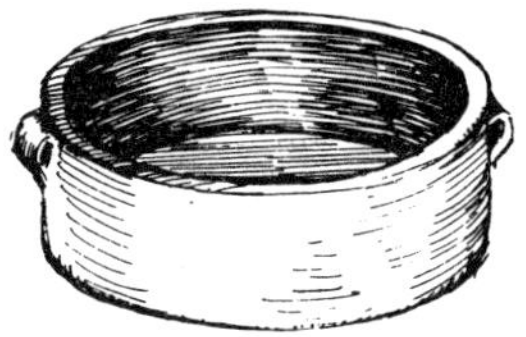

Tsúka

Weiße Erbsenbohnen mit Nudeln

Fasolomakárona

Φασολομακάρονα

Dieses Gericht, mit weißen Erbsenbohnen und kleinen Makkaroni, *ditalini,* zubereitet, kann, dick gekocht, als Hauptgericht serviert werden; genauso gut schmeckt es aber auch als Suppe; in diesem Fall mehr Wasser zufügen.
Für 4-6 Personen

330 g getrocknete weiße Erbsenbohnen
(oder sonstige weiße Bohnen)
1½ Eßlöffel Tomatenmark
½ Teelöffel getrocknetes Bohnenkraut
4 Eßlöffel Olivenöl
2 Knoblauchzehen, halbiert
2 Eßlöffel frische Petersilie, gehackt
200 g Makkaroni
Salz und Pfeffer
Geriebener Käse

Die Bohnen mit kaltem Wasser bedecken, über Nacht einweichen und abgießen; mit knapp 1 l frischem kalten Wasser aufsetzen, Tomatenmark und Bohnenkraut zufügen und zum Kochen bringen. Die Hitze kleinschalten und die Bohnen zugedeckt simmern lassen, bis sie weich sind.

Das Olivenöl in einer kleinen Pfanne erhitzen und Knoblauch und Petersilie darin 1 Minute dünsten; achtgeben, daß beides nicht verbrennt. Mit dem Öl zusammen zu den Bohnen geben, umrühren, die Makkaroni, Salz und Pfeffer hinzufügen und zugedeckt bei Mittelhitze kochen lassen, bis die Makkaroni gar sind; dabei gelegentlich umrühren. Mit dem geriebenen Käse bestreuen und sofort servieren.

Kleingebäck und Kuchen

Überall in Griechenland werden zwischen Weihnachten und Neujahr in jedem Haushalt die wie Schätze gehüteten Backrezepte – seit vielen Generationen in der Familie – hervorgeholt. Weihnachten wäre eben nicht Weihnachten ohne die *finíkia*, süße Gewürzplätzchen, die man in großen Mengen zubereitet und an Verwandte und Freunde schenkt, die sich ihrerseits mit derselben Plätzchenmenge bedanken.

Der traditionelle Neujahrskuchen verursacht eine Menge Aufregung in einer Familie mit Kindern, denn einem alten Glauben nach wird derjenige das kommende Jahr hindurch viel Glück haben, der die vor dem Backen im Teig versteckte Goldmünze findet. Dieser Kuchen, *vasilópitta* oder Basilius-Kuchen, ist nach dem heiligen Basilius benannt, der an Neujahr – in der Rolle unseres Nikolaus – den Kindern Süßigkeiten bringt.

Etwas anspruchsvollerer Art ist das aus hauchdünnem *fíllo*-Teig (S. 344) mit Nüssen und Sirupen hergestellte Gebäck, das zu Hause und in Konditoreien zubereitet und manchmal an Namenstagen serviert wird.

Süße Gewürzplätzchen mit Honig-Sirup überzogen

Finíkia

Φοινίκια

Diese nußgefüllten Gewürzplätzchen, von Zitronensaft und Honig durchtränkt, werden vor dem Backen auf umgedrehte Kristallteller verschiedener Muster gedrückt, damit sie ein weihnachtlich festliches Aussehen bekommen. Den Teig zu mischen, ist einfach, aber um die *finíkia* auszurollen, zu füllen und mit Sirup zu überziehen, bedarf es zusätzlich helfender Hände. Am besten bittet man dafür die Familie oder Freunde und Nachbarn, und so mache auch ich es gewöhnlich, wenn es an diese Art Backen geht – für alle Beteiligten ein vergnügliches Unternehmen vor dem Fest! *Finíkia* sind die Lieblingsplätzchen von Burton, meinem jüngsten Sohn, und da sie sich so lange halten, wird sein Vorrat niemals knapp!
Ergibt 48 Plätzchen

1.

2.

FÜLLUNG

125 g Walnüsse, gemahlen
1 großes Ei oder 2 kleine Eier
85 g oder 5 Eßlöffel Zucker
1 Teelöffel gemahlener Zimt

SIRUP

500 g Honig
¼ l Wasser
Saft einer Zitrone

TEIG

450 ccm Olivenöl oder Maiskeimöl
400 g Zucker
½ Teelöffel Natron
¼ l frisch gepreßter Orangensaft
2 Eßlöffel abgeriebene Orangenschale
1 Eßlöffel gemahlener Zimt
1 Eßlöffel gemahlener Muskat
3 gestrichene Teelöffel Backpulver
1 kg gesiebtes Mehl

ZUM BESTREUEN

40 g Walnüsse, feingehackt

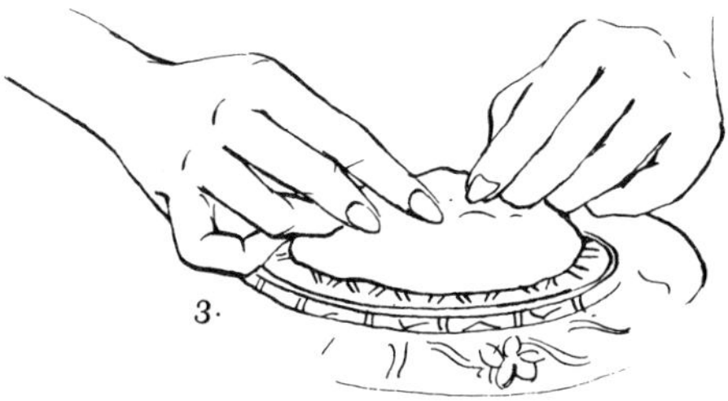

3.

4.

FÜR DIE FÜLLUNG
Zutaten in einer Schüssel vermischen und beiseite stellen; die Zutaten für den Sirup in einer Kasserolle vermengen und ebenfalls beiseite stellen.

FÜR DEN TEIG
das Öl und den Zucker in eine große Rührschüssel geben und 10 Minuten mit einem Elektroquirl bei mittlerer Geschwindigkeit oder 20 Minuten von Hand rühren. Das Natron im Orangensaft auflösen, bis es sprudelt, und zusammen mit abgeriebener Orangenschale, Zimt und Muskat zur Öl-Zukker-Mischung geben; mit einem Holzlöffel solange umrühren, bis sich der Zucker vollkommen aufgelöst hat. Nach und nach das mit Backpulver vermengte Mehl einarbeiten, bis ein halbwegs fester Teig entsteht; den Teig glattkneten. Der Teig sollte nicht zu fest werden, da die Plätzchen nach dem Backen sonst zu hart sind. Den Ofen auf 175 Grad vorheizen.

Walnußgroße Stücke vom Teig abnehmen und zwischen den Handflächen zu ovalen Platten formen; diese auf einen umgedrehten Kristallteller legen, der Länge nach mit der Handkante eine Vertiefung hineindrücken und auf diese Weise die Plätzchen gleichzeitig mit einem Muster versehen. In die Vertiefung ½ Teelöffel Walnußfüllung geben und den Teig gut darüber zusammendrücken, damit die Füllung nicht herausläuft (siehe Skizzen). Die Stangen mit der gemusterten Seite nach oben auf ein ungefettetes Backblech legen; etwa 10 bis 12 Minuten backen, bis sie eine leichte goldgelbe Farbe annehmen, aus dem Ofen holen und beiseite stellen, bis der Sirup fertig ist.

DEN HONIGSIRUP
in der Kasserolle langsam bei kleiner Flamme erhitzen; jeweils einige Plätzchen auf einmal hineingeben und etwa 30 Sekunden im heißen Sirup lassen; mit einem Schaumlöffel auf eine große tiefe Platte heben. Wenn alle *finíkia* mit Sirup überzogen sind, den restlichen Sirup darübergießen, mit den gehackten Walnüssen bestreuen und vor dem Servieren 1 bis 2 Tage stehen lassen. Die zuunterst liegenden *finíkia* immer zuerst anbieten.

Strudelgebäck mit Walnußfüllung, von Sirup durchtränkt

Baklavás

Μπακλαβάς

Baklavás besteht aus hauchdünnen Teigschichten zwischen Lagen einer süßen gewürzten Nußfüllung und wird nach dem Backen in mit Orangensaft und -schale aromatisierten Sirup getaucht. Die Inselbewohner, die in der Stadt leben, essen diese in Konditoreien angebotene ›Leckerei der tausend Lagen‹ hauptsächlich nach dem langen Nachmittagsschläfchen, um sich mit neuen Energien aufzuladen. Für die Zubereitung des dünnen *fíllo*-Teiges benötigt man geschickte Hände und sehr viel Zeit. Hier und da ist er mittlerweile in griechischen Lebensmittelgeschäften frisch oder tiefgefroren in 450-g-Paketen mit je 16 bis 20 dünnen Lagen erhältlich; Sie können es auch einmal mit vorgefertigtem Strudelteig versuchen, den man überall bekommen kann. Achten Sie bitte darauf, ihn nicht lange an der Luft stehenzulassen, da er rasch austrocknet und dann reißt; bedekken Sie ihn am besten mit einem feuchten Küchenhandtuch (S. 344). Die Walnüsse für die Füllung können im Mörser oder mit dem Nudelholz zerdrückt werden.
Ergibt 24-30 Gebäckstückchen

350 g Butter
450 g fíllo- *oder Strudelteig*

SIRUP
400 g Zucker
¼ l + 2 Eßlöffel (280 ccm) Wasser
Saft einer halben Zitrone
Schale einer Orange
Schale einer Zitrone
2 Zimtstangen

FÜLLUNG
550 g Walnüsse, gemahlen
150 g Zucker
1 Eßlöffel + 1 Teelöffel Zimt
1 Teelöffel Muskat

FÜR DEN SIRUP
Zutaten in eine Kasserolle geben, zum Kochen bringen, die Hitze herunterschalten und den Sirup 5 Minuten köcheln lassen; zum Abkühlen beiseite stellen, bis der *baklavás* gebacken ist.
Die Butter klären (S. 356).

FÜR DIE FÜLLUNG
Walnüsse, Zucker, Zimt und Muskat in einer Schüssel vermengen und auch diese Mischung beiseite stellen.

Den Ofen auf 200 Grad vorheizen. Mit einem scharfen Messer die *fíllo*-Teiglagen so zurechtschneiden, daß sie in eine 22x30x5 cm große Backform passen, und 4 Lagen für die Oberfläche des *baklavás* beiseite legen. *Fíllo*-Teig, der gerade nicht in Gebrauch ist, mit einem feuchten Küchenhandtuch abdecken, damit er nicht austrocknet. Die Backform mit geklärter Butter ausstreichen und nacheinander 4 bis 5 *fíllo*-Lagen hineingeben; dabei jede Lage mit Butter bepinseln. Diese Lagen gleichmäßig mit etwa 6 Eßlöffel Füllung bestreuen; 2 bis 3 Lagen *fíllo* darübergeben, jede Lage mit Butter bepinseln und mit 6 Eßlöffel Füllung bestreuen. Diesen Vorgang mit den restlichen gefetteten und mit Füllung bestreuten *fíllo*-Lagen wiederholen und mit den 4 Lagen, die man für die Oberfläche beiseite gelegt hat, abschließen; dabei wiederum jede Lage und die Oberfläche reichlich mit Butter bepinseln.

Wenn Sie Strudelteig verwenden, reduzieren Sie auf jeweils zwei Lagen für Boden und Decke und auf eine Lage als Zwischenschicht.

Mit der Spitze eines scharfen Messers die 4 oberen Lagen rhombenförmig einritzen, um die zukünftigen Teilchen des Gebäcks zu markieren, und den *baklavás* 45 Minuten backen, bis die Oberfläche goldbraun und knusprig ist; die Backform aus dem Ofen holen, leicht abkühlen lassen und den Sirup gleichmäßig über die Oberfläche des *baklavás* gießen. An den Markierungen entlang in rhombenförmige Stücke schneiden und vor dem Servieren über Nacht stehen lassen. Wenn Sie mögen, können Sie den *baklavás* vor dem Servieren mit Rosenwasser beträufeln.

Gdhí

Basilius-Kuchen

Vasilópitta

Βασιλόπιττα

Dieser Neujahrskuchen hat einen einfachen, aber köstlichen Geschmack, der von den süßen Gewürzen herrührt. Statt der vor dem Backen im Teig versteckten Goldmünze können Sie auch eine in Folie gewickelte Silbermünze hineingeben.
Für 15-20 Personen

420 g gesiebtes Mehl
3 gestrichene Teelöffel Backpulver
½ Teelöffel Salz
225 g Butter
400 g Zucker
5 mittelgroße Eier
¼ l Orangensaft
1 Eßlöffel frische abgeriebene Orangenschale
1 Teelöffel Muskat
Blanchierte Mandeln (S. 360)

Den Ofen auf 175 Grad vorheizen. Mehl, Salz und Backpulver vermengen und beiseite stellen. Butter und Zucker mit einem Elektroquirl oder von Hand in einer Rührschüssel schaumig rühren, einzeln die Eier zufügen und zu einer cremigen Mischung schlagen. 140 g Mehl mit einem Holzlöffel untermengen, ⅓ des Orangensaftes zugeben und gut umrühren. Diesen Vorgang wiederholen, bis Mehl und Orangensaft eingearbeitet sind und ein glatter Teig entstanden ist. Orangenschale und Muskat untermengen, die Münze hineingeben und den Teig in eine gut gefettete, etwa 22 x 30 x 5 cm große Backform gießen. Mit blanchierten Mandeln das Neujahrsdatum auf den Kuchen ›schreiben‹ und den Kuchen 45 bis 60 Minuten backen, bis er goldbraun ist. Abkühlen lassen und in Vierecke oder Rauten schneiden.

Früchte und Konfitüren

Auf den Marktplätzen stapeln sich im Winter leuchtende Pyramiden orangefarbener und gelber Zitrusfrüchte – Mandarinen, Zitronen und Orangen. Als Kinder freuten wir, meine Freunde und ich, uns immer auf die Zeit, in der es dieses Obst gab. Sobald die Früchte die Farbe zu wechseln begannen, kletterten wir auf die Mandarinen- und Orangenbäume und versuchten, mit ausgestreckten Armen die reifsten der kaum goldenen Früchte herunterzuholen. Am liebsten mochten wir die Orangen; zuerst rollten wir sie auf einer harten Unterlage hin und her und quetschten sie auf einer harten Unterlage hin und her und quetschten sie dabei etwas zusammen, durchbohrten sie dann mit einem langen, dünnen Draht oder Holzstäbchen und saugten den Saft aus – dieser war noch so sauer, daß es uns den Mund zusammenzog, aber das störte uns nicht. Sind die Orangen reif und süß, so ißt man das frische Fruchtfleisch, und die Schalenschnitze werden, zu Röllchen gedreht, gekocht und in Zuckersirup kandiert.

Frische Orangenscheiben in Sirup

Portokália siropáta

Πορτοκάλια σιροπάτα

Orangen kann man zur Abwechslung auch einmal auf eine recht ausgefallene Weise essen – in wie leuchtende Blüten aussehende Scheiben geschnitten und mit einem Sirup getränkt, der mit Orangenschale aromatisiert ist. Man reicht sie oft als Dessert zu Gebäck, da die Säure der Orangen den äußerst süßen Geschmack des Gebäcks mindert; allein serviert, bilden sie einen herrlichen Abschluß einer griechischen Mahlzeit.
Für 6 Personen

4 frische kernlose Orangen
250 g Zucker
3/8 l Wasser für den Sirup

Die Schalen von den Orangen sehr dünn abschälen; so wenig weiße Haut wie möglich daranlassen, da diese bitter ist. Die Orangen beiseite stellen. Die Schalen in feine Streifchen schneiden, mit Wasser bedeckt in einer Kasserolle aufsetzen, zum Kochen bringen, 1 Minute kochen und abgießen. Zukker und Wasser aufkochen, die Schalenstreifchen zugeben, die Hitze etwas herunterschalten und den Sirup etwa 15 Minuten kochen lassen, bis er einen Löffel überzieht und die Schalen glasig sind. Zum Abkühlen beiseite stellen.

Von den geschälten Orangen die weiße Haut abziehen und das Fruchtfleisch quer in etwa 1 cm dicke Scheiben schneiden; auf einer flachen Platte auslegen, den nur wenig abgekühlten Sirup darübergießen und vor dem Servieren gut kühlstellen.

Orangenschalen-Konfitüre als ›Löffel‹-Dessert

Portokália glikó

Πορτοκάλια γλυκό

Man rollt Orangenschalenstücke zusammen, reiht sie mit Nadel und Faden wie Girlanden auf und verknotet die Fadenenden; danach kocht man die Schalen in Zuckersirup und bietet sie einzeln auf kleinen Glastellern Besuchern – oder sich selbst! – als süße Erfrischung an.

An Stelle von Orangenschalen werden auf den Inseln *nerántzi*-Schalen verwendet. Die *nerantziá*, der Pomeranzenbaum, gehört ebenfalls zur Familie der Zitrusbäume; die Früchte sind zwar von der gleichen Größe wie die Früchte des Orangenbaumes, haben aber ein ungenießbares, bitteres Fruchtfleisch mit strengerem Aroma. Außerhalb Griechenlands sind sie nur selten erhältlich.

6 mittelgroße kernlose Orangen
500 g Zucker
450 ccl Wasser für den Sirup
Saft einer halben Zitrone

Von den Orangen rundherum die Schalen an der Oberfläche leicht abraspeln. Die Schale jeder Orange senkrecht in 6 Abschnitte teilen und die Schalenschnitze abziehen; mit einem Messer die weiße Innenhaut aus jedem Schalenstück entfernen. Die Schalenstücke von einem zum anderen Ende hin fest aufrollen und mit einer Nadel und einem starken Faden die Röllchen nacheinander aufreihen, bis Sie 18 Röllchen aufgefädelt haben; die Fadenenden zusammenknoten, so daß eine kleine Girlande entsteht (siehe Skizzen). Diesen Vorgang wiederholen und eine zweite Girlande herstellen. Beide Girlanden mit kaltem Wasser bedeckt in einem Topf aufsetzen, zum Kochen bringen, 1 Minute kochen lassen und abgießen; das Ganze nochmals wiederholen, damit die Schalen ihren bitteren Geschmack verlieren.

Nun die Girlanden mit 3 l frischem kalten Wasser in einem großen Topf aufsetzen, das Wasser bei Mittelhitze zum Kochen bringen und die Schalen etwa 30 bis 40 Minuten kochen, bis sie weich sind; abgießen und trockentupfen.

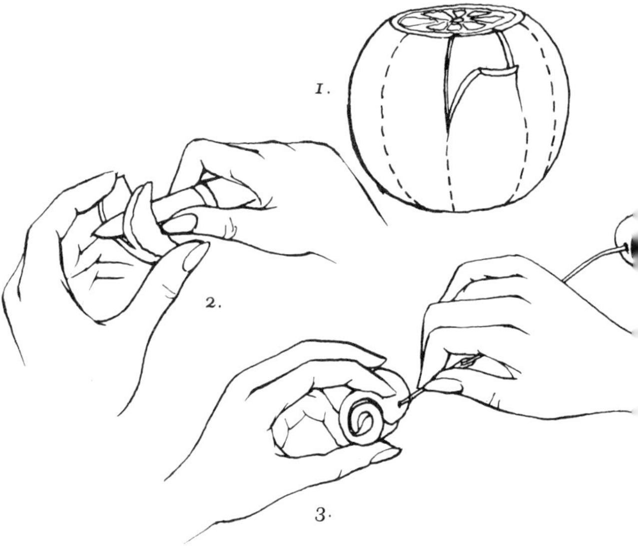

Wasser, Zucker und Zitronensaft in einem großen Topf aufsetzen, aufkochen, die Girlanden hineingeben und unbedeckt bei schwacher Mittelhitze 45 bis 60 Minuten simmern lassen, bis der Sirup dick ist und die Schalen glasiert sind. Den Topf vom Feuer nehmen, abkühlen lassen und die Girlanden herausnehmen. Die Schalen im Sirup in einem sterilisierten Glas aufbewahren.

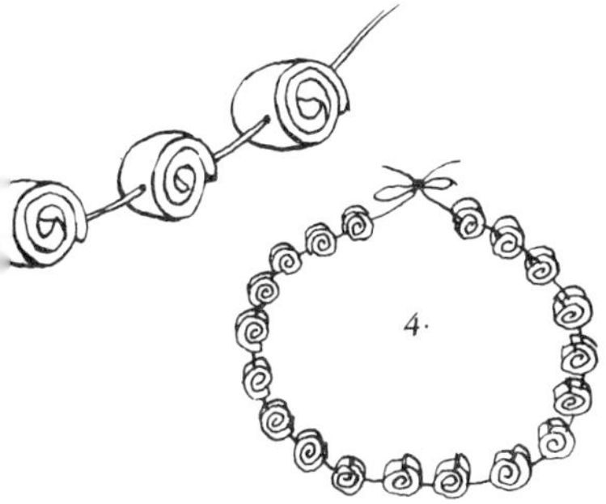

Konfekt

Stets zur Winterszeit stellte meine Mutter unsere süßen Lieblingsspeisen in ihrer für diesen Zweck bestimmten tiefen, schwarzen Bratpfanne über dem Holzfeuer her, wobei meine Brüder und ich jedesmal voller Vorfreude der brodelnden Mischung zuschauten. *Chalvás,* das meine Brüder ganz besonders liebten, ist eine weiche, aus feinem Weizengrieß oder Reismehl zubereitete Süßspeise, unter die man während des Kochens Honig mischt. *Melekúni* aber ist das Zuckerwerk, an das ich mich am liebsten erinnere – ein Konfekt, das in den Dörfern von Haus zu Haus als Einladung zu einer Hochzeit gereicht wird, ein liebenswerter Brauch aus vorchristlicher Zeit.

Chalvás

Chalvás spitísios
Χαλβάς σπιτίσιος

Farbe und Konsistenz von *chalvás* hängen von den verwendeten Zutaten ab. Dieses selbstgemachte *chalvás,* mit verschiedenen Getreidesorten, Fetten, manchmal mit Trockenobst und Nüssen zubereitet, unterscheidet sich völlig von dem auf den Märkten verkauften Chalvá, dessen Hauptbestandteil gemahlene Sesamsamen sind.
Ergibt eine Platte voll *chalvás*

SIRUP
300 g Zucker
knapp ¼ l Wasser
1 Teelöffel abgeriebene Zitronenschale

FÜR DAS CHALVÁS
125 g Butter
150 g Reismehl oder feiner Weizengries
½ Teelöffel Muskat

Zuerst den Sirup herstellen. Die Zutaten in einer Kasserolle aufsetzen, einige Minuten kochen lassen und den Sirup beiseite stellen.

Die Butter bei Mittelhitze in einer Kasserolle zergehen lassen, Reismehl oder Weizengries und Muskat zugeben und 2 Minuten kräftig durchrühren, bis die Mischung eine leicht goldgelbe Farbe annimmt; die Kasserolle vom Feuer nehmen. Unter ständigem Rühren langsam den Sirup in die Kasserolle gießen und weitere 2 Minuten unter Rühren kochen, bis die Mischung sich von den Seitenwänden löst. In eine kleine, leicht gefettete Form (etwa 10 x 20 x 5 cm) füllen und die Mischung mit einem Löffelrücken glattstreichen. In Vierecke schneiden und heiß oder kalt servieren.

Sesam-Honig-Konfekt

Melekúni

Μελεκούνι

Aus geröstetem Sesamsamen und Honig bereitet man dieses rhombenförmige Konfekt. Es wird noch immer zu Hause hergestellt, aber auch in Geschäften angeboten. Beim Rösten der Sesamsamen und beim Kochen des Honigs bitte stets darauf achten, daß nichts anbrennt, daß nichts von der heißen Mischung mit Ihren Händen in Berührung kommt. Das Verhältnis Sesamsamen zu Honig sollte 1,5 zu 1 sein, etwa:

375 g Sesamsamen
250 g griechischer oder
anderer dickflüssiger Honig

Den Ofen auf 175 Grad vorheizen. Die Sesamsamen in einer mittelgroßen flachen Pfanne ausstreuen und im Ofen etwa 5 Minuten rösten; dabei mindestens zweimal umrühren. Den Honig in eine Kasserolle geben und bei Mittelhitze kochen lassen, bis er Bläschen bildet; vom Feuer nehmen und die Sesamsamen zugeben. Weitere 2 bis 3 Minuten unter ständigem Rühren kochen. Eine Marmor- oder feuerfeste Platte leicht einölen; die heiße Sesamsamen-Honig-Mischung daraufgießen und mit einem feuchten Spachtel flachdrücken; ist die Mischung leicht abgekühlt, so streichen Sie sie mit nassen Händen glatt. Wenn Sie eine große Menge Konfekt herstellen, walken Sie die Mischung mit einem mit Wasser angefeuchteten Nudelholz zu einem 1 cm dicken Rechteck aus, bevor die Masse vollkommen abgekühlt ist. Ein großes Messer in kaltes Wasser tauchen und das Konfekt in Rauten mit etwa 7 cm Seitenlänge schneiden. Wenn die *melekúnia* völlig kalt sind, auf eine Platte geben und an einem kühlen, trockenen Ort aufbewahren.

Minze

Kamille

Tee

Neben dem importierten Tee, den die Griechen in die Liste ihrer heißen Frühstücksgetränke aufgenommen haben, gibt es Tees, die man aus den in den Bergen wildwachsenden, aromatischen Sträuchern und Kräutern zubereitet. Salbei, den die Inselbewohner *alesfakiá* und die übrigen Griechen *faskomiliá* nennen, brühen die Dörfler an Wintermorgen sehr gerne zu Tee auf. Während meiner Besuche auf dem Dorf gab meine Tante für meinen Lieblingstee jedesmal kochendes Wasser in eine Tasse und tauchte einen Zweig getrockneten Salbei hinein, mit dem ich das Wasser solange umrührte, bis es sich grün färbte. Süßer Majoran, *sápsichos,* und Minze, *dhiósmos,* sind Kräuter, die – auf die gleiche Weise zubereitet – bei Erkältungen getrunken werden. Auch aus den kleinen weißen und gelben, wie Gänseblümchen aussehenden Blüten der schönen Kamille, *chamómilo,* brüht man einen köstlichen Tee, den ein neugeborenes Kind als ersten Trunk bekommt.

Salbei

Salbei- und andere Kräutertees

Alesfakiá ke álla tsáia

ʼΑλεσφακιά καί ἄλλα τσάγια

Im Spätsommer pflückt man kleine Zweige von Salbei, süßem Majoran und Minze und hängt sie in Bündeln zum Trocknen mit anderen Kräutern zusammen in der Vorratskammer auf. Kamille wird in Säckchen aus Seih- oder Mulltuch gefüllt und ebenfalls aufgehängt, bis sie vollkommen getrocknet ist.
Für 4 Personen

3 Eßlöffel Salbei, Majoran oder Minze
1 l kochendes Wasser

Die Kräuter in eine vorgewärmte Teekanne aus Steingut oder Ton (Metall verändert den Geschmack) geben und das kochende Wasser unter Rühren darübergießen. Den Tee 5 bis 7 Minuten oder länger ziehen lassen, wenn Sie einen starken Tee vorziehen. Den Tee gesiebt in normalen Teetassen mit oder ohne Zucker servieren.

Gewürzter Tee

Tsái mirodháto

Τσάι μυρωδάτο

Manchmal besteht das Frühstück eines Inselbewohners bis zur Frühstückspause um 10 Uhr, der *kolatsión*, nur aus einer Tasse Tee. Dieser Tee wird vor dem Aufbrühen mit Nelken, Zimt und Stückchen von getrockneter Orangenschale gewürzt. Folgende Mischung reicht als Vorrat für etwa 60 Tassen Tee:

125 g Orange Pekoe oder
Englischer Frühstückstee
1 Eßlöffel Zimtstangen, zerdrückt
7 Nelken, zerdrückt
2 Eßlöffel getrocknete Orangenschale
(S. 360), in kleinen Stückchen

Tee, Zimt, Nelken- und Orangenschale vermischen und in einer festschließenden Dose aufbewahren.

Bereiten Sie den Tee in kleinen Mengen zu, so nehmen Sie je nach gewünschter Stärke pro 1/4 l kochendes Wasser 1/2 bis 1 Teelöffel dieser Teemischung. Den Tee in eine vorgewärmte Teekanne aus Steingut oder Ton geben, das kochende Wasser darübergießen und den Tee 2 bis 3 Minuten ziehen lassen. Ist der Tee zu stark, durchsieben und mit kochendem Wasser verdünnen. Mit oder ohne Zucker servieren.

Zu jeder Jahreszeit

In der Griechischen Küche gibt es natürlich auch Speisen, die als Hauptgericht oder Teil einer Mahlzeit zu allen Jahreszeiten zubereitet werden. Daher hielt ich es für das beste, diese Rezepte in einem gesonderten Abschnitt zusammenzufassen. Sie finden hier Rezepte für verschiedene Brotsorten, die in der Stadt wie im Dorf zu jeder Zeit des Jahres gebacken werden – beispielsweise der runde flache Brotfladen, *pítta,* den jahrhundertelang die Bauern aßen, der mittlerweile aber auch in den Städten begehrt ist; normalerweise verkauft man die *pítta* – mit gebratenen Fleischstückchen oder Salat gefüllt – in kleinen Restaurants oder den Imbißständen an Straßenecken; man kann sie natürlich auch ohne weiteres zu Hause bereiten. Nicht zu vergessen, die großen braunen Laibe des Vollweizenbrotes, *psomí sitarénio,* das die Dorffrauen noch in den im Freien stehenden Öfen backen, und außerdem das gewöhnliche Stadtbrot, *psomí tis óras,* das, lang, knusprig und täglich frisch gebacken, auf keinem Tisch fehlt.

Griechen lieben Nudeln und Reis über alles – besonders *makaronádha* und *piláfi* –, die sie ohne Beilage oder mit warmen Saucen essen. In dieses Kapitel habe ich daher auch die warmen und kalten Saucen aufgenommen, die am häufigsten zu gekochtem oder gebratenem Fisch, zu Fleisch und Gemüse gereicht werden, sowie die Saucen für Salate.

Außerdem finden Sie die Rezepte für Suppenbrühen (die Grundlage für die köstliche Reissuppe-*avgolémono* und für die Insel-Fischsuppe); für Weinmarinaden, durch die Fleisch zart wird und ein pikantes Aroma erhält; für einen Ausbackteig und für den *fíllo*-Teig.

Es folgt eine kurze Abhandlung über Kaffee, den man zu jeder Jahreszeit den ganzen Tag über trinkt – zum Frühstück, zwischen den Mahlzeiten und danach – die beste Art, ein griechisches Essen zu beschließen.

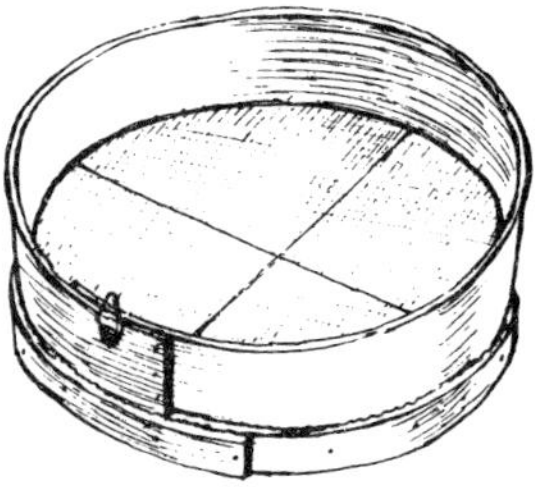

Kóskino

Skáfi

Pinakotí

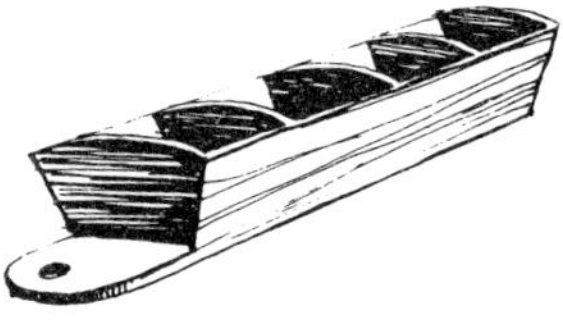

Brot

Die frischgebackenen Brote in den Fenstern der Stadtbäckereien sind für die Vorübergehenden von unwiderstehlichem Reiz, und gewöhnlich machen die Männer, die zum Mittagessen und zur anschließenden Mittagsruhe nach Hause gehen, kurz halt und kaufen ein noch warmes, knuspriges Brot, das ihre Mahlzeit begleitet. Am meisten ist mir jedoch der Duft der Weizen- und Gerstenbrote in Erinnerung geblieben, der am Samstag, dem Backtag, durch die kleinen Dörfer zieht.

Brotbacken ist ein wöchentliches Dorfritual. Einen Tag vor dem eigentlichen Backtag wird das Korn in der Dorfmühle zu Mehl gemahlen. Diese Mühle, rund gemauert und eher wie ein Turm aussehend, ist gerade so groß, daß die riesigen hölzernen Mahlwerke, der Müller und jeweils ein Kunde darin Platz haben. Die gewaltigen, mit Tuch bespannten Mühlenflügel, die beinahe bis zum Boden reichen, sind außen an der Nordseite angebracht, da die Sommerwinde am häufigsten aus dieser Richtung wehen. Sie setzen die Mühlenflügel – und dadurch natürlich die Mühlsteine im Inneren – in Gang. Die Bauersfrauen bringen ihre auf Esel gepackten Kornsäcke zur Mühle und warten, bis der Müller das Korn gemahlen hat, nur um sicherzugehen, daß sie auch ihr eigenes Mehl zurückbekommen! Für die Hausfrau beginnt das Brotbacken schon am Vorabend mit dem Ansetzen des Teiges. In einer Steingutschüssel wird etwas Mehl mit dem Treibmittel – einem Teigrest der Vorwoche – verarbeitet und über Nacht zum Aufgehen beiseite gestellt. Jeden Samstag siebt man das

Mehl durch ein mit einem Netz aus Pferdehaar bespanntes Holzsieb, das *kóskino,* in ein großes, bootförmiges Holzbecken, *skáfi,* um die überschüssige Kleie abzusondern. Das Mehl im *skáfi* wird mit dem Vorteig zu einem Teig geknetet, in zwei Hälften geteilt und auf einem niedrigen runden Holztisch, *siní,* ausgerollt. Neben den großen runden Brotlaiben formt man aus dem Teig auch einige kleine, krapfenartige Brote – eins für jedes Kind in der Familie!

Auch das Vorbereiten des bienenkorbförmigen Ofens im Freien ist ein langwieriger Prozeß, der damit beginnt, daß der Mann des Hauses in den Bergen genügend trockenes Geäst finden muß, um einen Esel beladen zu können – das ist die für das Heizen des Ofens und das Brotbacken benötigte Menge. Danach fegt man sorgfältig Kohlen und Aschenreste mit feuchten Salbeizweigen aus dem Ofen, macht mit dem gesammelten Brennholz ein Feuer an und schiebt schließlich die aufgegangenen Brote einzeln mit einer langen flachen Holzschaufel in den heißen Ofen. Die Brote für die Kinder sind zuerst fertig; sobald man sie aus dem Ofen geholt hat, werden sie mit einem kleinen Zweig des aromatischen *askinós*-Strauches durchbohrt, damit das Kind das Brot halten kann, ohne sich die Finger zu verbrennen, und damit sich der würzige Geruch der Blätter auf das Brot überträgt. Die großen Laibe läßt man nach dem Backen leicht abkühlen, deckt sie mit einem dicken handgewebten Baumwolltuch ab und verwahrt sie als Vorrat bis zum nächsten Backtag in einem von den Deckenbalken hängenden Korb.

Als Treibmittel verwende ich Hefe in Würfelform, die sich in warmem Wasser von ungefähr 45 Grad auflöst, oder Trockenhefe, bei der das Wasser etwa 60 Grad warm sein muß; beide Hefearten sollten jedesmal auf ihre Treibfähigkeit hin untersucht werden (S. 358).

Ich knete den Teig in einer Schüssel kräftig mit den Fäusten, ziehe ihn mit den Fingern von der Seite zur Mitte hin und knete solange weiter, bis der Teig nicht mehr klebrig ist und sich glatt und elastisch anfühlt (siehe Skizzen).

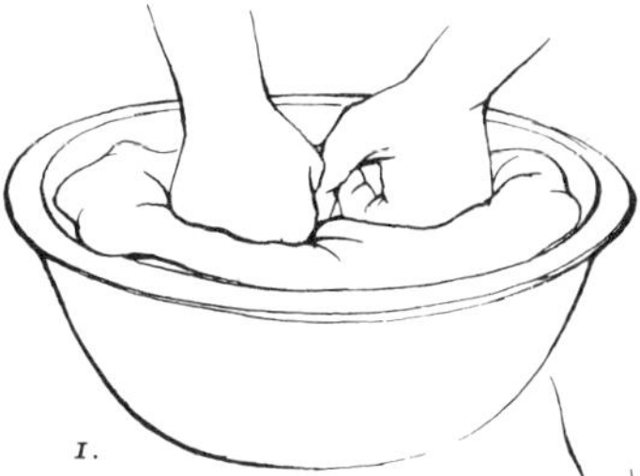

1.

2.

Sie können den Teig aber auch auf Ihre eigene Art und Weise kneten. Für ein gutes Brot ist es wichtig, den Teig gehen zu lassen, bis er sein Volumen verdoppelt hat. Bei verschiedenen Brotsorten dauert dies, je nach Zutaten und Zimmertemperatur, unterschiedlich lang; im allgemeinen läßt man den Teig das erste Mal 1 bis 2 Stunden und das zweite Mal 1/2 Stunde gehen. Um das aufgegangene Brot zu prüfen, drückt man mit der Fingerspitze hinein; bleibt eine Delle zurück, so ist es ausreichend gegangen und kann nochmals auf das Backbrett geschlagen und durchgeknetet oder sofort gebacken werden. Der gebackene Brotlaib sollte leichtgewichtig sein und hohl klingen, wenn Sie mit dem Fingerknöchel an die untere Kruste klopfen.

Vollweizenbrot

Sitarénio psomí

Σιταρένιο ψωμί

Infolge verschiedener Klimata und wechselnder Sonnenintensität läßt sich ein deutlicher Qualitätsunterschied zwischen den Weizenmehlsorten einzelner Länder feststellen. Ich finde, daß dem amerikanischen Vollweizenmehl die Süße des Mehls der Griechischen Inseln fehlt; daher gebe ich braunen Zucker und Olivenöl in den Teig, damit er gehaltvoller wird. Sie können die Zutatenmenge für dieses Rezept nach Wunsch halbieren.
Ergibt 4 Laibe von etwa 22 x 13 cm Größe oder 6 Laibe von etwa 20 x 10 cm Größe

5 Würfel Hefe oder
5 Päckchen Trockenhefe
6 Eßlöffel brauner Zucker
1¼ l heißes Wasser
2¼ kg Vollweizenmehl
4 Eßlöffel Salz
10 Eßlöffel Olivenöl
oder zerlassene gesalzene Butter

Hefe und Zucker in einer Schüssel vermengen, ¼ l heißes Wasser zugeben und 10 Minuten stehen lassen, um die Hefe aufzulösen und ihre Treibkraft zu prüfen (S. 358).

Backtag auf dem Dorfe.
Die frischen Laibe für die
kommende Woche kühlen aus.
Sitarénio psomí, das gut
durchgebackene Vollweizenbrot,
darf in der Familie bei
keiner Mahlzeit fehlen.

Mehl und Salz in eine große Rührschüssel geben, Öl oder Butter zufügen und 7 bis 10 Minuten mit den Händen gut in die Mehlmenge einarbeiten; dabei jeweils eine Hand voll Mehl nehmen und zwischen den Handflächen zerreiben. In die Mitte des Mehls eine Mulde drücken, die Hefemischung und 1 l heißes Wasser hineingeben und das Ganze mit den Händen vermengen, bis die Hefe untergemischt ist. Den Teig 5 Minuten kneten, das restliche Wasser zufügen und weitere 5 Minuten zu einem glatten Teig kneten; zu einer Kugel formen, mit einem Küchenhandtuch zudecken und etwa 1 Stunde gehen lassen, bis der Teig seinen Umfang verdoppelt hat. Den Ofen auf 175 Grad vorheizen. Den Teig mit einem Faustschlag wieder auf seine ursprüngliche Größe bringen, 1 Minute kneten, in zwei Hälften teilen und zu Laiben formen; diese in gut gebutterte Kastenformen füllen, mit Küchenhandtüchern abdecken und die Brotlaibe an einem warmen, vor Zugluft geschützten Ort gehen lassen, bis sie wiederum ihren Umfang verdoppelt haben; die Oberflächen mit Wasser bestreichen und die Brote 40 bis 50 Minuten backen, bis sie braun und knusprig sind. Die Brote aus den Formen stürzen und auf Kuchenrosten leicht abkühlen lassen; sofort in ein dickes Tuch wickeln, völlig auskühlen lassen. Die Brote halten sich sehr gut, wenn man sie in Plastiktüten wickelt und dicht verschließt; außerdem eignen sie sich auch ausgezeichnet zum Einfrieren.

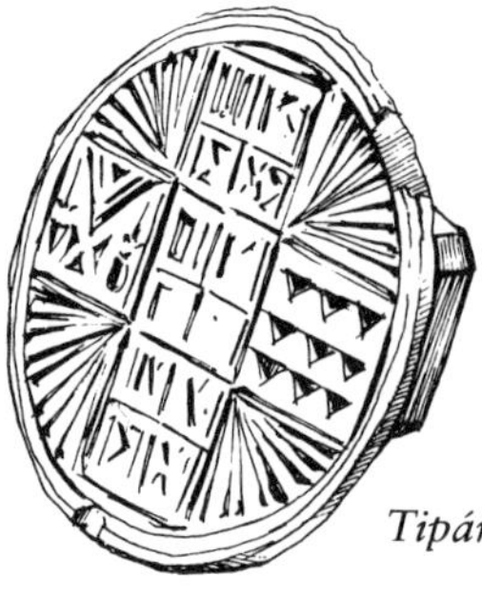

Tipári

Festtagsbrot

Tsuréki

Τσουρέκι

Tsuréki ist das geflochtene, süße Hefebrot, das man an Ostern und Weihnachten ißt. Es wird von den Hausfrauen in der Stadt zubereitet, die den Teig tüchtig kneten und ihn mehrere Male gehen lassen, wodurch er seine feine Beschaffenheit erhält. *Tsuréki* ziert die griechischen Tische beim Frühstück, zur Kaffeestunde und manchmal beim Abendessen. Ich backe dieses Brot einmal in der Woche und verwende als Würze Mastix, das aromatische Harz des Mastixstrauches. *Tsuréki* läßt sich nach dem Backen sehr gut einfrieren.
Ergibt 4 kleine oder 3 mittelgroße Laibe

2 Würfel Hefe
oder 2 Päckchen Trockenhefe
knapp 1/8 l warmes Wasser
1 Eßlöffel Zucker
225 g Butter (bei Zimmertemperatur weich werden lassen)
250 g Zucker
5 große Eier
knapp 1/2 l warme Milch
1 1/4 kg Mehl
Sesamsamen (nach Belieben)
1/2 Teelöffel pulverisierten Mastix

Die Hefe mit 1 Eßlöffel Zucker im warmen Wasser auflösen und 10 Minuten zum Gären beiseite stellen.

Butter und Zucker in einer großen Schüssel mit einem Elektroquirl schaumig schlagen. Mit einem Holzlöffel 4 der 5 Eier einzeln unter die Butter-Zucker-Mischung rühren und unter ständigem Rühren langsam die warme Milch zugießen. 140 g Mehl zugeben und gut mit den anderen Zutaten in der

Schüssel vermengen; Mastix, aufgelöste Hefe und nach und nach das restliche Mehl zufügen; dabei ständig mit dem Holzlöffel umrühren, bis der Teig zum Rühren zu fest wird. Mit bemehlten Händen den Teig glattkneten, der geschmeidig, aber nicht steif sein sollte. Den Teig in der Schüssel mit einem Küchenhandtuch zudecken und etwa 1 Stunde gehen lassen, bis er seinen Umfang verdoppelt hat; danach nochmals 1 Minute durchkneten und den gesamten Vorgang wiederholen. Für 4 Laibe den Teig in 12 Kugeln teilen, die die Größe einer Orange haben, oder für 3 Laibe zu 9 Kugeln formen. Jede Kugel auf einem Backbrett zu einem 4 bis 5 cm dicken und 40 bis 50 cm langen Teigstrang rollen, mit Sesamsamen bestreuen und je drei Stränge zu einem Zopf flechten; die Enden gut zusammendrücken und unterschlagen (siehe die Skizzen). Die Zöpfe auf gut gebutterte Backbleche legen und zugedeckt an einem warmen, vor Zugluft geschützten Ort gehen lassen, bis sie ihren Umfang verdoppelt haben. Den Ofen auf 150 Grad vorheizen. Das fünfte Ei leicht mit einer Gabel verquirlen und die Hefezöpfe damit bestreichen. 15 Minuten bei 150 Grad backen, dann die Hitze auf 125 Grad herunterschalten und noch ungefähr 1/2 Stunde backen, bis sie goldgelb sind. Von den Blechen nehmen, auf Küchenhandtüchern abkühlen lassen und in luftdichten Beuteln aufbewahren.

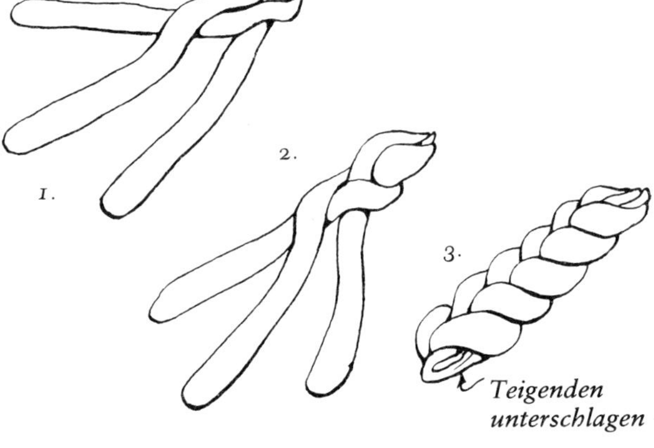

Gewöhnliches Stadtbrot

Psomí tis óras

Ψωμί τῆς ὥρας

Dies ist das übliche Weißbrot, wie es in den Städten Griechenlands täglich frisch in allen Bäckereien verkauft wird.
Ergibt 2 Laibe

1 Würfel Hefe oder
1 Päckchen Trockenhefe
1 Teelöffel Zucker
3/8 l warmes Wasser
1 Eßlöffel Salz
1/2 kg Mehl

Hefe und Zucker in einer kleinen Schüssel mit 1/8 l warmem Wasser vermengen und 10 Minuten stehen lassen, um die Hefe aufzulösen und ihre Treibkraft zu prüfen (S. 358). Das Salz im restlichen warmen Wasser auflösen. Das Mehl in eine große Rührschüssel geben, in die Mitte eine Mulde drücken, das Salzwasser und die Hefemischung hineingeben und mit den Händen zu einem Teig verrühren. Je nach Mehlsorte benötigen Sie eventuell etwas mehr oder weniger Wasser. Den Teig mit den Fäusten 10 bis 15 Minuten kneten, bis er glatt und geschmeidig ist; mit einem sauberen Küchenhandtuch zudecken und 1 bis 2 Stunden an einem warmen, vor Zugluft geschützten Ort gehen lassen, bis er seinen Umfang verdoppelt hat. Den Teig mit einem Faustschlag auf seine ursprüngliche Größe bringen, 1 Minute durchkneten und zugedeckt nochmals 1/2 Stunde gehen lassen, bis er seinen Umfang verdoppelt hat.

Den Ofen auf 200 Grad vorheizen. Den Teig ein zweites Mal mit der Faust niederschlagen, halbieren und jede Hälfte zu einem länglichen, gerundeten Laib formen. Die Laibe auf ein leicht gefettetes Backblech setzen, zudecken und wieder solange gehen lassen, bis sie ihren Umfang verdoppelt haben.

Jeder der Laibe an der Oberfläche mit einem scharfen Messer etwa 5 mm tief dreimal schräg einschneiden, mit ein wenig Wasser bestreichen und 40 Minuten backen, bis sie goldbraun sind.

Tipári

und Vísalon

Fladenbrot

Pítta

Πίττα

Dieses flache Brot, *pítta* genannt, wurde an der Dorffeuerstelle auf einem von Holzkohle erhitzten, umgedrehten Eisenteller, dem *vísalon,* gebacken. Meine Tante stellte es am Backtag mit einem Stückchen Teig her, das sie von der für die großen Laibe vorbereiteten Teigmenge abnahm; mit den Fingerspitzen drückte sie den Teig flach, drehte ihn dabei auf einem Backbrett und buk ihn in einer Eisenpfanne. Wenn die *pítta* fertig war, schnitt sie sie ein und füllte das noch warme Brot für das Mittagessen mit einem kalten Sommersalat. Meine Mutter briet den Teig für uns in Olivenöl in

einer Pfanne und bestreute die *píttes* mit Zucker und süßen Gewürzen.
Ergibt 6-8 mittelgroße Fladenbrote

1 Würfel Hefe
oder 1 Päckchen Trockenhefe
1 Eßlöffel Zucker
3/8 l warmes Wasser
2 Teelöffel Salz
1/2 kg Mehl
1 Eßlöffel Olivenöl

Hefe und Zucker in einer kleinen Schüssel mit 1/8 l warmem Wasser vermengen und 10 Minuten stehen lassen, um die Hefe aufzulösen und ihre Treibkraft zu prüfen (S. 358). Das Salz im restlichen warmen Wasser auflösen. Das Mehl in eine große Rührschüssel geben, in die Mitte eine Mulde drücken, das Salzwasser und die Hefemischung hineingeben und mit den Händen zu einem Teig verrühren. Je nach Mehlsorte benötigen Sie vielleicht etwas mehr oder weniger Wasser. Den Teig mit den Fäusten 10 bis 15 Minuten kneten, bis er glatt und geschmeidig ist. Das Olivenöl über den Teig gießen und solange weiterkneten, bis das Öl eingearbeitet ist. Den Teig in der Schüssel mit einem Küchenhandtuch zudecken und 1 bis 2 Stunden an einem warmen, vor Zugluft geschützten Ort gehen lassen, bis er seinen Umfang verdoppelt hat; mit einem Faustschlag auf seine ursprüngliche Größe bringen und 2 Minuten durchkneten.

Den Ofen auf 175 Grad vorheizen. Eigroße Stücke vom Teig abschneiden, zu Kugeln formen und auf einem leicht bemehlten Backbrett zu 1/2 cm dicken Fladen ausrollen. 2 bis 3 *píttes* gleichzeitig auf ein schwach geöltes Backblech legen und im unteren Drittel des Ofens 2 bis 3 Minuten auf jeder Seite backen. Fladenbrote sollten weiß und weich sein; wenn sie zu lange backen, werden sie hart. Die gebackenen *píttes* in ein sauberes Küchenhandtuch hüllen, bis sie völlig ausgekühlt sind, und anschließend in Plastiktüten aufbewahren, damit sie nicht austrocknen.

Nudeln und Reis

Jede Sprache hat für Teigwaren ihren eigenen Namen, und auch ebensoviele Zubereitungsarten kennt man – nicht gerechnet die verschiedenen Saucen, die man zu den einzelnen Nudelgerichten auftragen kann. Die Teigwaren, die es bei uns zu Hause gab, waren ausgezeichnet; wir kauften sie in dem aus zwei Räumen bestehenden Laden in der Stadtmitte, der die unglaublichste Auswahl zu bieten hatte. Im vorderen Teil des Ladens wurden diese unterschiedlichen Teigwarensorten – Schleifen, Muscheln, Hörnchen und Sternchen – in großen Schubkästen mit gläserner Vorderfront aufbewahrt, während sich im hinteren Raum ein über und über mit Mehl bestäubter Mann mit der Herstellung derselben beschäftigte; für einige Arten trieb er den Nudelteig durch eine Maschine, für andere hängte er ihn über Gestänge, um den Teig trocknen zu lassen und ihn später in verschiedene Längen zu schneiden. Meine Mutter kaufte immer nur diese frischen Teigwaren, die dünn, biegsam und in wenigen Minuten gekocht waren und so viel besser schmeckten als die abgepackten Nudeln, die ich heute in den Geschäften bekomme.

Nudeln stellte meine Mutter bisweilen auch selbst her. Sie knetete den Teig aus Eiern und Mehl, rollte ihn zu Lagen aus, die sie zusammenfaltete und in dünne Streifen schnitt; in viel Wasser kochte sie die Nudeln, bis sie gar waren, und übergoß sie, noch heiß, reichlich mit zerlassener Butter und bestreute sie mit geriebenem Käse.

Reis findet in Griechenland häufiger Verwendung als Teigwaren; man bereitet daraus den *piláfi*, kocht ihn mit Fleisch oder füllt mit ihm Gemüse und Wein- und Kohlblätter. Es gibt unzählige Reissorten, doch meist verwendet man nur zwei Arten: Langkorn- und Rundkornreis, jede Art für bestimmte Gerichte geeignet.

In den Inseldörfern wurde der Reis früher durch zerstoßenen Weizen, *bligúri* (auch *pergúri*), ersetzt – ein sehr altes Grundnahrungsmittel, das auch heute noch recht beliebt ist. Die Hausfrau stellt es jedes Jahr her, indem sie Weizen kocht und in der Sonne trocknet; anschließend zermahlt sie ihn zwischen zwei runden flachen Steinen, wobei sie den oberen Stein von Hand dreht. *Pergúri* in jedweder Fleischbrühe wird zu einer köstlichen Art von Reis.

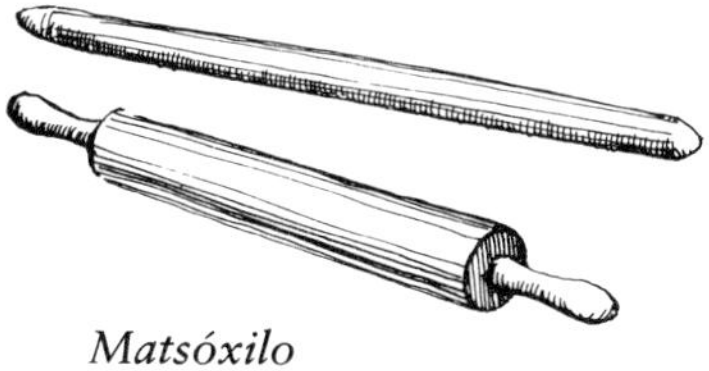

Matsóxilo

Selbstgemachte Eiernudeln

Chilópittes-mátsi

Χυλόπιττες-μάτσι

Dieses Rezept erklärt, wie man Nudelteig zubereitet und die Nudeln von Hand schneidet.
Für 4-6 Personen

300 g gesiebtes Mehl und Mehl zum Bestäuben
3 mittelgroße Eier
2 Eigelb, leicht verquirlt
1 Eßlöffel Olivenöl
1 Teelöffel Salz

Das Mehl in eine große Schüssel geben, in die Mitte eine Mulde drücken und Eier, Eigelb, Olivenöl und Salz hineingeben; das Ganze mit den Händen zu einem Teig verrühren und 5 Minuten kneten, bis er glatt ist. Der Teig wird ein wenig klebrig und elastisch sein.

Den Teig in 3 Portionen teilen und jeweils einen Teil auf einem bemehlten Backbrett mit einem Nudelholz ausrollen; den Teig während des Ausrollens zu einer dünnen runden Teigscheibe ständig drehen und bemehlen. Jede Teigscheibe 15 Minuten ruhen lassen, mit Mehl bestäuben und wie eine Biskuitroulade aufrollen. Den aufgerollten Teig je nach gewünschter Breite in Streifen schneiden und die Nudelstreifen ausbreiten, bis sie gekocht werden sollen (siehe Skizzen).

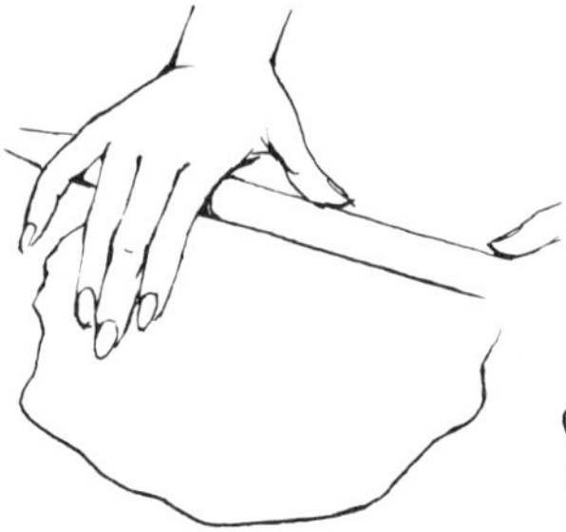

1.

2.

Frische Nudeln können sofort gekocht oder zwei Tage in Klarsichtfolie im Kühlschrank aufbewahrt werden. Sie können die Nudeln auch in einem warmen Ofen trocknen und in Schachteln aufbewahren.

Eiernudeln mit Butter und Käse

Chilópittes tsigaristés

Χυλόπιττες τσιγαριστές

Für 4-6 Personen

1 Eßlöffel Salz
2 Eßlöffel Olivenöl
Selbstgemachte Eiernudeln (S. 314)
150 g gesalzene Butter
200 g geriebener kefalotíri *oder Parmesan*

1 l Wasser mit dem Salz und Olivenöl sprudelnd aufkochen lassen, die Nudeln hineingeben und das Wasser wieder zum Kochen bringen; die Hitze etwas herunterschalten und die Nudeln 8 bis 10 Minuten oder solange kochen lassen, bis sie ihren Umfang verdoppelt haben und gar sind; dabei gelegentlich mit einem Holzlöffel umrühren. In einen Seiher abschütten und in eine Schüssel füllen. Die Butter bei schwacher Hitze in einer kleinen Kasserolle erhitzen, bis sich der Schaum gelegt hat, über die gekochten Nudeln gießen und gut mengen. Den geriebenen Käse darüberstreuen, nochmals sanft mengen und servieren.

3.

Während der Fastenzeit serviert man auf den Griechischen Inseln Nudeln, ohne Eier hergestellt, mit Sesamsamen und Honig. Natürlich können Sie für diese ›Fasten-Nudeln‹, *chilópittes nistísimes,* die man zwischen den Mahlzeiten oder am Ende eines Mahls ißt, auch Eiernudeln nehmen. Für jede Portion 2 Eßlöffel zerstoßene Sesamsamen mit 1/4 Teelöffel gemahlenen Zimt vermengen; 1 Eßlöffel Honig über die heißen Nudeln träufeln, mit der Sesam-Zimt-Mischung bestreuen und servieren.

Spaghetti mit Fleisch-Tomatensauce

Makaronádha

Μακαρονάδα

Für 6 Personen

Fleisch-Tomatensauce (S. 330)
500 g dünne Spaghetti
2 Eßlöffel Salz
125 g gesalzene Butter
50 g geriebener kefalotíri *oder Parmesan*

Die Fleisch-Tomatensauce zubereiten und leise köchelnd beiseite stellen, bis die Nudeln gekocht sind.

1 1/2 l Wasser mit 2 Eßlöffel Salz zum Kochen bringen, vorsichtig die Spaghetti hineingeben und bei schwacher Mittelhitze unbedeckt kochen lassen, bis sie gar sind; dabei häufig umrühren, damit die Nudeln nicht zusammenkleben. In einen Seiher abschütten, mit heißem Wasser abspülen und in eine große Schüssel füllen. Die Butter in einer kleinen Kasserolle bei schwacher Hitze zergehen lassen und dabei achtgeben, daß sie nicht zu braun wird; über die Nudeln gießen und vermengen. Die Hälfte des geriebenen Käses darüberstreuen und wieder mengen; die Spaghetti auf eine große Platte umfüllen, die heiße Fleisch-Tomatensauce darübergießen und mit dem restlichen Käse bestreuen. Mit Blattsalat servieren.

Reis, in Brühe gegart

Rízi piláfi

Ρύζι πιλάφι

Für die Zubereitung von Pilaw gibt es zwei Grundmethoden: Man fügt den Reis der kochenden Flüssigkeit zu und läßt ihn darin simmern oder dünstet den Reis zuerst in Butter an und gießt dann die Brühe dazu. Beide Zubereitungsarten erfordern genaue Maße. Am besten nimmt man für Pilaw einen Langkornreis guter Qualität, damit die Körner nicht zusammenkleben und der Reis pappig wird. Wenn Sie Reis ›parboiled‹ verwenden, noch in der Schale und mit Vitaminen angereichert, mißlingt Ihnen Ihr Pilaw ganz bestimmt nicht; allerdings eignet sich dieser Reis nicht für Füllungen und Puddings.

Für 4 Personen

6 Eßlöffel gesalzene Butter
200 g Langkornreis
½ l Hühnerbrühe (S. 339)
Salz und Pfeffer

Die Butter in einer 2-l-Kasserolle bei Mittelhitze zergehen lassen, bis sich der Schaum gelegt hat; den Reis zufügen und etwa 2 Minuten rühren, um die Körner gleichmäßig mit der Butter zu überziehen. Die Brühe angießen, mit Salz und Pfeffer würzen und das Ganze unter ständigem Rühren zum Kochen bringen. Die Hitze kleinschalten, die Kasserolle zudecken und den Reis 20 bis 25 Minuten simmern lassen, bis die Brühe absorbiert und der Reis gar ist. Die Kasserolle vom Feuer nehmen und vor dem Servieren einige Minuten ein zusammengefaltetes Küchenhandtuch unter den Deckel legen, um den Dampf aufzunehmen.

Tomaten-Pilaw

Domatopílafo

Ντοματοπίλαφο

Dieser hauptsächlich im Sommer zubereitete Pilaw erfreut sich in ganz Griechenland großer Beliebtheit.
Für 8 Personen

¼ l Tomatensauce (S. 329)
8 Eßlöffel gesalzene Butter
¾ l Rinder- oder Hühnerbrühe (S. 339)
Salz und Pfeffer
400 g Langkornreis

Die Zutaten bis auf den Reis in einer großen Kasserolle aufsetzen und bei starker Hitze sprudelnd aufkochen lassen. Den Reis zufügen und unter ständigem Rühren wieder zum Kochen bringen; die Hitze kleinschalten, die Kasserolle zudecken und den Reis 25 bis 30 Minuten simmern lassen, bis die Flüssigkeit absorbiert und der Reis gar ist. Die Kasserolle vom Feuer nehmen und vor dem Servieren einige Minuten ein zusammengefaltetes Küchenhandtuch unter den Deckel legen, um den Dampf aufzunehmen.

Pilaw mit Nudeln

Piláfi me kritharáki

Πιλάφι μέ κριθαράκι

Kritharáki, eine gerstenförmig aussehende Teigwarenart, die es bei uns in griechischen Geschäften gibt, wird bei diesem Rezept mit Reis zu einem beliebten Pilaw verarbeitet.
Für 4-6 Personen

8 Eßlöffel gesalzene Butter
6 Schalotten, auch die grünen Teile, geschält und feingehackt
150 g kritharáki
150 g Reis
3/4 l heiße Hühner- oder Rinderbrühe (S. 339, 340)
Salz und weißer Pfeffer

Die Butter in einer schweren Kasserolle zergehen lassen und die Schalotten bei Mittelhitze darin weichdünsten. *Kritharáki* zugeben und unter ständigem Rühren dünsten, bis sie eine goldgelbe Farbe annehmen; den Reis zufügen, umrühren und 2 Minuten durchdünsten. Mit der heißen Brühe ablöschen, salzen und pfeffern und das Ganze bei starker Hitze zum Kochen bringen; die Hitze kleinschalten und unter gelegentlichem Umrühren 30 Minuten zugedeckt simmern lassen, bis die Brühe aufgesogen und der Reis gar ist.

Eierspeisen

Das bescheidene, preiswerte Ei kann als eigene Speise von einfachem, natürlichem Geschmack gereicht werden; doch in Verbindung mit Käse, Gemüsen und Kräutern lassen sich daraus die feinen *sfongáta* der Inseln zubereiten, die man bisweilen an Stelle von Fleisch oder Fisch serviert. Das *sfongáto* ähnelt einem beidseitig gebackenen Omelett – ein köstlicher Leckerbissen! In der Stadt mischt man unter die Eier kleine Leber- oder Fischstückchen und nennt dies die Metzger- oder Fischer-*sfongáta*.

Eier, ob gebraten oder gebacken, gehören zur Alltagskost; zur Osterzeit aber hat das Ei seine Glanzzeit. Das Haus des Inselbewohners ist mit dem großen *avgúla* geschmückt, einem in komplizierten Mustern um Dutzende rotgefärbter Eier geflochtenen Teigkranz – eine traditionelle Gabe der Kinder an ihre Paten, die den *avgúla* am Ostersonntag als Schmuck an die Wand hängen und ihn später verspeisen.

Π. ΓΙΑΝΝΟΥ
ΕΜΠΟΡΙΟΝ
ΑΥΓΩΝ

Die Eierhandlung

P. Giannoulátos & Co.

hält auf Tradition.

Sie präsentiert ihr fragiles
Angebot in luftigen Drahtkörbchen,
die seit eh und je morgens
am Ladengitter aufgehängt werden.

Zucchini-Omelett

Kolokithákia me avgá sfongáto

Κολοκυθάκια μέ αὐγά σφογγάτο

Für 2 Personen

3 Eßlöffel Olivenöl
500 g frische ungeschälte Zucchini, in ½ cm große Würfel geschnitten
Salz und Pfeffer
1 Eßlöffel frischer oder ½ Teelöffel getrockneter Dill
4 Eier, leicht verquirlt

Das Olivenöl in einer Pfanne rauchendheiß werden lassen und die Zucchini darin unter gelegentlichem Umrühren bei Mittelhitze weichdünsten. Mit Salz, Pfeffer und Dill würzen und die Eier in kreisförmiger Bewegung einrühren und mit den Zucchini vermischen. Die Hitze kleinschalten und das Omelett solange backen, bis es fest wird; dabei die Pfanne häufig schütteln. Einen Teller auf die Pfanne legen, mit einer Hand gut festhalten und die Pfanne umdrehen (siehe Skizzen). Das Omelett mit der Oberseite vorsichtig wieder in die Pfanne gleiten und noch eine Minute backen lassen. Das Omelett wird auf diese Art umgedreht, damit es während des Wendens nicht auseinanderbricht. Auf die oben beschriebene Weise auf einen Teller gleiten lassen und servieren.

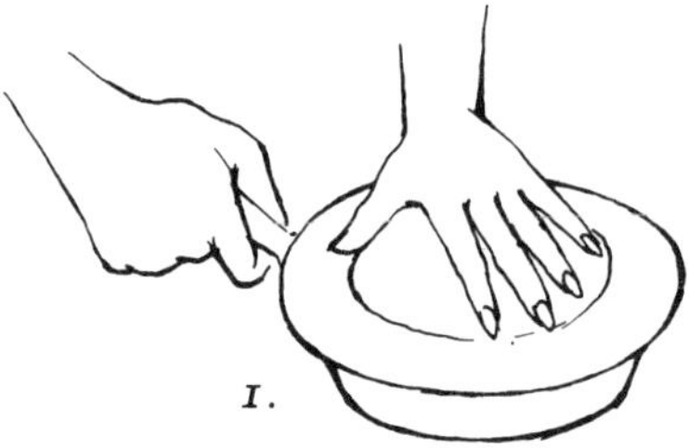

1.

Kartoffel-Omelett

Patátes me avgá sfongáto

Πατάτες μέ αὐγά σφογγάτο

Für 1 Person

2 Eßlöffel Olivenöl
1 mittelgroße Kartoffel, gewürfelt
Salz und Pfeffer
3 Eier, leicht verquirlt

Das Olivenöl in einer Pfanne rauchendheiß werden lassen und die Kartoffel darin goldbraun braten; mit Salz und Pfeffer würzen und die Eier zugeben. Die Hitze kleinschalten und die Eier in kreisförmiger Bewegung mit der Kartoffel verrühren. Das Omelett solange backen, bis es fest wird; wie im Rezept für Zucchini-Omelett angegeben wenden, fertigstellen und mit einem grünen Salat servieren.

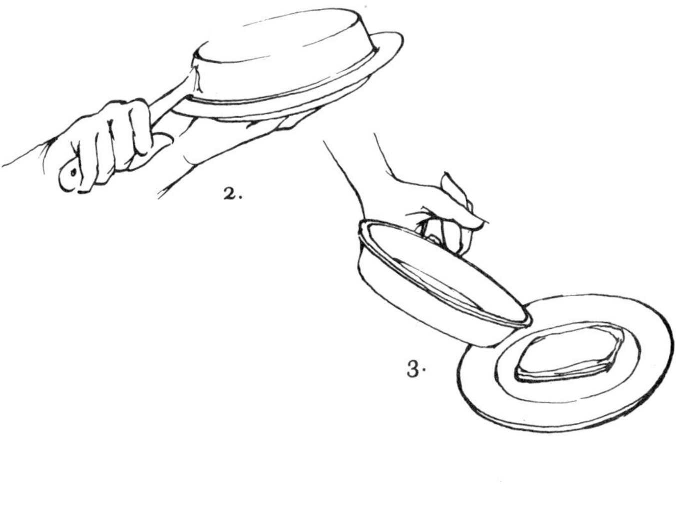

Tomaten-Omelett

Domáta me avgá sfongáto
Ντομάτα μέ αὐγά σφογγάτο

Dieses Omelett, flüssiger als die anderen, wird nicht umgedreht; stattdessen backt man es langsam, bis die Eiermasse stockt.
Für 1 Person

1 Eßlöffel Olivenöl
250 g Tomaten, enthäutet und gewürfelt
Salz und Pfeffer
Prise Origano
3 Eier, leicht mit einer Gabel verquirlt

Das Olivenöl in einer flachen Pfanne rauchendheiß werden lassen und die Tomaten darin bei Mittelhitze 10 bis 15 Minuten oder solange dünsten, bis die meiste Flüssigkeit verdampft ist. Mit Salz, Pfeffer und Origano würzen, die Eier zugeben und in kreisförmiger Bewegung mit den Tomaten verrühren. Die Hitze kleinschalten und das Omelett solange backen, bis die Eier stocken; dabei die Pfanne häufig schütteln. Das Omelett mit einem Spachtel oder breiten Messer auf einen Teller schieben und servieren.

Stockfisch-Omelett

Bakaliáros sfongáto

Μπακαλιάρος σφογγάτο

Für 2 Personen

125 g Stockfisch (getrockneter Kabeljau)
1 Eßlöffel frische Petersilie, gehackt
Pfeffer nach Geschmack
4 Eier
3 Eßlöffel Olivenöl

Den Stockfisch 24 Stunden im Kühlschrank in Wasser einweichen, das Wasser mehrere Male erneuern und abgießen. 1 l frisches Wasser in einer Kasserolle zum Kochen bringen, vom Feuer nehmen, den eingeweichten Stockfisch hineingeben und 5 Minuten stehen lassen; aus der Flüssigkeit nehmen, mit Küchenkrepp trockentupfen und fein hacken oder im Mixer pürieren; in eine Schüssel geben, Petersilie und Pfeffer zufügen, und einzeln die Eier aufschlagen und unter die Mischung rühren. Das Olivenöl in einer Pfanne rauchend heiß werden lassen und die Stockfisch-Mischung bei Mittelhitze darin backen, bis sie am Rand fest wird; die Hitze etwas herunterschalten und das Omelett solange weiterbacken, bis es stockt; dabei die Pfanne häufig schütteln. Wie im Rezept für Zucchini-Omelett angegeben, wenden, fertigstellen und servieren.

Spiegeleier auf griechische Art

Avgá tiganitá

Αὐγά τηγανητά

Für 1 Person

2 Eßlöffel Olivenöl
2 Eier

Das Olivenöl in einer Pfanne rauchendheiß werden lassen und die Eier darin bei Mittelhitze braten, bis das Eiweiß fest wird. 1 Teelöffel Wasser zugeben und die Pfanne rasch für 1 bis 2 Minuten fest zudecken, damit durch den sich bildenden Dampf eine dünne Haut über dem Eigelb entsteht. Die Eier mit einem Spachtel oder breiten Messer auf einen Teller heben und servieren.

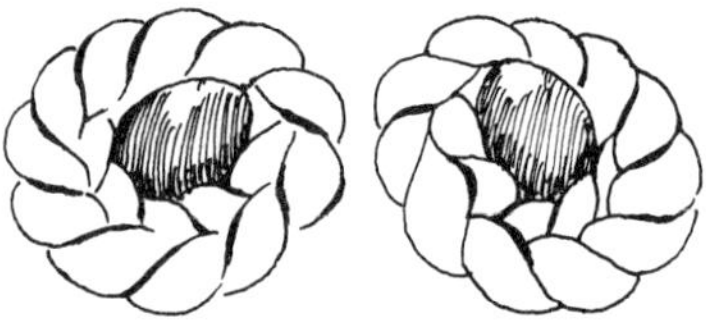

Oster-Tsuréki

Ostereier

Avgá tis Lambrís

Αὐγά τῆς Λαμπρῆς

Diese Eier ergeben mit dem süßen *tsuréki*-Teig (S. 307) zusammen die Oster-*avgúles*. Die gefärbten Eier in den geflochtenen *tsuréki*-Teig drücken, bevor dieser zum Aufgehen beiseite gestellt wird, und den Teig gemäß der im Rezept angegebenen Zeit backen.

Mittelgroße weiße Eier
Eierfarbe
Olivenöl

Die Eier in einen Eierkorb aus Metall oder in einen Fritiereinsatz geben und in einen Topf mit soviel heißem Wasser hängen, daß sie gut damit bedeckt sind; das Wasser zum Kochen bringen und die Eier bei Mittelhitze 10 bis 12 Minuten kochen lassen. Den Korb oder Einsatz herausnehmen und die Eier mit kaltem Wasser abschrecken; abtropfen lassen, trockentupfen und nach den Anweisungen auf den Eierfarbenpäckchen färben. Wenn die Eier die gewünschte Farbintensität erreicht haben, abgießen und abtrocknen; mit einem leicht geölten Tuch abreiben, damit sie glänzen, und mit einem trockenen Tuch nachreiben, um das überschüssige Öl zu entfernen.

Saucen

In der Griechischen Inselküche gibt es nur wenige führende Saucen, aber mit diesen krönt man viele Gerichte. Als warme Saucen bevorzugt man Tomatensauce, Weiße Sauce und Eier-Zitronen-Sauce, die *saltsa avgolémono*. Als kalte Saucen werden zu Fleisch oder Fisch oft *majonéza* oder Knoblauchsauce gereicht. Pikant gewürzte Salat-Saucen, Verbindungen von Olivenöl mit Essig oder Zitronensaft, runden die Salate aus rohen oder gekochten Gemüsen ab.

Tomatensauce

Domatósaltsa

Ντοματόσαλτσα

Die täglich bei den griechischen Familienmahlzeiten auftauchende Tomatensauce würzt Fleisch und Gemüse und verleiht Teigwaren- und Getreidearten eine kräftige Farbe. Im Sommer bereitet man sie aus frischen Tomaten und Kräutern zu und verbindet sie manchmal mit dickem, noch aus dem Wintervorrat stammenden Tomatenmark, das aus den während der sommerlichen Tomatenschwemme von jeder Hausfrau eingemachten Tomaten hergestellt wird.
Ergibt ½ l

4 Eßlöffel Olivenöl
125 g Zwiebeln, feingehackt
¾ kg Tomaten, enthäutet und gewürfelt, oder ¾ kg Dosentomaten
3 Eßlöffel Tomatenmark
3 Eßlöffel frische feingehackte oder 1 Eßlöffel getrocknete Petersilie
2 Eßlöffel frischer gehackter oder ½ Teelöffel getrockneter Origano
Salz und Pfeffer

Das Olivenöl in einer Kasserolle erhitzen und die Zwiebeln darin bei Mittelhitze weichdünsten; die restlichen Zutaten unterrühren, die Kasserolle halb zudecken und das Ganze bei schwacher Hitze unter gelegentlichem Rühren 40 bis 50 Minuten köcheln lassen. Die Sauce durch ein Sieb passieren und im Kühlschrank in verschlossenen Gläsern aufbewahren.

Fleisch-Tomatensauce

Kimás sáltsa

Κιμάς σάλτσα

Diese Sauce schmeckt köstlich zu Reis und jeder Art von Nudeln.
Für 4-6 Personen

4 Eßlöffel Olivenöl
125 g Zwiebeln, feingehackt
500 g Hackfleisch
3/8 l Tomatensauce (S. 329)
2 Eßlöffel frische Petersilie, gehackt
2 Eßlöffel Tomatenmark, in 1/8 l Wasser angerührt
2 Knoblauchzehen, halbiert
1 Lorbeerblatt
Salz und Pfeffer

Das Olivenöl in einer großen Kasserolle rauchendheiß werden lassen und die Zwiebeln darin bei Mittelhitze weichdünsten; das Hackfleisch zugeben und unter ständigem Rühren braten, bis es seine rote Farbe verliert und krümlig wird. Die restlichen Zutaten hinzufügen, das Ganze zum Kochen bringen, die Hitze kleinschalten und halb zugedeckt 45 bis 60 Minuten köcheln lassen; dabei gelegentlich mit einem Holzlöffel umrühren und, falls nötig, von Zeit zu Zeit ein wenig Wasser nachgießen. Die fertige Sauce sollte dick sein. Lorbeerblatt und Knoblauch vor dem Servieren entfernen.

Weiße Sauce

Áspri sáltsa

῎Ασπρη σάλτσα

Die Menge kann um die Hälfte oder ein Drittel verringert werden, ganz, wie es für Ihr Hauptrezept erforderlich ist.
Ergibt ¾ l

6 Eßlöffel Butter
5 Eßlöffel Mehl
¾ l heiße Milch
Salz und weißer Pfeffer

Die Butter in einer Kasserolle bei schwacher Hitze zergehen lassen und nach und nach das Mehl einrühren; wenn sich Bläschen bilden, unter ständigem Rühren langsam die Milch zugießen und solange gleichmäßig weiterrühren, bis die Sauce dick und glatt ist. Mit Salz und Pfeffer würzen, zugedeckt 3 Minuten köcheln lassen, vom Feuer nehmen und bis zum Gebrauch fest zugedeckt beiseite stellen.

Ei-Zitronen-Sauce

Sáltsa avgolémono
Σάλτσα αὐγολέμονο

Für diese Sauce gibt es mehrere Zubereitungsarten und Anwendungsmöglichkeiten. Ich führe hier drei Saucentypen unterschiedlicher Konsistenz an, die jeweils für bestimmte Gerichte Verwendung finden. Sauce I, sehr leicht und schaumig, geben die Inselbewohner in Hühner- und Fischsuppen. Sauce II eignet sich am besten zum Andicken und Binden von Fleischgerichten und geschmorten Gemüsen. Sauce III, sämiger als I und II, nimmt man zum Überziehen von gefüllten Gemüsen und gefüllten Kohl- und Weinblättern.

SAUCE I

3 Eier, getrennt
1 Eßlöffel Wasser
5 1/2 Eßlöffel frischer Zitronensaft
1/4 l warme Hühnerbrühe (S. 339)

Eiweiß und Wasser in eine Schüssel geben und mit einer Gabel, einem Schneebesen oder Elektroquirl schaumig schlagen. Unter ständigem Schlagen die Eigelb einzeln unter den Eischnee ziehen und gut vermischen; nun mit einer Gabel weiterschlagen und nach und nach den Zitronensaft zufügen. Auf die gleiche Weise die Hühnerbrühe angießen; dadurch vermeiden Sie, daß die Sauce gerinnt. Den Suppentopf vom Feuer nehmen und einige Minuten unbedeckt stehen lassen; dann die Sauce in Ihre Suppe rühren und sofort servieren.

SAUCE II

3 Eier
1 Eßlöffel Wasser
3 Eßlöffel Zitronensaft

Eier und Wasser in einer Schüssel vermengen und mit einer Gabel schaumig schlagen; unter ständigem Schlagen den Zitronensaft zufügen, die Sauce über das Fleischgericht in der Kasserolle gießen, vorsichtig umrühren und das Ganze erhitzen, bis die Sauce dick ist; nicht aufkochen lassen.

SAUCE III

3 Eier
1 Eßlöffel Maisstärke
4 Eßlöffel frischer Zitronensaft
1/4 l heiße Hühnerbrühe (S. 339)

Die Eier in einer Schüssel mit einer Gabel, einem Schneebesen oder Elektroquirl schaumig schlagen. Die Maisstärke zugeben, nach und nach den Zitronensaft und die heiße Brühe dazugießen; dabei sacht mit einem Holzlöffel umrühren. Die Sauce in eine Kasserolle füllen und unter ständigem Rühren über kleiner Flamme köcheln lassen, bis sie andickt. Über einen Fleisch- oder Gemüseauflauf gießen und servieren.

Knoblauchsauce

Skordhaliá

Σκορδαλιά

Dies ist die *skordhaliá* meiner Großmutter, die sie über Sommer- und Wintergerichte aus gebratenem Gemüse und Fisch goß – eine glatte, weiße Sauce dünnflüssiger Konsistenz aus Knoblauch und feuchtem, entrindetem Brot, das mit einem Stößel in einem besonderen Holzmörser zerdrückt und mit Öl und Essig vermengt wurde. Manche ersetzen das Brot durch gekochte Kartoffeln und stellen eine dicke, streichfähige Sauce her, die in einzelnen kleinen Schalen serviert wird. In verschlossenen Gläsern hält sich Brot-*skordhaliá* eine Woche lang im Kühlschrank.
Ergibt etwa ¼ l

7-10 Scheiben Weißbrot
⅛ l heißes Wasser
3 Knoblauchzehen
½ Teelöffel Salz
5½ Eßlöffel Weißweinessig
7 Eßlöffel Olivenöl

Die Brotscheiben entrinden und die weiße Krume in Stückchen zerpflücken, mit etwas kaltem Wasser anfeuchten und in einer Schüssel beiseite stellen. Die Knoblauchzehen mit dem Salz zusammen in einem Holzmörser, einer Holzschale oder im Mixer zerdrücken und langsam die Hälfte des heißen Wassers, den Essig und das Brot unterrühren, bis die Zutaten gut vermischt sind. Unter ständigem Rühren nach und nach das Olivenöl dazugießen, bis die Sauce glatt ist. Das restliche heiße Wasser zugeben; gegebenenfalls etwas mehr Wasser zufügen, damit die Sauce dünn wird, und die *skordhaliá* über gebratene Gemüse oder gebratenen Fisch gießen.

Ei-Knoblauch-Sauce

Aliádha

Ἀλιάδα

Diese Sauce läßt sich sehr einfach in einem Mixer herstellen und schmeckt ausgezeichnet zu heißem oder kaltem gedünsteten Fisch.
Ergibt 1/4 l

1 Ei
1/4 Teelöffel Salz
3 Knoblauchzehen, zerschnitten
11 Eßlöffel Olivenöl
1 Eßlöffel frischer Zitronensaft

Ei, Salz und Knoblauch in einen Mixer geben und bei geringer Geschwindigkeit schaumig rühren. Tropfenweise das Olivenöl zugeben, danach den Zitronensaft, das Ganze nach wie vor bei geringer Geschwindigkeit vermengen, bis die Sauce dick ist. In eine Schüssel füllen und zu jeder Art von Fisch servieren.

Salatsauce mit Essig und Öl

Ladhóxidho

Λαδόξιδο

Diese Sauce sollten Sie vor Gebrauch 1 Stunde bei Zimmertemperatur stehen lassen, damit der Knoblauch seinen vollen Geschmack entfaltet. Sie können die angegebenen Zutaten mengenmäßig verdoppeln; die Sauce hält sich in einem verschlossenen Glas oder in einer Flasche im Kühlschrank mindestens eine Woche lang.
Ergibt 10 Eßlöffel Sauce

2 Eßlöffel Rotweinessig
7 Eßlöffel Olivenöl
1 große Knoblauchzehe, halbiert
1/4 Teelöffel frisch gemahlener Pfeffer
1/2 Teelöffel Salz

Sämtliche Zutaten in einer Schüssel vermengen und kräftig mit einer Gabel oder einem Schneebesen schlagen, bis sie gut vermischt sind. Über Salate und Gemüse gießen.

Salatsauce mit Zitronensaft und Öl

Ladholémono (Lemonóladho)
Λαδολέμονο (Λεμονόλαδο)

Auch diese für Salate und Gemüse verwendete Sauce sollten Sie vor Gebrauch mindestens 1 Stunde bei Zimmertemperatur stehen lassen.
Ergibt 10 Eßlöffel Sauce

7 Eßlöffel Olivenöl
3 Eßlöffel frischer Zitronensaft
1 Knoblauchzehe, in Spalten geschnitten
1/4 Teelöffel weißer Pfeffer

Sämtliche Zutaten in einer Schüssel vermengen und mit einer Gabel oder einem Schneebesen kräftig schlagen, bis sie gut vermischt sind. Wird die Sauce gleich verwendet, bei Zimmertemperatur stehen lassen; ansonsten in einem verschlossenen Glas im Kühlschrank aufbewahren. Die Zitronen-Öl-Mischung hält sich etwa eine Woche.

Kräutermayonnaise

Majonéza me vótana

Μαγιονέζα μέ βότανα

Diese im Mixer hergestellte Sauce ist in ihrer Konsistenz leichter als eine mit der Hand gerührte Mayonnaise, hält sich länger im Kühlschrank und ist in weniger als einer Minute zubereitet. Statt des Eigelbs verwendet man ein ganzes Ei.
Ergibt etwas mehr als ¼ l

1 Ei
½ Teelöffel Senf oder ¼ Teelöffel Senfpulver
⅓ Teelöffel Salz
1½-2 Eßlöffel Zitronensaft
1½ Bund frischer Estragon oder Thymian (oder Mischung von beidem)
¼ l Olivenöl

Die Zutaten bis auf die Hälfte des Olivenöls in einen Mixer geben, zudecken und bei mittlerer Geschwindigkeit 10 Sekunden glattrühren. Den Deckel des Mixaufsatzes abnehmen, ohne den Mixer auszuschalten, und das restliche Olivenöl in einem dünnen Strahl einlaufen lassen. Bei hoher Geschwindigkeit zugedeckt noch einige Sekunden mischen, bis die Sauce dick und glatt wird. Die Sauce in einem verschlossenen Glas im Kühlschrank aufbewahren und wie in den Rezepten angegeben verwenden.

Suppenbrühen, Marinaden und Teigrezepte

Hühnerbrühe

Zomós órnithas

Ζωμός ὄρνιθας

Die Gemüse werden zugegeben, um der Brühe Aroma und Farbe zu verleihen; nach dem Kochen wirft man sie weg. Brühen lassen sich in Plastikbehältern einfrieren und halten sich mehrere Monate.
Ergibt 2-2½ l

ein 2 kg schweres Suppenhuhn oder 1,5 kg Hühnerklein
1 ungeschälte Zwiebel, geviertelt
2 Karotten, geviertelt
2 Stiele Stangensellerie, geviertelt
5 Stengel glattblättrige Petersilie
1 Teelöffel Salz
1 Teelöffel Pfeffer
4 l Wasser

Sämtliche Zutaten in einem großen Topf aufsetzen, zum Kochen bringen und den sich an der Oberfläche absetzenden Schaum abheben. Die Hitze kleinschalten, den Topf nicht ganz zudecken und alles 2 bis 3 Stunden köcheln lassen. Das Fett von der Brühe abschöpfen, Hühnerknochen und Gemüse entfernen und die Brühe durch ein feines Haarsieb gießen. Abschmecken.

Rinderbrühe

Zomós vodhinós

Ζωμός βοδινός

Ergibt 2 l

2-2,5 kg Rinderknochen oder
Rinder- und Kalbsknochen gemischt
½ kg rohe Rindfleischabfälle
1 große Zwiebel, geschält
und in Scheiben geschnitten
2 Stiele Stangensellerie, zerschnitten
5 Stengel glattblättrige Petersilie
1 Eßlöffel Salz
10 Pfefferkörner
4 l Wasser

Sämtliche Zutaten in einem großen Suppentopf aufsetzen, bei Mittelhitze zum Kochen bringen und den sich an der Oberfläche absetzenden Schaum abheben; die Hitze kleinschalten und das Ganze halb zugedeckt 3½ Stunden köcheln lassen. Nach Ende der Kochzeit sollte die Flüssigkeit sich bis auf 2 l reduziert haben. Knochen und Gemüse herausnehmen und wegwerfen und die Brühe durch ein sauberes Seih- oder Mulltuch gießen. Wenn die Brühe abgekühlt ist, in Gläser füllen und das Fett von der Oberfläche abschöpfen, bevor Sie die Gläser in den Kühlschrank stellen. Die Brühe hält sich 5 Tage im Kühlschrank; sie kann auch in Plastikbehältern eingefroren und in der Tiefkühltruhe aufbewahrt werden.

Fischbrühe

Zomós psariú

Ζωμός ψαριοῦ

Ergibt 3/4 l

1 Zwiebel, in Scheiben geschnitten
1 Karotte, in Scheiben geschnitten
3 Stengel glattblättrige Petersilie
1 Lorbeerblatt
1 Stiel Stangensellerie, zerschnitten
1/4 l trockener Weißwein
1 1/4 l Wasser
750 g Fischabfälle, Gräten und Fischköpfe
Salz und Pfeffer

Die Zutaten bis auf Fischabfälle, Salz und Pfeffer in einer großen Kasserolle aufsetzen, bei starker Hitze zum Kochen bringen und die Fischabfälle zugeben; die Flüssigkeit erneut sprudelnd aufkochen und unbedeckt 25 bis 30 Minuten simmern lassen. Nicht länger kochen, da die Brühe sonst einen strengen, äußerst unerwünschten fischigen Geschmack annimmt. Die Kasserolle vom Feuer nehmen und den Inhalt durchsieben; die Brühe in die Kasserolle zurückgeben und je nach gewünschter Stärke auf etwa 3/4 l einkochen lassen. Nach Geschmack würzen. Die Brühe sofort wie in den Rezepten angegeben verwenden oder abkühlen lassen, in einem Plastikbehälter einfrieren und in der Tiefkühltruhe aufbewahren.

Weinmarinade für Fleisch

Marináta ja kréata

Μαρινάτα γιά κρέατα

Benutzen Sie für die Zubereitung von Marinaden und zum Einlegen von Fleisch nur ein Gefäß aus Steingut oder Glas und arbeiten Sie mit einem Holzlöffel. Rotweinmarinaden eignen sich am besten für Wild, Wildgeflügel, Rind und Lamm; für Kaninchen nimmt man eine Weißweinmarinade.
Ergibt etwa 1 l

1/2 l trockener Rot- oder Weißwein
1/8 l Rotwein- oder Weißweinessig
5 1/2 Eßlöffel Olivenöl
1 Zwiebel, in Scheiben geschnitten
2 Karotten, in Scheiben geschnitten
2 Stiele Stangensellerie, gehackt
2 Lorbeerblätter
5 Stengel glattblättrige Petersilie
1/2 Teelöffel getrockneter Rosmarin
oder getrockneter Salbei
1/2 Teelöffel Salz
1/4 Teelöffel gemahlener Pfeffer

Sämtliche Zutaten in eine Schüssel aus Glas oder Steingut geben und gut verrühren. Das Fleisch in die Marinade legen, so daß es damit bedeckt ist, die Schüssel mit Wachspapier oder Klarsichtfolie abdecken und je nach Rezept in den Kühlschrank stellen. Manchmal wird ein Teil der Marinade zum Kochen verwendet; die durchgesiebte Flüssigkeit hält sich in einem verschlossenen Glasgefäß bis zum Gebrauch einige Tage im Kühlschrank.

Marinade für Geflügel

Marináta ja órnithes ke puliá

Μαρινάτα γιά ὄρνιθες καί πουλιά

Ergibt gut 3/8 l

5 1/2 Eßlöffel Olivenöl
5 1/2 Eßlöffel frischer Zitronensaft
1/4 l trockener Weißwein
1 Schnitz einer Zitronenschale
1 Knoblauchzehe, feingewiegt
5-8 Pfefferkörner
2 Eßlöffel frischer Thymian, zerdrückt, oder 1 Teelöffel getrockneter Thymian
5 Schalotten, gehackt
1/2 Teelöffel Salz

Sämtliche Zutaten in einer Steingutschüssel vermengen, kräftig mit einer Gabel aufschlagen und das jeweilige Geflügel hineinlegen. Die Schüssel mit Wachspapier oder Klarsichtfolie abdecken und je nach Rezeptanweisung in den Kühlschrank stellen.

Strudelteig

Fíllo

Φύλλο

Der echte *fíllo*-Teig wird hier nur gelegentlich in griechischen Lebensmittelgeschäften und in Supermärkten angeboten. In 450-g-Paketen sind je nach Dicke der Teigplatten 16 bis 20 Lagen von 25 x 37 cm oder von 30 × 45 cm Größe enthalten. Frischer *fíllo*-Teig schmeckt zwar sehr gut, ist aber kaum erhältlich.

Wenn Sie keinen *fíllo*-Teig bekommen können, führt vorgefertigter Strudelteig zu einem schmackhaften, durchaus lohnenden Ergebnis. Die Teiglagen in die im Rezept angegebene Größe schneiden. In Abwandlung des Rezeptes richten Sie statt der doppelten beziehungsweise vierfachen Lagen jeweils nur einfache beziehungsweise doppelte, da die Konsistenz des Strudelteigs dicker ist als die des *fíllo*-Teigs. Achten Sie bitte darauf, den Teig nicht offen stehen zu lassen. Arbeiten Sie jeweils nur mit dem unmittelbar erforderlichen Streifen und bedecken Sie den übrigen Teig inzwischen mit Wachspapier und einem feuchten Küchenhandtuch oder geben Sie ihn in Plastikbeutel, damit er nicht austrocknet und rissig wird.

Vielleicht versuchen Sie es auch einmal mit selbstgemachtem Strudelteig. Er wird köstlich. Man benötigt allerdings geschickte Hände und sollte sich Zeit nehmen können.

230 g Mehl
2 Eßlöffel Öl (oder 60 g Schmalz)
etwas Salz
4-5 Eßlöffel lauwarmes Wasser

Alle Zutaten müssen zimmerwarm sein!

Mehl auf Backbrett sieben, eine Mulde machen und Öl, Salz und lauwarmes Wasser hineingeben. Die Masse verarbeiten, bis sie sich kneten und ballen läßt. Dann den Teig solange auf die Tischkante schlagen, bis er glatt und dehnbar wird und nicht mehr an den Händen bleibt. Nun den Teig ca. 20 Mal zwischen den Händen hin- und herkugeln, bis er ganz zart und rund ist. Mit einer vorgewärmten Schüssel, die den Teig aber nicht berühren darf, für 30 Minuten bedecken.

Nun die Strudelfüllung zubereiten.

Den Teig auf einem bemehlten, weißen Tuch erst auswellen, dann vorsichtig und geschickt mit den Händen ausziehen, bis er ganz dünn ist. Verdickte Ränder abschneiden; mit zerlassener Butter beträufeln; die Füllung – wie in den verschiedenen Rezepten beschrieben – auflegen und zum Strudel oder zu Strudelteilchen formen.

Im vorgeheizten Ofen bei 220 Grad 35-40 Minuten backen.

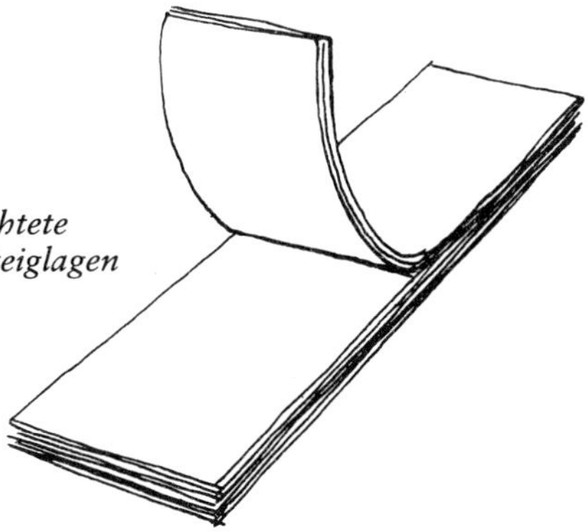

Zugerichtete Strudelteiglagen

Ausbackteig

Kurkúti

Κουρκούτι

Gemüse, Fisch und Fleisch werden goldbraune, knusprige Leckerbissen, wenn sie vor dem Braten in diesen Teig getaucht werden. Den Teig vor Gebrauch zugedeckt 1/2 Stunde bei Zimmertemperatur quellen lassen. Ergibt etwa 1/2 l

140 g Mehl
11 Eßlöffel (170 ccm) warmes Wasser
1 Eßlöffel Olivenöl
1 Teelöffel Salz
Prise Pfeffer
1 Ei, verquirlt

Das Mehl in eine Schüssel geben und in die Mitte eine Mulde drücken; nach und nach das Wasser zugießen und zu einem glatten Pfannkuchenteig verrühren. Olivenöl, Salz, Pfeffer und das verquirlte Ei untermischen und den Teig wie in den Rezepten angegeben verwenden.

Mílos tu kaffé

Bríki

Kaffee

Ich erinnere mich noch sehr gut an das Rösten der Kaffeebohnen über einem Holzkohlenfeuer in einem besonderen, nur für diesen Zweck bestimmten Tontopf; ganz allmählich färbten sich die grünen Kaffeebohnen schokoladenbraun, ja fast schwarz, und verbreiteten an Freitagnachmittagen ein so vertrautes Aroma in der Nachbarschaft. Diese wöchentliche, von den älteren Frauen der Familie gewissenhaft ausgeführte Hausarbeit leitete jedesmal die jahrhundertealte Kaffeezeremonie ein. Als nächstes gab man die schwarzen Bohnen zum Abkühlen in eine Holzschale und mahlte sie in einer hohen, zylinderförmigen Handmühle aus glänzendem Messing zu feinem Pulver; schließlich wurde der Kaffee mit oder ohne Zucker in kochendem Wasser je nach Anzahl der anwesenden Personen in Kaffeegefäßen verschiedener Größen, den *bríkia,* erhitzt. Der Kaffeetiegel, an dem ein langer Griff sitzt, damit man mit der Hand nicht zu nahe ans Feuer kommt, während der Kaffee kocht, hat einen breiten Boden, verjüngt sich nach oben, um sich am Rand wieder zu erweitern; die Verengung nach oben fördert die Schaumbildung beim Aufkochen. Außerdem läßt sich in dem *bríki* auch Sahne, *kaïmáki,* kochen, die gleichmäßig in den kleinen Tassen verteilt wird, bevor man den Kaffee dazugießt. Der Kaffee wird auf individuellen Wunsch jeden Gastes gebraut: *skéttos* (schwarz, ohne Zucker), *métrios* (mittelsüß), *glikós* (süß) und *varíglikos* (sehr süß). Kaffeetrinken ist in Griechenland eine Tätigkeit, der man den ganzen Tag über nachgeht – sei es in Verbindung mit Geschäften, in Mußestunden, in denen die Männer unter sich sind, oder bei geselligen Zusammenkünften der Frauen. Diese pflegen bei ihrer Kaffeezeremonie den Brauch, den in der Tasse verbliebenen Kaffeesatz auf die Untertasse zu schütten und das so entstandene Muster von einer Wahrsagerin deuten zu lassen.

Kaffee für Zwei

Dhío kafédhes

Δύο καφέδες

Wassermenge für 2 Mokkatassen
3 gestrichene Teelöffel Zucker
4 gestrichene Teelöffel griechischer Kaffee

Das Wasser in dem *bríki* zum Kochen bringen, den Zucker zufügen und erneut aufkochen. Die Kanne vom Feuer nehmen, den Kaffee hineinrühren, rasch aufs Feuer zurückstellen und wieder aufwallen lassen; dabei mit der einen Hand den Griff, mit der anderen Hand einen Löffel halten. Seien Sie bei der ganzen Angelegenheit wachsam! Wenn sich Schaum bildet, die Kanne sofort hochheben und mit dem Löffel umrühren, damit der Schaum sich setzt; den Vorgang wiederholen und achtgeben, daß der Kaffee nicht überkocht. Steigt der Schaum zum dritten Mal auf, so ist der Kaffee endlich servierbereit. Etwas Schaum in jede Tasse löffeln, den Kaffee darübergießen und sofort servieren.

Wein

Um die Weinberge zu erreichen, die terrassenförmig an den steilen Hängen der bergigen Inseln aufsteigen, muß man sich auf den engen Wegen hinaufwinden. An den Sommernachmittagen ist die Luft dort vom Duft des süßen Salbeis geschwängert, und die Trauben, die dicht und schwer an den Reben hängen, glänzen tiefpurpurfarben im Licht der untergehenden Sonne, die wie ein riesiger Goldtaler langsam hinter den Konturen der Nachbarinseln versinkt. Die hellen Trauben wachsen im Flachland nahe den Sandstränden; diese Rebstöcke, die Tag für Tag von den heftigen Frühjahrsregen bewässert und später dann von der heißen Sommersonne erwärmt werden, tragen süße, saftige Trauben, aus denen die süßen und trockenen, schon von Homer und Platon gepriesenen Weine Griechenlands entstehen. Die alten Griechen tranken ihren Wein bei aktuellen Anlässen und bei Festspielen und sahen in Dionysos den Gott, der ihre Weinberge schützte – Weinberge, die auch zu Zeiten der römischen Invasion und des byzantinischen Kaiserreichs gute Weine hervorbrachten. Als Griechenland jedoch von den Türken besetzt wurde (etwa von 1450 bis 1900), nahm die Qualität der Weine ab; die meisten Weinberge wurden zerstört, zum einen verboten die mohammedanischen Gesetze den Türken, Wein zu trinken, zum anderen war den unterworfenen Griechen mehr daran gelegen, ihre Freiheit zurückzugewinnen als sich um die Pflege und Verbesserung ihrer Weine zu kümmern. Erst in den Anfangsjahren des zwanzigsten Jahrhunderts konzentrierten sich die nun freien Griechen wieder auf die Kultivierung ihrer Weinberge und stellten nach der jahrhundertealten Tradition Weine von warmem Rot und hellem Strohgelb her. Diese Weine sind stets nur in Griechenland getrunken worden – meistens stammten sie aus den familieneigenen Weinbergen und blieben auch in der Familie. Außerhalb Griechenlands waren sie unbekannt. Manche behaupten, der Grund lag einfach darin, daß die Griechen das Geheimnis ihrer Weinherstellung sehr streng hüteten.

Auch die Inselbewohner haben schon immer ihre Weine aus den familieneigenen Weinbergen hergestellt, und die Angehörigen meiner Mutter im Dorf halten es heute noch so: Rotwein wird aus den purpurfarbenen Trauben, den *murianó* (›dunkel, beerenartig‹) gekeltert; Weißwein aus den durchsichtigen weißen Beeren, den *achíri* (›wie das Stroh‹); und Rosé aus wieder einer anderen großen Beerenart, den *rodhítis,* nach Rhodos benannt.

Die Trauben werden im Spätsommer oder im Frühherbst mit der Hand gelesen und mit dem *kladheftíri,*

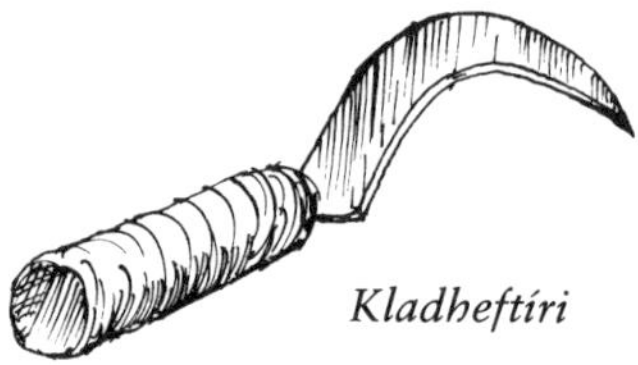

Kladheftíri

dem geschwungenen Messer, das die Bauern stets in ihren schärpenartigen Gürteln tragen, von den Reben geschnitten. Man füllt sie in große Weidenkörbe, lädt diese auf Esel und transportiert sie zur Familienkelter. Dies ist ein Steintrog – meist an der Außenseite des Hauses –, in dem die Trauben von den Kindern mit gewaschenen Füßen zerstampft werden. Der Most, unvergorener Traubensaft, läuft durch ein Abflußrohr, das mit einer Art Siebeinsatz aus kleinen Reisigzweigen versehen ist, in einen Behälter, aus dem ihn die Frauen der Familie eilends mit Tonkrügen, *vitinári,* in Holzfässer und große Korbflaschen umfüllen. Der Wein wird im Haus in dunklen Kammern, *apatarós,* gelagert; dabei bleiben die Fässer geöffnet, damit die Gase entweichen können – man stopft nur einen kleinen Bund Bergbohnenkraut in die Öffnung, damit keine Fremdkörper hineingelangen. Das Bohnenkraut nimmt zudem den Schaum des gärenden Weines auf und würzt den Wein gleichzeitig sanft mit seinem Aroma.

Gegen Ende des Herbstes kann der Wein getrunken werden; in manchen Jahren ist er süß, in anderen mittelsüß, und dann gibt es Jahre, in denen er sehr trocken und kräftig, *brúsko,* ist. Eines bleibt jedoch jedes Jahr gleich: der volle Körper dieser Weine und ihr samtiges Bouquet, das sogar Kindern behagt. Zu den Mahlzeiten am Sonntag bekommt jedes Kind, sofern es mag, ein halbes Glas voll. Ich erinnere mich noch an das tiefe Rubinrot dieses Weines in der hellen Glasflasche auf unserem Eßtisch im Winter und an die Karaffen des fast bernsteingelben Weißweines, im eiskalten Wasser des Brunnens gekühlt, die wir im darauffolgenden Frühjahr tranken. Im Spätsommer war es wieder an der Zeit, die geleerten Fässer mit Wasser, mit Bergkräutern gewürzt, auszuwaschen und für den neuen Wein vorzubereiten. Die Männer, deren Frauen keine Weinberge als Teil ihrer Mitgift erhielten, konnten ihren Wein in einigen kleinen gewerblichen Weinkellereien erstehen. Man gelangt nämlich nur durch seine Frau in den Besitz eines Weinberges, – eine uralte, von Generation zu Generation überlieferte Sitte; es sei denn, es gibt in der Familie nur Söhne; in diesem Fall werden die Weinberge gleichmäßig unter ihnen aufgeteilt.

Gerade das sonnige, trockene Klima und der gute Abfluß im Boden lassen die Trauben in Griechenland besonders gut wachsen und gedeihen. Die gewerblichen Weinkellereien haben heute ihre Weinberge vergrößert, ihre Betriebe und Geschäftsverbindungen erweitert und beliefern viele europäische und die Vereinigten Staaten mit den verschiedensten Sorten, – mehr, als es zu meiner Kindheit je gab! Es sind Weine, die ein griechisches Essen vervollständigen und zu niedrigen Preisen erhältlich sind. Irrtümlicherweise wird oft angenommen, alle griechischen Weine seien geharzt (mit Kiefernharz gewürzt); das stimmt nicht ganz: viele Arten sind *aretsínato,* ungeharzt.

Die nun folgende Liste führt einige der Weine, Aperitifs und Weinbrände auf.

APERITIFS

Oúzo: Mit Anis gewürzt, klar, pur getrunken oder mit Wasser vermischt, wobei er milchig wird.
Mastícha: Mit dem aromatischen Harz (Mastix) des Mastixstrauches gewürzt, klar, ähnelt dem Oúzo und wird auf die gleiche Weise getrunken.

TISCHWEINE

Róbola: Ein trockener, voller Weißwein, gewöhnlich kühl serviert.
Mount Ámbelos Weiß: Trocken, mild, leicht gekühlt serviert.
Mount Ámbelos Rot: Trocken, tiefrot, bei Zimmertemperatur serviert.
Rodhítis: Ein trockener Rosé, gekühlt serviert.

GEHARZTE WEINE

Es gibt nur zweierlei geharzte Weine in Griechenland, für viele bestimmt eine Überraschung:
Retsína: Trocken, weiß, gut gekühlt serviert.
Kokkinélli: Trocken, leuchtend rot, leicht geharzt, leicht gekühlt serviert.

DESSERTWEINE

Mavrodháphni: Süß, rot, schwer, bei Zimmertemperatur serviert.
Fokkiós: Süß, von dunklem Bernsteingelb, bei Zimmertemperatur serviert.
Múskat: Süß, von hellem Bernsteingelb, bei Zimmertemperatur serviert.

WEINBRÄNDE

Die besten griechischen Weinbrände stellt die Firma Metaxa her. Sie werden mit drei, fünf und sieben Sternen auf dem Flaschenetikett ausgezeichnet. ›Grande Fine‹ nennt sich der exquisite vierzig Jahre alte Weinbrand, sehr glatt, mit einem leichten Bouquet und von einzigartigem Geschmack.

Praktische Ratschläge aus der Inselküche

Ich hoffe, daß die Anmerkungen und Vorschläge in diesem Abschnitt meinen freundlichen Lesern, die mit bestimmten Grundtechniken der griechischen Inselküche nicht vertraut sind, nützen können, und daß sie helfen mögen, das Kochen mit noch mehr Freude zu betreiben.

AAL

Häuten, säubern und zerschneiden: Den schlüpfrigen Aal mit einem Handtuch fest auf eine flache Unterlage drücken und mit einem scharfen Messer die Haut unterhalb des Kopfes ringsum einschneiden; den Aal mit dem Handtuch am Kopf festhalten und die Haut mit einer Zange langsam nach unten abziehen. Den Aal der Länge nach aufschlitzen, die Eingeweide entfernen und den Aal unter fließendem kalten Wasser waschen. Den Kopf vom Rumpf trennen und den Aal in portionsgroße Stücke schneiden.

BUTTER

Klären: Die Butter bei schwacher Hitze in einer Kasserolle aus Email oder rostfreiem Stahl schmelzen und 15 Minuten stehen lassen, bis sich die Bestandteile getrennt und in Schichten abgesetzt haben. Mit einem Löffel die obere schaumige Schicht, das Kasein, abheben und wegwerfen; die goldfarbene Flüssigkeit – die geklärte Butter – vorsichtig in eine Schüssel oder in ein Glasgefäß füllen und die unterste Schicht, die unbrauchbare Molke, ebenfalls wegwerfen.

FISCH

Beim Kauf darauf achten, daß Haut und Schuppen glänzen, die Kiemen leuchtend rot und die Augen klar aussehen; der Fisch sollte seefrisch riechen. Alte Fische sind insgesamt matt, haben dunkle Kiemen und trübe Augen.

Säubern: Tragen Sie beim Säubern des Fisches Handschuhe, damit Sie sich nicht an den Flossen stechen. Mit einer Schere oder einem Messer die Flossen und Schwanzspitzen abtrennen, da diese meistens verbrennen, bevor der Fisch gar ist. Den Fisch am Schwanz festhalten und mit einem Messer oder Fischschupper auf beiden Seiten in Richtung Schwanz–Kopf schuppen. Unter den kleinen Bauchflossen je nach Größe des

Fisches einen 2 bis 5 cm tiefen Einschnitt machen, die Eingeweide entfernen und den Fisch unter fließendem kalten Wasser abspülen. Soll der Kopf nicht abgetrennt werden, so ziehen Sie mit dem Zeigefinger die Kiemen heraus. Wenn Sie den Kopf entfernen möchten, schneiden Sie ihn einfach mit einem Messer hinter den Kiemen ab und spülen Sie den Fisch gut ab.
Auftauen: Fisch nicht bei Zimmertemperatur auftauen lassen; er verliert seine Feuchtigkeit und trocknet aus. Über Nacht im Kühlschrank oder – wenn Sie es sehr eilig haben – unter fließendem kalten Wasser auftauen.

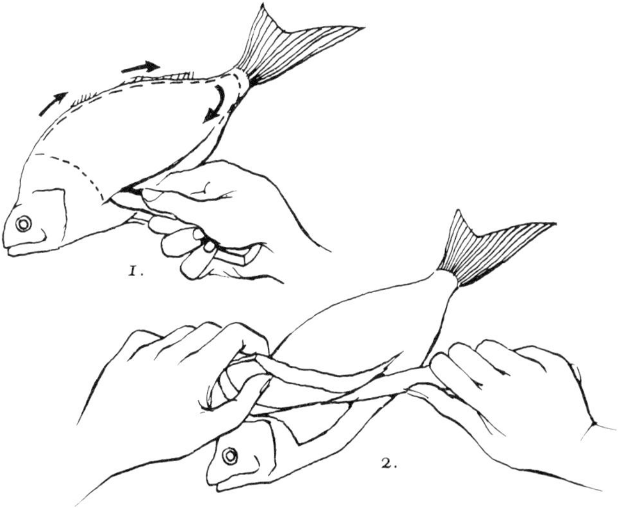

Filetieren: Mit einem kleinen Allzweck- oder Filetiermesser am Rückgrat des geschuppten und ausgenommenen Fisches vom Kopf bis zur Schwanzflosse und entgegengesetzt zur Bauchhöhle entlang schneiden; hinter dem Kopf einen Einschnitt machen, mit dem Messer zwischen Gräten und Filet fahren und das Filet vorsichtig zum Schwanz hin abheben (siehe Skizzen).

Den gleichen Vorgang auf der anderen Seite wiederholen. Wenn Sie die Fischhaut abziehen möchten, das Filet mit der Hautseite nach oben auf eine flache Unterlage legen, mit dem Messer zwischen Filet und Haut fahren und dabei mit der einen Hand die Haut lösen und abziehen.

GEFLÜGEL UND WILDGEFLÜGEL

Einen großen Topf mit siedheißem Wasser neben das Spülbecken stellen und das Geflügel einige Minuten hineingeben, damit die Federn weich werden; dann herausnehmen, ins Spülbecken legen und die nassen Federn ausrupfen; immer erneut ins Wasser tauchen, bis es vollkommen gerupft ist. Die kleinen Flaumfederchen können mit einer Kerzenflamme abgesengt werden. Kopf, Hals und Füße abschneiden, das Geflügel entlang des Brustbeins einschneiden und die Innereien herausnehmen; dabei achtgeben, daß Sie die kleine grüne und bittere Gallenblase nicht verletzen. Das Geflügel innen und außen waschen und trockentupfen.

HEFE

Prüfen der Treibkraft: In einer kleinen Schüssel Würfel- oder Trockenhefe mit der in Ihrem jeweiligen Brotrezept angegebenen Zuckermenge in 45 bis 60 Grad warmem Wasser auflösen und die Schüssel 10 Minuten in einen Topf mit heißem Wasser stellen. Treibfähige Hefe gärt, steigt und bildet Blasen.

KUTTELN

Säubern: Kutteln, die nicht vorbereitet sind, unter fließendem kalten Wasser gründlich abspülen und des einfacheren Hantierens wegen in große Stücke schneiden. 3 bis 4 l Wasser in einem Topf aufsetzen, aufkochen und vom Feuer nehmen. Jedes Kuttelstück einzeln 1 Minute lang hineingeben, mit einer Gabel herausholen und auf eine hölzerne Unterlage geben. Während die Stücke noch heiß sind, mit einem kleinen Messer die braune Substanz von der Oberfläche abkratzen; dabei die Stücke mehrmals ins Wasser tauchen und solange den anhaftenden Talg abkratzen, bis sie vollkommen weiß sind. Die Stücke gut abspülen und in 4 cm große Stücke schneiden. Wie in den Rezepten angegeben verwenden.

LAMM

Beim Kaufen beachten: Ein Frühjahrslamm oder Zicklein ist bis zu 5 Monaten, ein einjähriges Tier, wie der Name schon sagt, bis zu einem Jahr alt; ältere Tiere fallen unter die Kategorie ›Hammel‹. Die Keule eines Frühjahrslamms wiegt nicht mehr als 2,5 kg; das Fleisch ist blaßrosa. Das Fleisch einjähriger Tiere hat einen kräftigeren Geschmack und eine dunklere Farbe; eine Keule wiegt 3,5 bis 4,5 kg. Ob von einem Frühjahrslamm oder von einem einjährigen Tier: eine kleine

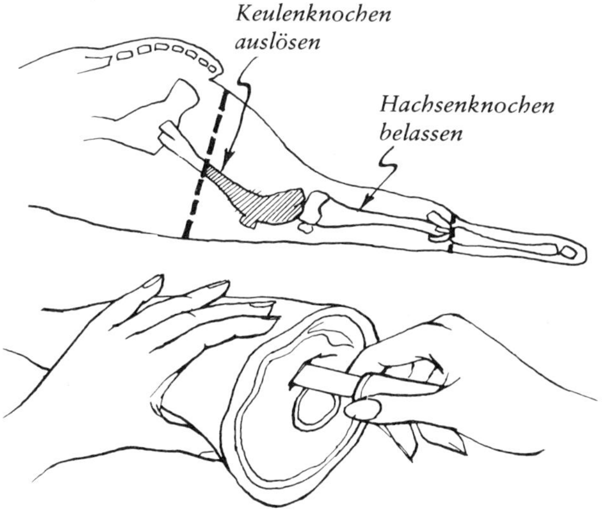

Lammkeule (der untere Teil um den Schienbein- oder Hachsenknochen) ist zwar teurer als andere Lammstücke, hat aber mehr Fleisch und einen geringeren Anteil an Abfall. Die Lammkeule kann im ganzen gebraten, für Steaks in Scheiben oder für Aufläufe in Stücke geschnitten werden.

LAMMKEULE

Entbeinen: Mit einem scharfen Messer am breiten Ende der Keule um den Knochen herumfahren und ihn lockern, ohne das Fleisch an der Außenseite einzuschneiden; vom Gelenk des anhängenden Schienbein- oder Hachsenknochens abdrehen und herausziehen; den Hachsenknochen darinlassen, damit der Braten gefälliger aussieht (siehe Skizzen S. 359).

MANDELN

Blanchieren: Die Mandeln mit kochendem Wasser bedecken, einige Minuten stehen lassen und das Wasser abgießen. Mit Daumen und Zeigefinger die Haut von den eingeweichten Mandeln abreiben, die blanchierten Mandeln in eine flache Pfanne geben und einige Minuten zum Trocknen in einen schwach geheizten Ofen schieben.

NÜSSE

Zerstoßen: Jeweils eine Hand voll Nüsse mit einem Stößel im Mörser zerstoßen oder auf einer hölzernen Unterlage mit einem Nudelholz zerdrücken.

Pulverisieren: Dazu einen Elektromixer bei hoher Geschwindigkeit verwenden oder auf die oben angegebene Art fortfahren, bis die Nüsse zu feinem Pulver gemahlen sind!

ORANGENSCHALE

Trocknen: Mit einem kleinen Messer die Schale in einem Stück von der Orange abschälen und in Ihrer Küche einige Tage zum Trocknen aufhängen; danach in Stückchen schneiden und zum Würzen von Tee oder Füllungen verwenden. In einem Glas oder einer Dose aufbewahren.

PAXIMÁDHES (ZWIEBACK)

Zubereiten: Den Ofen auf 140 Grad vorheizen. Ein *tsuréki* (S. 307) in etwa 1 cm dicke Scheiben schneiden, auf ein ungefettetes Backblech legen und im Ofen 35 bis 40 Minuten trocknen lassen; dabei einmal umwenden. Auf Kuchenrosten abkühlen lassen und in Plastikbeuteln oder Keksdosen aufbewahren. Je nach Rezept verwenden oder zum Frühstück mit Butter und Honig reichen.

TOMATEN

Enthäuten: Die Tomaten einige Sekunden in kochendes Wasser geben, mit einem Schaumlöffel herausheben und mit kaltem Wasser abschrecken, um die Haut zu lösen. Mit einem kleinen Messer von jeder Tomate die Haut einritzen und abziehen und den Stielansatz herausschneiden. Wie im Rezept angegeben verwenden.

ZITRONE

Wie man mehr Saft herausholen kann: Die Zitrone vor dem Aufschneiden und Ausdrücken mit der Handfläche auf einer harten Unterlage hin- und herrollen und die Zitrone dabei quetschen.

Gerätschaften

der Inselküche

Aklúmbi:
getrockneter Kürbis, zugerichtet als Schöpfkelle

Alateró:
Salzbehälter aus Ton, an der Wand hängend

Amurjí:
Melkeimer aus Ton

Bríkia:
Kaffeetiegel aus Messing in verschiedenen Größen

Choní:
Trichter aus Weißblech

Fufú: Holzkohlenofen aus Ton

Furnístra:
Holzschaufel, um Brot in den Ofen zu schieben

Gdhí:
Messingmörser und -stößel zum Zerreiben von Gewürzen und Nüssen

Gdhí xílino:
Holzmörser und -stößel zum Herstellen von Knoblauch- und anderen Saucen

Jirístra:
Holzspachtel

Kanní:
Sprenger aus farbigem Glas; für Blütenwasser, Essenzen

Kapamás:
Tontopf mit Deckel; wird verwendet wie der bei uns bekannte ›Römertopf‹

Kastaniá:
›Henkelmann‹ aus Kupfer, innen verzinkt

Kutalothíki

Alateró

Tsúka

Amurjí

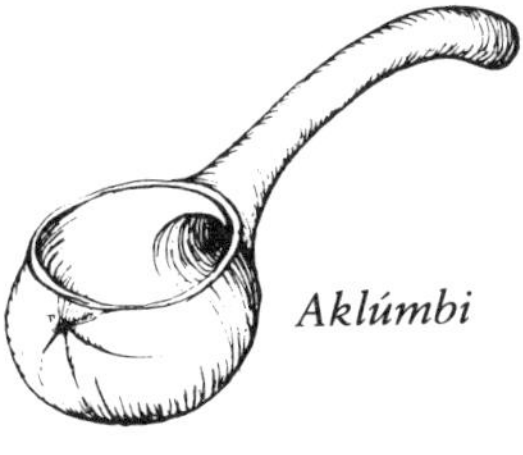

Aklúmbi

Tripitó

Tsukáli

Kazáni:
großer Kupfertopf zum Auffangen von Traubensaft oder zum Erwärmen von Wasser

Kladheftíri:
Bauernmesser, um Brot, Feldfrüchte, Gemüse zu schneiden und um Obstkerne auszulösen

Kolokítha:
getrockneter Kürbis, bei der Feldarbeit als Vorratsflasche für Wasser im Gebrauch

Kopanáki:
Holzpaddel zum Ausschlagen getrockneter Hülsenfrüchte

Kóskino:
rundes Mehlsieb aus Spanholz mit Pferdehaar- oder Drahtgeflecht

Kutála xílini:
großer Holzlöffel

Kutalothíki:
Tonbehälter für Löffel und Bestecke

Mangáli:
Kohlenbecken aus Messing zum Kochen und zum Heizen der Räume

Maskiá:
Kohlenzange

Matsóxilo:
Nudelholz

Mílos tu kaffé:
Kaffeemühle aus Messing

Petrómilos:
Handmühle aus Stein zum Mahlen von Weizen

Pinakotí:
Holzform, in die man Brotteig-Portionen zum Aufgehen gibt

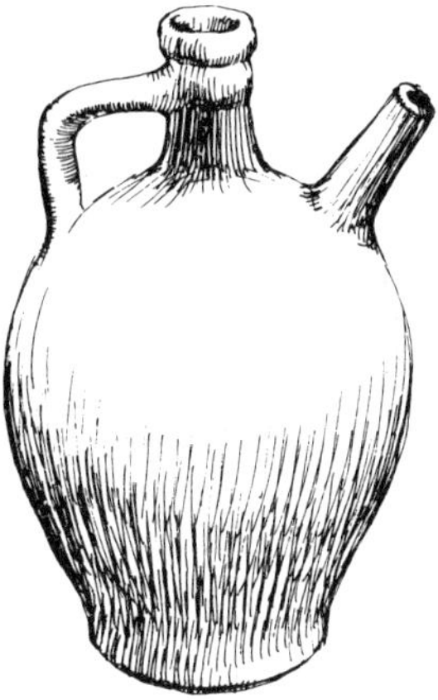

Surátha

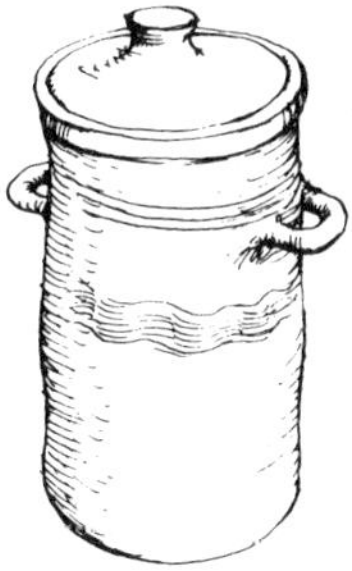

Píthos

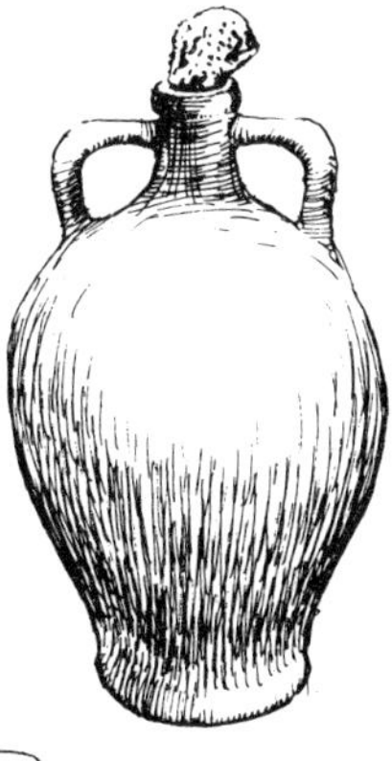

Stámnos

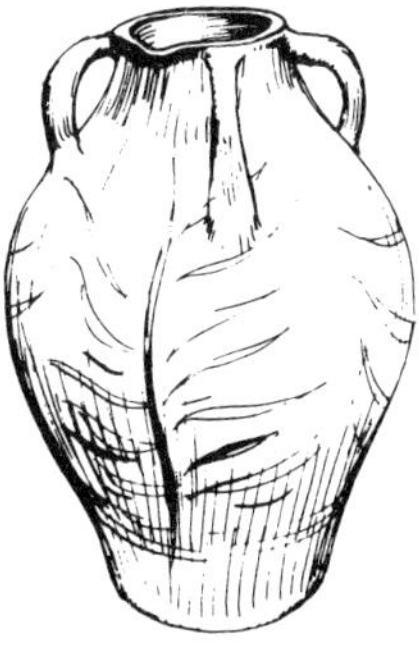

Vitinári

Pithári

Pithári:
großer Tonkrug zum Aufbewahren von Öl
Píthos:
irdener Topf zum Einlegen von Käse oder Oliven
S'chára:
Drahtgrill zum Braten von Fischen
Sfachtári:
Schieber aus Metall an langem Stiel, um das Brot im Ofen herumzuschieben
Siní:
vielseitig verwendbarer niedriger Eß- oder Arbeitstisch aus Holz
Skáfi:
Holztrog zum Mischen und Kneten von Brotteig
Skálathros:
Gerät zum Schüren heißer Holzkohle
Skúpa:
Binsenbesen
Stámnos:
Tonkrug zum Wassertragen
Surátha:
irdener Wasserkrug mit Gießer
Súvles:
Metallspieße für *suvlákia*
Tapsí:
Backform aus Kupfer, innen verzinkt
Téndzeris:
flacher Kupfer-Kochtopf, innen verzinkt
Téndzero:
tiefer Kupfer-Kochtopf, innen verzinkt
Tipári:
Holzmodel für die Osterbrote

Tirikó:
Binsenkorb für Käse

Tripitó:
Sieb

Triviás:
hölzernes Reibgerät, das bei der Herstellung von *mizíthra*-Käse verwendet wird

Tsúka:
irdener Kochtopf

Tsukáli:
Bohnentopf aus Ton

Vísalon:
eiserner Teller

Vitinári:
Tonkrug, mit dem Wein oder Olivenöl von der Presse ins Weinfaß oder in den Öl-*pithári* umgefüllt wird

Xístros:
Reibe aus Weißblech

Griechische Namen der Gerichte

Die Gerichte – nach Sachgruppen

Vorspeisen

Suppen

Salate

Saucen, warm und kalt

Fische und Schalentiere

Huhn und Wildgeflügel

Fleischgerichte

Wild

Gemüse

Nudeln und Reis

Eierspeisen

Eis und Getränke

Teigrezepte

Die Gerichte – alphabetisch